KHADRA SUFI

Das Mädchen, das nicht weinen durfte

Khadra Sufi

Das Mädchen, das nicht weinen durfte

südwest

FSC
Mix
Produktgruppe aus vorbildlich
bewirtschafteten Wäldern und
anderen kontrollierten Herkünften

Zert.-Nr. SGS-COC-1940
www.fsc.org

Verlagsgruppe Random House FSC-DEU-0100
Das für dieses Buch verwendete FSC-zertifizierte *Munken premium*
liefert Arctic Paper Munkedals AB, Schweden

ISBN 978-3-517-08579-1

Programmleitung: Silke Kirsch
Projektleitung: Silvia Forster
Lektorat: Ina Raki
Umschlaggestaltung: schwecke.mueller Werbeagentur GmbH, München,
unter Verwendung eines Fotos von Mischko (www.mischko.biz)
Bildredaktion: Annette Mayer
Bildnachweis:
AP Photo, Frankfurt: 150 o.; BMW, München: 154 u.; BPA Bilderdienst, Berlin: 151 (Ludwig Wegmann); Engels Heinz, Bonn: 151; Hauser Caren, Düsseldorf: 158 o., 158 u. (www.carenhauser.de); ITN Source, London: 150 M. (Reuters); Mischko, Köln: 153 u., 157, 159, 160 (www.mischko.biz); Scheuerer Markus, Straubing: 156; Staphylarakis Michael, Köln: 153 o. (www.fotoartsdigital.de); Sufi Khadra Privatarchiv: 145, 146, 147, 148, 149, 150 u.; Verlag des General-Anzeigers Bonn: 151; Volk Markus, Berlin: 152, 154 o., 155 (www.volk-media.com)

Layout und Satz: Greiner und Reichel, Köln
Druck und Verarbeitung: GGP Media GmbH, Pößneck
Printed in Germany
817 2635 4453 6271

www.suedwestverlag.de

DANK

Mein zutiefst empfundener Dank geht an Hans-Jürgen Schäfer für seine wichtige Unterstützung. Er hat nicht nur mitgeholfen, dieses Buch zu schreiben, sondern stand mir auch jederzeit mit seinem journalistischen Know-how und seinem persönlichen Rat zur Seite.

Danke vor allem auch dafür, dass Du mir immer wieder Mut gemacht hast und an dieses Buch geglaubt hast – manchmal mehr als ich selbst.

INHALT

1.

DER SCHLIMMSTE TAG MEINES LEBENS

Ich hatte mich schon so oft gefragt, was ich bloß tun würde, wenn das passiert: Wenn dieser Anruf kommt und diese Nachricht mich erreicht. Ich wusste, der Tag würde irgendwann kommen, und schon allein der Gedanke daran löste einen Schmerz in mir aus, der nicht zu ertragen war. Würde ich den Verstand verlieren? Würde ich mir ein Messer in mein Herz rammen, weil mein Leben ab diesem Tag keinen Sinn mehr haben würde? Oder schreiend zusammenbrechen?

Heute war es so weit. Der Tag war gekommen.

Heute, am 5. August 2005.

Seit ich ein Kind war, hatte ich jede Nacht zu Gott gebetet und war dankbar um jeden Tag, den mein Vater mir blieb. Das schlechte Gewissen trug ich während der letzten Jahre ständig in mir, seitdem meine Familie 1997 fortgegangen war. Ich hatte mich damals entschlossen, allein in Deutschland zu bleiben und meine Eltern und Geschwister ohne mich nach England ziehen zu lassen. Ich war 16 Jahre alt und hatte einen Plan: Es war an der Zeit, mein eigenes Leben zu beginnen und etwas zu erreichen. Ich wollte so viel Geld verdienen, dass ich ihnen das Leben wiedergeben konnte, das uns der Krieg genommen hatte. Ich wollte sie wieder glücklich sehen, ohne Sorgen, ohne die ständige Angst, wie es weitergehen würde. Sie sollten in ihren letzten Lebensjahren einfach zufrieden sein, so wie damals in unserer Villa in der DDR, vor unserer Rückkehr nach Somalia, die unser ganzes Leben verändern sollte.

Doch ich zahlte einen hohen Preis für die Entscheidung, allein hier in Deutschland zu bleiben. Es machte mir nichts aus, von ganz unten anzufangen, das war ich gewohnt. Ich war schon immer eine Kämpferin. Aber innerlich zermürbte mich das Wissen, dass meine Familie jetzt ohne mich zusehen musste, wie es weiterging: Schon wieder lebte sie nun in einem Land, das sie zwar kannte, aber nicht aus der hilflosen Position eines Flüchtlings, sondern als Diplomatenfamilie. Damals waren wir öfter in London gewesen, auf Geschäftsreisen oder um die zahlreichen Verwandten zu besuchen, die dort lebten. Jetzt ging meine Familie wieder dorthin, um die Heimat zu suchen, die es in Bonn nicht mehr gab.

Denn hier in Deutschland sah mein Vater keine Perspektive mehr für seine Familie. Er hatte alle Hoffnung aufgegeben. Ich weiß noch, wie oft wir Anträge ausgefüllt hatten, um eine Aufenthaltsgenehmigung zu erhalten, die unbefristet war. Reichten zwei Bundesverdienstkreuze, damit ein ehemaliger Botschafter die deutsche Staatsangehörigkeit bekam? Nein. Ein Mann, der geholfen hatte, die Geiseln bei der Entführung der »Landshut« 1977 in Mogadischu zu befreien. Der Wischnewski am Flughafen empfangen und auf Schritt und Tritt begleitet hat, um die Verhandlungsgespräche zwischen ihm und dem damaligen somalischen Diktator Siad Barre zu übersetzen, war knapp 20 Jahre später in Deutschland ein Asylant wie jeder andere und zog nun weiter nach England. Für eine sechsköpfige Flüchtlingsfamilie aus Somalia gab es hier nichts, worauf sie hätte aufbauen können.

Und meinem Vater ging es mittlerweile schlecht, sehr schlecht. All die Jahre hatte er so viel durchgemacht. Sein Körper, der sein zerbrochenes Ich in sich trug, war schwach geworden. Wie viel Leid konnte dieser Mann noch ertragen? Er war so stark. Bis hierher hatte er seine Familie noch bringen können. Raus aus der lebensbedrohlichen Lage in Somalia, hinein in ein Leben ohne Geld, ohne Luxus, ohne Identität und ohne Perspektive. Wir waren Flüchtlinge, die zuvor nie auf Almosen angewiesen gewesen waren.

Wie oft hatte ich mir ansehen müssen, wie er diskriminiert wurde. Von seinem stolzen Gang war im Laufe der Jahre nicht viel übrig geblieben. Nur unsere Verwandten behandelten ihn immer noch mit Respekt. Sie wussten, was für ein ehrenwerter Mann er war, und küssten ihm zur Begrüßung die Hand. Aber in den Sozialämtern war er einer von vielen: ein Heimatloser, der wieder in der Schlange stand, um für seine Familie Kleidergeld zu beantragen. Ich hasste die Blicke, die sie ihm zuwarfen. Ich hasste es, wie sie manchmal mit ihm redeten.

Nun lebte meine Familie also in England. Im Sommer 1997 kam mein Vater ein letztes Mal zurück, um unsere Wohnung aufzulösen, in der ich noch allein lebte. Eines Abends, ich schlief schon in meinem Zimmer, öffnete er plötzlich die Tür: Er bekam kaum Luft und brach gleich darauf zusammen. In Panik rief ich einen Krankenwagen. Der Notarzt maß seinen Blutdruck, der besorgniserregend hoch war. Erst im Krankenhaus war mein Vater wieder ansprechbar. Nach einiger Zeit kam eine Ärztin ins Zimmer, verschlafen blickte sie mich an, nicht ihn. Es wirkte so, als würde sie ihm die deutsche Sprache nicht zutrauen. Und so, als hätten wir ihr leichtfertig den Schlaf geraubt, sagte sie zu uns: »Beim nächsten Mal nehmen Sie sich bitte ein Taxi, denn so ein Krankenwageneinsatz ist sehr teuer und wirklich nur für Notfälle gedacht.« Ich kochte innerlich und schwieg. »Wir behalten ihn zur Beobachtung ein paar Tage hier.«

Monate später brach mein Vater in London erneut zusammen. Dort stellte man dann endlich fest, dass seine Nieren mittlerweile völlig funktionslos waren und sein Blut nicht mehr reinigen konnten. Seitdem hing sein Leben an Dialysemaschinen. Jedes

Mal, wenn ich ihn nach der Blutwäsche anrief, hörte er sich schwächer an, ich konnte ihn kaum verstehen. Es brach mir das Herz, aber ich schluckte meinen Schmerz und meine Tränen hinunter, denn ich wollte ihn nicht traurig machen. Er sollte sich auf mich verlassen können und ich wollte ihm von meiner Stärke etwas abgeben, so wie damals im Krieg.

Während damals die Bomben um uns herum eingeschlagen waren, zählten wir die Stunden, bis auch wir unter den Trümmern liegen würden. Das einstürzende Nachbarhaus hatte einen solchen Lärm gemacht, dass mir das Blut spürbar durch den ganzen Körper schoss. In dieser Nacht hatte ich mit dem Leben abgeschlossen. Ich erreichte den Punkt, an dem jede noch so geringe Hoffnung mich verlassen hatte. Um mich herum hörte ich die lauten Gebete der fremden Menschen, die sich mit uns in diesem dunklen Keller versteckt hielten und sich bereit machten, ihrem Schöpfer gegenüberzutreten. Sie flehten zu Gott, dass er ihnen all ihre Sünden vergeben möge, denn auch sie spürten, dass ihr Leben in jeder Sekunde vorbei sein konnte. Trotz dieser alles verschlingenden Angst, die ich in jeder Faser meines Körpers spürte, habe ich es damals geschafft, stark und gefasst zu wirken. Die Angst in den Gesichtern meiner Familie werde ich nie vergessen …

2.

SCHWARZE OSSI IM WUNDERLAND

Eine schwarze Stoffdecke, gemustert mit orientalischen Symbolen in Gold und Bronze, wie sie typisch waren für die Gewänder der Frauen in Somalia, ist das Erste, woran ich mich aus meiner Zeit in Ostberlin erinnern kann.

Es war frühmorgens und noch dunkel draußen. Meine Ayeya, was auf Somalisch »Oma« bedeutet, hatte in diese Decke einige Stoffe eingewickelt, die sie jetzt in ihren Schrank einsortierte. Wir waren gerade angekommen. Wir kamen aus Sanaa im Jemen, wohin wir, kurz nachdem ich in Mogadischu geboren worden war, über die Zwischenstation Sambia gezogen waren. Ich war drei Jahre alt und sollte nun bereits das vierte Land kennenlernen.

Nach der Ankunft in unserer Botschaftsvilla im Stadtteil Pankow saß ich auf dem Boden zwischen dem ganzen Gepäck mit der Stoffdecke meiner Oma und versuchte, diese Decke mit einem Löffel durchzuschneiden, was nicht klappen wollte. Ich rutschte immer wieder mit dem Löffel ab, und durch die Reibung des Metalls an dem billigen Gemisch aus Baumwolle und Polyester bekam ich eine Gänsehaut. Irgendwann war ich so wütend, dass ich den Löffel wegwarf und anfing zu weinen. Ich war wohl von der langen Reise völlig übermüdet, und meine Ayeya steckte mich ins Bett.

Unser neues Zuhause in Ostberlin war eine große beigefarbene Flachdach-Villa. Das Grundstück war von einem dunkelgrünen, halbhohen Stahlzaun umgeben. Über die Zufahrt fuhr man direkt hinunter in die Garage unter dem Haus, wo unsere drei Autos parkten. Mein Vater ließ sich und uns aber fast immer mit dem Mercedes chauffieren, an dem vorn die hellblaue Flagge mit dem weißen Stern im Fahrtwind wehte, die uns als somalische Diplomaten auswies. Das Haus war umgeben von einem großen Rasen und prächtigen Bäumen, dahinter befand sich ein kleiner Hang, steil und lang genug, um im Winter wunderbar mit dem Schlitten runterzurutschen. Aber es war auch ein schöner Platz, um sich im Sommer aufzuhalten, wenn überall Blumen in leuchtenden Farben blühten. Es war der Lieblingsort unserer Nanny. Sie hieß Hilde und trug immer einen blauen Kittel. Sie war etwa Ende 30, hatte rotbraunes, gewelltes, kurzes Haar und eine raue, derbe Art, an die ich mich nie so richtig gewöhnen konnte.

»Mädchen«, rief sie mich, statt mich bei meinem Namen zu nennen, »krümle nicht so mit dem Brot herum.« Wenn ich Hilde im ganzen Haus nicht fand, wusste ich, wo sie war. Sie hatte sich eine Matte auf den Hang gelegt und sonnte sich mit ihrer Tochter Sabrina, die ein bisschen älter war als ich und oft nach Schulschluss zu uns kam, um hier ihre Mutter zu besuchen.

Auch der hintere Teil des Grundstücks war durch den Zaun vom Nachbargrundstück getrennt. Man konnte hinübersehen in diesen Garten. Unser Nachbar war ein kleiner Mann, der immer grüne Arbeitskleidung und eine Mütze trug. Oft habe ich ihn fleißig in seinem Garten arbeiten sehen, und obwohl wir sogar Gärtner hatten, war sein Garten viel schöner als unserer. Es standen viele Birnbäume darin, ganz nah am Zaun, und wenn ich mich unbeobachtet fühlte, kletterte ich auf den Zaun und pflückte mir die saftigsten Birnen ab. Natürlich hatte ich Angst, erwischt zu werden, denn der Nachbar guckte immer so grimmig und lächelte mich nie an.

Von den anderen Deutschen war ich es gewohnt, dass sie immer ganz entzückt waren, wenn sie mich sahen: »Du süßes kleines Negerkind!«, riefen sie dann. Oder: »Oh, schau mal, wie süß! Und guck mal, die Haare! Darf ich da mal reingreifen …?« Dann strichen sie mir vorsichtig über das krause Haar. Sie waren ganz erstaunt, wie borstig es war.

»Die Haare fühlen sich ja ganz fest an, wie harter Schaumstoff. Kann man die überhaupt kämmen?« Nein, konnte man nicht, zumindest nicht ohne dass es unerträglich ziepte. Für Aufsehen sorgte es auch, wenn Wassertropfen von unserem Afro einfach abperlten. Ich verstand die Verwunderung der Leute nicht, denn ich hatte nie das Gefühl, anders zu sein. Aber ich spürte, dass sie es nicht böse meinten. Obwohl wir gar nicht so dunkelhäutig waren, sah man uns unsere Wurzeln natürlich an. Unsere Vorfahren waren keine Afrikaner, sondern stammten von der arabischen Halbinsel aus dem Oman, nordöstlich von Somalia.

Ich hatte jedenfalls geglaubt, dass wir unserem grimmigen Nachbarn vielleicht zu fremd und anders waren. An meinem fünften Geburtstag ging ich nachmittags in den Garten, als er außer Sichtweite war, und kletterte auf den Zaun, um mir eine Birne zu pflücken. Ich streckte meinen ganzen Körper und meine Hand aus, aber ich kam trotzdem nicht an die Birne, ein paar Zentimeter fehlten noch. Mittlerweile war ich fast mit den Zehenspitzen auf dem Zaun und musste aufpassen, nicht abzurutschen. Ich war so konzentriert, dass ich zu spät bemerkte, dass der Nachbar direkt auf mich zulief, und er schien mir noch grimmiger als sonst. Ich erstarrte: »Oh nein, jetzt versohlt der mir bestimmt den Hintern!« Ich blickte ihm direkt in seine kühlen, blauen Augen. Er verzog immer noch keine Miene und lief weiter auf mich zu. Eine Sekunde lang überlegte ich noch, ob ich einfach wegrennen sollte, aber irgendwie kam ich nicht weg, es war zu spät.

Plötzlich packten mich seine kräftigen Hände unter meinen Armen. Ich war panisch vor Angst, konnte aber weder schreien noch mich wehren. »Jetzt ist es vorbei! Der zieht mich rüber in seinen Garten und gräbt mir ein Loch, direkt neben den Birnbäumen!« Noch während ich das dachte, hob er mich mit einem Ruck hoch in die Luft:

»Da oben, die sind reif, pflück dir eine, na los!«

Ich konnte gar nichts sagen, schaute ihn nur mit großen Augen an, dann pflückte ich mir eine Birne, die grün, an einer Seite zartrot und ganz fest war, so wie ich sie liebte. Sicher setzte er mich wieder auf dem Boden ab – in unseren Garten, der Zaun trennte uns wieder.

»Wenn du noch mal eine willst, dann ruf mich.«

Er sprach sehr betont und fuchtelte unterstützend mit den Händen, als ob er glaubte, dass ich kein Deutsch sprechen könnte. Ich starrte ihn noch etwas verwirrt an, dann drehte er sich um und lief zurück in sein Haus.

Wir hatten auch einen prächtigen Baum in unserem Garten, wenn auch keinen mit Obst. Als Jassar, ein sehr guter Freund unserer Familie, einmal zu Besuch war, ging er eines Morgens zu diesem Baum und suchte sich sorgfältig einen schmalen Ast aus, den er abbrach. Er kaute ein wenig an einem Ende des Astes herum, bis es sich öffnete und borstig wurde. Dann putzte er sich damit die Zähne, so wie es in Somalia üblich war.

Als Mama das vom Fenster aus sah, fing sie an zu lachen. Ich hab sie nicht oft ausgelassen lachen sehen. Ich liebe ihr Lachen, es klingt so herzhaft und kräftig, tief und voll aus dem Bauch heraus. Wenn sie lacht, blitzt eine große Lücke zwischen ihren starken Schneidezähnen hervor, sie wirft den Kopf in den Nacken und klatscht in die Hände. Freudig erregt rannte sie barfuß auf ihren kleinen Füßen hinaus zum Baum, um sich auch einen Ast abzubrechen. Jassar suchte ihr einen passenden aus, dann standen sie beide auf dem Rasen, kauten auf ihren Ästen herum und stellten fest, dass es in Somalia Knospen, Wurzeln und Zweige gab, auf denen man besser herumkauen und sich so die Zähne putzen konnte. Diese hier im Garten waren zu feucht und zerfielen auf der Zunge, die somalischen hingegen stammen vom *Zahnbürstenbaum,* der in Afrika und Indien vorkommt und dessen Äste viel trockener und deshalb fester sind.

Ich kannte nur Zahnbürsten und wurde neugierig, wie so ein Ast wohl schmecken würde. Jassar brach mir ein kleines Stück ab, das ich in meinen Mund steckte und an dem ich zaghaft knabberte. Es schmeckte bitter und war zu hart für mich, denn ich hatte nicht so stabile Zähne wie meine Mutter. Sie konnte mit ihren Vorderzähnen den Kronkorken von einer Flasche schnippen, schneller als andere es mit dem Öffner konnten. Das hatte sie von meinem Opa geerbt.

Jassar war der beste Freund meines Bruders Farid und ein enger Vertrauter unserer Familie. Ich liebte ihn sehr, weil er immer so witzig war und mich zum Lachen brachte. Außerdem verbrachte er seine Zeit lieber mit uns Kindern, alberte mit uns herum, statt mit den Erwachsenen steife Gespräche zu führen. Wenn er mit Mama oder Papa sprach, war er sehr vernünftig für einen jungen Mann, aber mit uns Kindern war auch Jassar Kind. Ich war deshalb sehr traurig, als sein Besuch in Ostberlin vorbei war und er wieder zurück nach Somalia ging.

Mein Start ins Leben

Meine Geburt soll sehr schwierig gewesen sein, beinahe hätte ich es nicht geschafft und meine Mutter auch nicht. Ich war eine Spätgeburt, ich kam viel zu spät, so spät sogar, dass die Ärzte in der Klinik in Somalia nicht mehr wussten, wie sie mich auf die Welt holen sollten.

»Ich wollte nicht raus, weil ich ahnte, was für ein Leben mich erwartet«, flachste ich mit meinem Halbbruder Karim, als der mir davon erzählte. Was im Krankenhaus fehlte, war ein Medikament, das die Wehen einleiten konnte. Karim ist zwanzig Jahre älter als ich und der einzige Sohn, den mein Vater mit seiner ersten Frau hatte. Karim arbeitete damals als Referent im somalischen Konsulat in Hamburg, und über einen Freund bekam er die Medizin im dortigen Bundeswehrkrankenhaus, mit Lufthansa gelangte sie dann gerade noch rechtzeitig in die Klinik, erzählte man mir später.

Dazu muss man aber wissen, dass Somalis, wenn sie Geschichten erzählen (und das tun sie gerne), diese ausschmücken und auch mal etwas hinzudichten. Die folgende Geschichte wurde vor allem von meiner Mutter und meinen Tanten erzählt: »Als Baby haben wir dich einmal nach dem Baden abgetrocknet und dann auf dem Wickeltisch am Fenster liegen lassen, weil wir das Fläschchen holen wollten. Als wir zurückkamen, saß ein Pavian, so eine riesige Affen-Mama, auf dem Fensterbrett und griff nach dir. Was haben wir geschrien, als sie mit dir davonrannte und wir sie quer durchs Dorf verfolgten, bis Frau Pavian dich endlich fallen ließ. Total verkratzt haben wir dich im Sand gefunden.« Und dann lachten sie laut.

Ich hab diese Geschichten immer wieder gern gehört und tue es heute noch. Nachdenklich macht mich hingegen diese Story: Als Baby hatte ich Kindergelbsucht und es ging mir sehr schlecht. Frauke Obländer, die mit ihrem Mann Manfred später noch einmal mein Leben retten sollte, war bei uns in Mogadischu zu Besuch, sah im Flur die gestapelten Kartons mit Babynahrung und war entsetzt: »Ihr dürft Khadra auf keinen Fall mehr damit füttern! Dieses Zeug ist in Deutschland längst verboten, weil es viel zu viel Eiweiß enthält und Kindergelbsucht auslösen kann!«, ermahnte sie meine Eltern, mit denen die Obländers gut befreundet waren. »Mich wundert, dass die das noch nach Somalia verkaufen dürfen.«

Ich war ein kleines Mädchen mit einem kurzen, pechschwarzen Afro, fast genauso dunklen, großen, runden Augen, Pausbäckchen und vollen Lippen. Mein Mund wirkte noch größer, wenn ich Bonbons, Lollis oder Schokolade in ihn reinstopfte – was ich dauernd tat. Ich war ein Pummelchen mit dünnen Beinen und dickem Bauch, wie wir Kinder ihn alle hatten.

Fremden gegenüber war ich schüchtern. Fühlte ich mich aber in Sicherheit innerhalb der Familie, war ich sehr neugierig und löcherte die Erwachsenen mit meinen Fragen: »Papa, warum gähnt man? Welche Sprache sprechen Vögel? Warum ist der Himmel blau?« Mir zu antworten war wirklich nicht einfach, aber egal, was ich fragte, mein Vater wusste immer etwas Originelles als Erklärung, das mich zufriedenstellte.

Neben Karim habe ich noch zwei Brüder: Farid, der zehn Jahre älter ist, und Jamal, der ein Jahr jünger ist als ich. Nanna, meine Schwester, kam noch ein Jahr später, sodass meine Mutter mit uns dreien sozusagen dauerschwanger gewesen war. Chuchu, meine zweite Schwester, kam als Nesthäkchen erst acht Jahre nach mir auf die Welt, da war mein Vater schon über 50. Wie alt genau, wusste er selbst nicht. Angeblich wurde er 1933 geboren, so stand es zumindest in seinem Pass, aber zu dieser Zeit waren Geburtsurkunden in Somalia nicht üblich. Meine Mutter war deutlich jünger als er, laut Ausweis war sie 1955 geboren.

Das Geburtsdatum spielte in der somalischen Kultur keine Rolle, es gab auch keine Geburtsurkunden. Wozu auch? Die Menschen hatten ganz andere Probleme. Es war eine Seltenheit, wenn jemand lesen oder schreiben konnte. Nur weil mein Vater ein gebildeter Mann war und die Geburtsdaten seiner Kinder für das Diplomatenleben in anderen Ländern wissen musste, kennen wir Kinder unsere genauen Geburtstage. Wenn man meine Mutter danach fragt, antwortet sie etwas wie: »Es war im Morgengrauen, gegen Ende des Jahres.«

Das ist auch der Grund dafür, dass viele Menschen aus Entwicklungsländern in ihren Pässen Schnapszahlen als Geburtsdaten angeben, wie etwa den 05.05.1955 oder den 06.06.1966.

Wenn sie schon irgendein Geburtsdatum in den Pass eintragen müssen, dann wenigstens eines, das man sich leicht merken kann, für den Fall, dass jemals weitere bürokratische Fragen das Leben kreuzen sollten.

Meine frühe Kindheitswelt

Jeden Morgen versuchte ich immer wieder aufs Neue, den Kindergarten zu schwänzen. Mit aller Kraft versuchte ich mich dagegen zu wehren, wenn unser Chauffeur Food Adde uns ins Auto zerrte. Sein Name bedeutet so viel wie »Weiße Pfote«. Wir nannten ihn so, weil er einen großen, pechschwarzen Afro hatte, in dem vorn über seiner Stirn ein breiter weißer Streifen war. Er hatte morgens den Auftrag, uns in den Kindergarten zu bringen, und das versuchte er auch, obwohl es wirklich nervenaufreibend war. Wir wären viel lieber zu Hause geblieben und hätten in dem Wald gespielt, der gleich nebenan lag. Wir liebten diesen Wald, er hatte etwas Märchenhaftes. Dort fand man Pilze und leckere Beeren, und es gab viele gute Verstecke, wo man beim Spielen nie gefunden wurde. Dieser Märchenwald war unser Traumziel.

Meine Geschwister Jamal und Nanna stellten sich bei den morgendlichen Fluchtversuchen besonders raffiniert an. Sie rannten kurz vorm Auto einfach in verschiedene Richtungen davon und der arme Food Adde wusste gar nicht, wen er zuerst wieder einfangen sollte. Ich aber legte mich lieber mit ihm an, mit Fäusten und Beinen schlug ich schreiend um mich und dachte, ich könne ihn so besiegen. Aber am Ende war ich meist die Einzige, die in den Kindergarten gefahren wurde, während die beiden Kleinen immer noch in irgendwelchen Verstecken hockten und sich ins Fäustchen lachten.

Irgendwann gewöhnte ich mich schließlich an den Kindergarten. Wir hatten zwei Betreuerinnen, eine von ihnen mochte ich ganz besonders. Sie hieß Sabine und hatte eine Vokuhila-Frisur: Vorn standen ihre kurzen, blonden Haare stachelig hoch und hinten ließ sie sie zu einem langen, dünnen Schwänzchen wachsen. Sie trug immer eine verwaschene, enge, hellblaue Karotten-Jeans, die ihr ein wenig zu kurz war, deshalb blitzen ihre bunten Socken darunter hervor. Dazu trug sie entweder einen grauen Strickpulli oder einen bunten, wild gemusterten Pullover. Ihr großer Busen wölbte sich deutlich unter den weit geschnittenen Pullis. Obwohl Sabine noch sehr jung war, hatte sie dadurch etwas Mütterliches an sich. Ich mochte sie sehr. Sie machte uns Pfefferminztee und las aus Hänsel und Gretel vor. Bevor wir unseren Mittagsschlaf hielten, gab sie jedem einen Gutenachtkuss.

»Schlaf gut und träum was Schönes«, flüsterte sie uns ins Ohr und strich uns über die Wange. Am Mittagstisch sagte sie mir oft, dass ich meinen Kopf nicht auf meine Hand stützen solle, und als ich sie fragte, warum, erklärte sie mir, dass mein Kopf viel zu schwer für meine kleine Hand sei. Noch heute muss ich an sie denken, wenn ich mich dabei ertappe, dass ich den Kopf auf die Hand stütze.

Sie brachte uns auch Schritt für Schritt bei, wie man Schnürsenkel bindet. Ich kann mich noch daran erinnern, wie schwierig ich das fand, ich dachte, ich würde es nie lernen. Aber immer, wenn ich es nicht schaffte, kam sie zu mir und band mir den Schuh zu. Sie hat es mir immer wieder geduldig erklärt, bis ich es verstanden hatte. Als ich es dann endlich selbst konnte, bin ich mit meinem Schuh nachmittags durch unsere Villa gerannt und suchte jemanden, dem ich es vorführen konnte. Mama war die Einzige, die im Haus war. Sie saß allein auf der großen Eckcouch im Wohnzimmer und war in Gedanken versunken. Ich war so stolz auf das Erlernte und völlig aufgedreht, aber während ich es ihr zeigte, merkte ich, dass sie mich teilnahmslos ansah. »Vielleicht ist es doch nicht so etwas Besonderes, Schuhe binden zu können«, dachte ich damals. Erst Wochen später bekam ich die Anerkennung, die ich mir erhofft hatte. »Khadra, kannst du mir bitte die Schuhe zumachen?«, fragte mich da Mama, die es selbst nie gelernt hatte. Aus diesem Grund trägt sie noch heute keine Schuhe mit Schnürsenkeln, sondern immer welche mit Klettverschluss.

Mein Vater war geschäftlich viel unterwegs und eines Tages nahm er mich mit nach Moskau. Es war das kälteste Land, das ich jemals besucht hatte. Wir fuhren zum Roten Platz, auf dem Hunderte von Tauben waren. Dort konnte man Plastiktütchen mit Bohnen kaufen, um die Vögel zu füttern. Sie waren sehr gierig und ich zog meine Hand schnell weg, damit sie mich nicht in die Finger hackten. Ein Mann neben mir legte sich das Futter auf den Kopf und die Tauben pickten es von seiner Halbglatze. Das sah witzig aus, also schüttete ich mir eine Handvoll Bohnen aufs Haar, aber was dann passierte, fand ich zuerst gar nicht komisch. Die Tauben stürzten sich auf mich, rissen an meinen Haaren und hackten mir mit ihren spitzen Schnäbeln in die Kopfhaut. Ich warf die Tüte mit dem Futter hinter mich und rannte quer über den Platz ins nächste Gebäude. Mein Vater konnte sich nicht mehr halten vor Lachen, was mich zunächst ärgerte, aber dann steckte er mich doch damit an.

Am letzten Abend vor unserem Rückflug nahm er mich mit in ein riesiges Einkaufszentrum. Ich durfte mir etwas aussuchen, und meine Wahl fiel auf einen schwarzen Motorradhelm: Er war viel zu groß für mich, und wir besaßen auch gar kein Motorrad, aber ich wollte ihn unbedingt haben. »Wenn du ihn willst, bekommst du ihn«, sagte Papa nur. Auf der Rückfahrt ins Hotel setzte er sich wie immer auf den Beifahrersitz. Ich setzte mich auf seinen Schoß, zog den Helm gleich über und tat so, als ob ich auf einem Motorrad säße. Als wir durch einen Tunnel fuhren und die Lichter sich auf meinem Helm spiegelten, kam ich mir vor wie David Hasselhoff als »Knight Rider« in seinem sprechenden Auto K. I. T. T.

So schön wie Mama

Weil mein Vater so viel unterwegs war, fühlte sich meine Mutter oft allein. Sie ließ sich dann häufig vom Chauffeur nach Westberlin zum Einkaufen fahren. Dafür machte sie sich vorher besonders chic, was Stunden dauerte. Ich fuhr selten mit, weil Mama sich dann kaum mit mir beschäftigte und ich lieber bei meinem Papa war, wenn er denn da war. Nanna dagegen war Mamas größter Fan, auch beim »Ausgehen«. Sie hing schon an Mamas Rockzipfel, mit ihrer Barbie unterm Arm, wenn Mama in Richtung Auto ging. Sie wusste: Wenn sie mit ihr fährt, bekommt sie auch etwas gekauft. Mama kam stets mit Tüten voller schöner Kleider zurück, die sie gleich in ihren großen Schrank hing. Sie besaß unzählige Kleider: bodenlange, blaue, grüne, rote, bunte, mit Gold oder Strass verzierte … Der Schrank im Schlafzimmer meiner Eltern reichte über eine ganze Wand und war mit Spiegeln versehen.

Mama verwandelte sich in eine Diva, wenn sie mit Papa auf Empfänge ging. Oft bin ich zu ihrem Schrank geschlichen, um die Kleider anzuprobieren. Mir war klar, dass sie mir noch viel zu groß waren, aber ich bestaunte mich im Spiegel und konnte es kaum erwarten, bis sie mir endlich passen würden und ich auch so schön sein würde wie Mama.

Neben Mamas Bett stand ein Schminktisch mit zwei Schubladen und einem großen, runden Spiegel. Ich beobachtete sie, wenn sie davorsaß und sich mit einem Kajalstift ihre Augenlider nachzog, sodass ihre dunklen Augen noch ausdrucksvoller wirkten. Dann strich sie ihre vollen Lippen mit einem Lippenstift nach und presste sie zusammen. Sie hatte eine sehr helle Haut, feine, schlanke Handgelenke und schöne lange Finger. Sie sah aus wie eine Prinzessin. Vielleicht liebte sie deshalb auch Lady Di. Im Fernsehen schaute sie sich gern Berichte über das englische Königshaus an, klatschte begeistert in die Hände und rief laut »Ahhh!«, wenn sie Prinzessin Diana sah.

Abends kämmte sie ihre langen, schwarzen, leicht gewellten Haare, die ihr bis zum Po reichten. Ich hätte auch so gern Mamas Haare geerbt, aber stattdessen hatte ich meinem Papa die Afro-Matte zu verdanken, die mir schon als Kind zu schaffen machte. Man kam mit keinem Kamm durch diese Haare, deshalb versuchte ich diese Prozedur am liebsten zu umgehen. Manchmal beauftragte Mama unsere Haushälterinnen, sich an mich heranzuschleichen, um mich zu kämmen, während ich meinen Mittagsschlaf hielt, aber es ziepte so stark, dass ich sofort wach wurde und mich umdrehte oder weglief. Ich wollte mich nicht damit abfinden, dass ich so krauses Haar hatte, ich wollte auch eine schöne, wallende Mähne, also improvisierte ich eines Tages. Ich ging ins Badezimmer und suchte ein Handtuch. Ein lilafarbenes war das erste, was ich in die Finger bekam. Das legte ich mir um den Kopf und rannte durchs ganze Haus, so schnell, dass es hinter mir her wehte. Unsere Hausangestellten sahen mir ganz verdutzt nach, als ich an ihnen vorbeidüste. Ich rannte in den Garten und am Zaun entlang. Eine Frau lief gerade neben dem Zaun auf dem Bürgersteig und sah mich lächelnd an. »Aha, sie findet meine neuen Haare also auch schön!«, dachte ich.

Papa brachte mich eines Tages zum Friseur in der Nachbarschaft. Als wir den Laden betraten, sah mich die Friseurin ungläubig an, so als hätte sie noch nie einen Menschen mit krausem Haar gesehen. Es war eine junge Frau mit kurzen, blonden, dauergewellten Haaren. Papa ließ mich im Salon und sagte ihr, sie solle mir einen schönen Schnitt machen. Sie griff mir ratlos in die Haare und wusste nicht, was sie damit anstellen sollte. Mir passte das Ganze sowieso nicht, denn ich ließ am liebsten gar niemanden an meine Haare, ich hasste es, wenn jemand versuchte, mich zu frisieren. Und die Friseurin zuckte mit den Schultern:

»Wie soll ich'n da durchkommen?!« Sie drehte sich um und im Spiegel sah ich, wie sie nach hinten auf eine Schublade zusteuerte, in der sie herumkramte. Als ich sah, was sie in der Hand hielt, wollte ich wegrennen. Es war ein winziger roter Plastikkamm, seine Zacken waren so klein, dass man ihn zum Entlausen von Hamstern hätte benutzen können. Wie kam sie nur auf die Idee, damit meinen Afro bändigen zu wollen? Aber die Friseurin hatte offensichtlich noch mehr Angst als ich und tastete sich vorsichtig durch mein Haar.

»Aua, au!«, schrie ich immer wieder auf, bevor sie überhaupt richtig loslegen konnte. Da kam Papa wieder in den Salon. Er hatte mir ein Eis geholt, weil er schon ahnte, dass dieser Friseurbesuch nur mit einer Bestechungsaktion gelingen konnte. Doch die Friseurin und ich waren schon total entnervt. »Komm schon, Njunja! Sie will dir doch nur die Haare schön machen«, versuchte Papa mich zu beruhigen. Aber wir kamen nicht voran, entgeistert gab die Frau schließlich auf.

»Das macht keinen Sinn, wenn die Kleene nicht will ...« – »Okay, okay«, erwiderte Papa und hielt mir seine Hand hin. »Komm, Njunja! Wir gehen wieder.« Erleichtert sprang ich aus dem Frisierstuhl, schnappte mir das Hörnchen, an dem schon das Vanilleeis herunterlief, schleckte es genüsslich ab und verschlang am Ende noch die Waffel. Ich hatte es mir verdient.

Njunja, das war nicht mein richtiger Name. Khadra ist arabisch und bedeutet »das Grün der Natur«. Njunja war mein Kosename, den Papa mir gegeben hatte, weil sich das erste Wort, das ich als Kind von mir gegeben hatte, so anhörte. Nanna rief er Ingaay, weil es sich so anhörte, wenn sie weinte: »Ingaaayyyyhhhhh!«

Mit nichts aufzuwiegen: wahre Freundschaft

Wenn mein Papa in der Botschaft war, war ich zwar zu Hause nie allein, aber ich fühlte mich so. Natürlich war meine Mutter da, meine Ayeya und die Haushaltshilfen, aber keiner beschäftigte sich wirklich mit uns Kindern. Wenn Papa dann endlich nach

Hause kam, brachte er uns oft etwas mit, meist waren es Spielsachen, die er in Westberlin gekauft hatte, Legosteine, Rollschuhe, Autos, Barbie & Ken, kurz: einfach alles, was ein Kinderherz begehrt. Die Nachbarskinder waren deshalb oft bei uns. Die meisten von ihnen kannte ich gar nicht, aber es hatte sich schnell herumgesprochen, dass es bei uns viele Spielsachen gab, also kamen sie vorbei und spielten in unserem Hof vor der Garage. Ich freute mich, wenn so viele Kinder da waren, aber ich merkte auch, dass sie mich gar nicht beachteten. Sie sprachen nicht mit mir, ich hatte das Gefühl, einfach nicht dazuzugehören. Ich dachte, wenn ich ihnen vielleicht mehr Spielzeug schenken würde, würden sie mich mögen. Papa brachte sowieso immer so viel mit, also verteilte ich meine Spielsachen unter den Kindern.

Das Tor zu unserem Garten war nie abgeschlossen. Einmal waren besonders viele Kinder im Hof. Ich kannte nur einen von ihnen, meinen Freund Marcel, der einen Block weiter wohnte. Die Kinder tobten und kreischten herum. Irgendwann kam unser Chauffeur Food Adde angerannt: »Was ist denn nur los? Was macht ihr alle hier? Woher kommen die ganzen Kinder?« Er schaute mich mit großen Augen an, aber ich hatte ja selbst irgendwann den Überblick verloren. Food Adde schickte sie nach Hause und als alle weg waren, war es plötzlich wieder still. Da merkte ich erst, wie laut es vorher gewesen war. Ich war traurig. Ich wollte zu den anderen Kindern gehören, aber nun waren alle weg.

Mein einziger wirklicher Kindheitsfreund in dieser Zeit war Marcel. Oft trafen wir uns auf dem Spielplatz in unserer Straße. Er hatte kurzes braunes Haar, dünne Beine und trug meist Sandalen und kurze Hosen, weshalb seine Knie vom Spielen oft ganz rau waren. Er hatte noch drei jüngere Brüder, den Kleinsten fand ich total süß. Er hieß Micky und war ein richtiger Wonneproppen mit geröteten Hamsterbäckchen. Wenn er mich von unten mit seinen großen, treuen Augen anschaute, wollte ich ihn am liebsten umarmen und ihm einen dicken Schmatzer geben. Was mich davon abhielt, war seine ständig laufende Nase. Der Rotz war an der Oberlippe verkrustet und es lief immer neuer nach.

»Hey, Micky, komm mal her!«, rief Marcel, wenn er merkte, dass der Kleine versuchte, sich mit der Zunge die Nase abzuwischen. Dann nahm Marcel den Zipfel seines T-Shirts und wischte ihm das Gesicht sauber. Es gefiel mir, wie er sich um seinen jüngeren Bruder kümmerte, und auch deshalb mochte ich Marcel besonders gern. Ich hätte stundenlang mit ihm zusammen sein können, leider musste er immer zu ganz bestimmten Zeiten zu Hause sein.

»Ich muss um zwölf zum Mittagessen«, verabschiedete er sich dann. Oder: »Ich muss um sechs zum Abendbrot.« Oder: »Ich muss los, das Sandmännchen kommt gleich.« Und egal, was für ein spannendes Spiel wir gerade spielten: Wenn es Zeit war, rannte er los. Ich blickte ihm dann hinterher und beneidete ihn darum, dass da jemand auf ihn wartete. Mich rief nie jemand zum Essen, ich ging nach dem Spielen einfach irgendwann nach Hause und kann mich nicht daran erinnern, dass wir jemals gemeinsam zu Hause gegessen hätten.

Einmal spielten wir in Marcels Straße. Wir hockten über den schönen bunten Glasmurmeln, die ich mitgebracht hatte. Plötzlich hörten wir eine Glocke läuten und sahen auf. An einem Fenster im dritten Stock stand eine Frau mit langen braunen Haaren.

»Mittagessen ist fertig!«

»Ja, Mutti, ich komm hoch.« Marcel sprang auf und rannte los. Ich ärgerte mich, wie immer, wenn er mich plötzlich links liegen ließ, nachdem wir den ganzen Morgen miteinander gespielt hatten, und er war schon bis zum Eingang des Plattenbaus gelaufen, als seine Mutter noch mal rief.

»Bring doch deine Freundin mit, Marcel!« Dann drehte sie sich zu mir und wischte sich ihre langen Haare aus dem Gesicht. »Magst du mit uns zu Mittag essen?« Ich sagte nichts und nickte nur.

Schon oft hatte ich den Duft des leckeren Essens aus den Fenstern dieser Häuser gerochen und Marcel winkte mich zu sich. Ich sammelte meine Murmeln hastig ein und rannte zu ihm. Während er die Stufen aufstieg, drehte er sich ab und zu lächelnd zu mir um. Bisher hatten wir uns immer nur bei mir getroffen, er war wohl gespannt, wie es mir bei ihm gefallen würde. Micky öffnete uns angestrengt, weil der kleine Wonneproppen gerade mal an den Türgriff kam. Er strahlte uns mit seinen großen blaugrauen Augen an. Er sah heute besonders süß aus, weil er keinen angetrockneten Rotz unter der Nase hatte, doch bevor ich ihn in den Arm nehmen konnte, rannte er den Flur entlang zu seiner Mama. Er klammerte sich hinter ihr rechtes Bein, als sie im Türrahmen zur Küche stand. Langsam glitt mein Blick ihre kräftigen Beine empor. An ihren Schenkeln stockte ich. Ich wollte nicht weiter nach oben schauen, aber sie fing schon an, mit mir zu sprechen.

»Na?!«, hörte ich ihre Stimme. Ich wollte ihr ins Gesicht sehen, aber mein Blick blieb an ihrem Körper hängen. Bis auf eine kurze Hose war sie nackt. Ich hatte noch nie zuvor eine nackte Frau gesehen, denn meine Mutter bedeckte sich stets, wenn sie sich umzog oder aus dem Bad kam. Marcels Mutter hatte einen kleinen, weiblichen Bauch und einen großen Busen, der etwas herunterhing. Ein leises »Hallo« war das Einzige, was ich herausbrachte. Ich war verunsichert und schaute mich um. Marcel ging gerade in die Küche, setzte sich an einen kleinen, viereckigen Tisch, und Micky klammerte sich immer noch an das Bein seiner Mama, versuchte sich dort vor mir zu verstecken und lugte immer wieder ein bisschen hervor. Niemand außer mir schien die Situation ungewöhnlich zu finden.

»Komm, setz dich«, rief Marcel. Ich stand noch immer im Flur, als sich ein Kopf über der Sofalehne im Wohnzimmer erhob. Es war Marcels Vater, der ein Buch in der Hand hielt. Er richtete sich auf, um einen Blick auf mich zu werfen, und ich sah seinen behaarten Oberkörper.

»Hallo! Du bist die Nachbarin vom Diplomatenhaus drüben? Setz dich ruhig rüber auf meinen Platz, ich esse dann später.« Ich ging in die Küche. Marcel, Micky und ihre Mutter saßen schon. Ich setzte mich auf den freien Platz. In der Mitte des Tisches stand ein großer Kochtopf, Marcels Mutter nahm die Kelle und füllte uns einen lecker duftenden Eintopf in die Teller. Es war dieser Duft, den ich schon so oft in der Nase gehabt hatte, wenn ich draußen mit Marcel gespielt hatte, und es schmeckte auch genauso gut, wie ich es mir vorgestellt hatte.

Beim gemeinsamen Spielen mit Marcel stellte sich schnell heraus, dass er der Sportlichere von uns beiden war. Dafür brachte ich immer das schönste Spielzeug und andere tolle Dinge mit. Einmal hatte Papa mir zum Beispiel Kirschen aus dem Westen mitgebracht, die ich so liebte. Ich wusste, dass sich Marcel auch darüber freuen würde, füllte sie deshalb in eine braune Papiertüte und nahm sie mit. Ich rannte zum Spielplatz und wartete auf Marcel. Es waren viele andere Kinder aus der Nachbarschaft dort, die ich nicht kannte und die mich auch nicht beachteten. Ich setzte mich auf eine Holzbank und wartete. Ich weiß nicht, wie viel Zeit vergangen war, aber irgendwann kam er, mit Micky an der Hand, und ich grinste ihn an.

»Was is'n da drin?«, fragte er neugierig, denn er wusste, dass es etwas Besonderes sein musste. Ich hielt ihm die Tüte hin, er klappte das Papier auf und vergrub sein Gesicht darin.

»Boah, Kirschen!«, rief er. »Krieg ich welche? Bittöööööö!« Seine Augen wurden größer und größer. Das tat er immer, wenn er etwas von mir haben wollte. Dabei bekam er von mir ohnehin immer alles, was er wollte. Ich dachte nämlich, er würde mich sicher weiterhin mögen, wenn ich ihm nur genug schenkte. Wahrscheinlich wäre das nicht nötig gewesen.

Die anderen Kinder auf dem Spielplatz hatten mitbekommen, welche Kostbarkeit sich in der Papiertüte befand, und kamen neugierig auf uns zu.

»Hast du Kirschen? Dürfen wir auch welche?« Ich griff hinein, holte eine Handvoll heraus und verteilte sie in die ausgestreckten Hände. Sobald jemand seine Kirschen aufgegessen hatte, streckte er seine Hand noch mal hin. Ich kam gar nicht mehr hinterher, genoss aber die plötzliche Aufmerksamkeit und freute mich über meine neuen Freunde. Doch dann befürchtete Marcel wohl, die anderen würden ihm noch alles wegessen.

»Ich habe eine Idee!«, rief er und zupfte mich an der Schulter. »Wir machen einen Wettkampf. Wir rennen von dieser Holzbank bis zu der da drüben und zurück. Wer als Erster wieder hier ist, bekommt eine Kirsche.« Davon waren alle begeistert.

»Auf die Plätze, fertig, los!«, rief Marcel. Wir rannten los. Acht Kinder im Wettkampf um jede einzelne Kirsche. Aber immer gewann Marcel, kein Wunder, er war der Größte und Schnellste. Eine Kirsche nach der anderen verschlang er, bis irgendwann fast keine mehr übrig war und wir alle aus der Puste waren von der Lauferei. Unsere Beine waren ganz verstaubt und die Füße, die in Sandalen steckten, waren dreckig. Aber ich war glücklich.

Meine Kindersorgen in diesen Jahren

Wenn Papa nach Hause kam, stürmte ich auf ihn zu und plapperte auf ihn ein, noch bevor er überhaupt seine Sachen ablegen konnte. Mit ihm sprach ich deutsch, so wie er es mir hier beigebracht hatte. Er selbst hatte diese Sprache Anfang der 1960er-Jahre als Student in Bonn gelernt, wo er später auch als erster Sekretär der somalischen Botschaft gearbeitet hatte.

Eines Nachmittags kam er nach Hause und brachte mir zwei rosafarbene Verpackungen mit. Darin waren Barbies.

»Hier Njunja, such dir eine aus, und die andere gibst du der Tochter von Hilde, ja?« Er lief an mir vorbei in sein Zimmer, wo er sich immer erst einmal bequemere Sachen anzog, sobald er von der Arbeit nach Hause kam. Ich sah mir die Verpackungen an und mir gefiel besonders die eine Barbie. Sie hatte eine schokobraune Hautfarbe und pechschwarzes langes Haar, das nicht so kraus wie meines war, mit weichen, großzügigen Locken, die der Puppe bis zur Hüfte reichten. Ich besaß Dutzende von den Blonden, aber eine so schöne Barbie hatte ich noch nie gesehen. Sie trug Hotpants in Pink und ein kurzes türkisfarbenes Glitzertop und Rollerblades. »Wow! Die behalte ich!«, dachte ich sofort. Die blonde Barbie würde ich Sabrina schenken.

Ich legte die Puppen auf den kleinen Glastisch, der in der Eingangshalle unter einem Spiegel stand, und lief zum Schlafzimmer meiner Eltern, denn ich hatte Papa noch gar nicht richtig begrüßt. Ich ging gerade den Flur entlang, da kam er aus dem Zimmer auf mich zu. Er hatte sich nicht umgezogen und trug eine gepackte Sporttasche, die an seiner linken Hand hing. Er schaute mich nicht an und versuchte, schnell an mir vorbeizuhuschen. Das war eigenartig, irgendwas stimmte nicht. Hilde lief hinter ihm her.

»Hier, Sie haben noch ein Handtuch vergessen, das werden Sie brauchen.« Sie öffnete den Reißverschluss der Tasche und stopfte das Handtuch schnell hinein, während er weiterging. Plötzlich lief sie auf mich zu und versuchte mich wegzulocken.

»Komm her, Mädchen, lass den Vati jetzt mal. Er hat es eilig.« Ich war verwirrt und ging zu Mama ins Schlafzimmer, wo sie auf ihrem Bett saß.

»Wo geht Papa hin?«, fragte ich.

»Er muss ins Krankenhaus«, antwortete sie nur kurz. Ich rannte zurück in die Eingangshalle: »Papa, ich komme mit!« Doch Hilde hielt mich auf, als hätte er sie beauftragt mich abzulenken. Er wusste, dass ich ihn nicht so einfach gehen lassen würde, dachte wohl, wenn er das Haus heimlich verließe, würde es mir nicht auffallen. Hilde packte mich an beiden Armen, hockte sich auf ihre Knie und sah mir direkt in die Augen: »Hör mal, Mädchen, der Vati geht jetzt für ein paar Tage ins Krankenhaus. Er muss untersucht werden.« Ich bekam Angst und riss mich von ihr los, Tränen schossen mir in die Augen und ich rannte in mein Zimmer. Ich wollte nicht, dass Papa mich weinen sah, aber ich hatte Angst, dass er nicht mehr zurückkommen würde. Die Tür ging auf und Hilde kam mit den beiden Barbies in der Hand herein.

»Hier, schau mal! Die hat dir der Vati mitgebracht. Die Sabrina darf sich auch eine aussuchen, hat er gesagt.«

»Geh raus!«, brüllte ich sie aus dem Zimmer. Die Tür ging schon wieder auf und Papa kam rein.

»Njunja, wein doch nicht. Ich muss nur für ein paar Tage ins Krankenhaus, um etwas kontrollieren zu lassen. Es ist nichts Schlimmes.« Ich hielt die Luft an, weil ich dachte, ich könnte dann aufhören zu weinen. Ich drehte mich zum Fenster und wischte mir schnell die Tränen weg. Papa beugte sich zu mir herunter und umarmte mich. Ich blieb stocksteif sitzen, er gab mir einen Kuss auf die Wange und strich mir mit seinen weichen Handflächen übers Gesicht.

»So, der Vati muss jetzt aber los. Der Fahrer wartet schon«, rief Hilde. Ich spürte, dass es ihm nicht leicht fiel zu gehen, und versuchte stark zu sein, weil ich ihm den Abschied nicht noch schwerer machen wollte. Dann ging er. Ich blieb noch eine Weile im Zimmer, bis ich mich beruhigt hatte, und als ich ins Foyer kam, war Papa weg. Hilde und ihre Tochter Sabrina waren auch weg. Auf dem Tisch lag noch eine Barbie-Packung. Es war die mit der blonden Puppe.

Mein Vater hatte damals schon Bluthochdruck, was ich erst Jahre später erfahren sollte. Ich hatte ihn nur häufig Tabletten einnehmen sehen und mich um ihn gesorgt, ohne wirklich zu wissen, warum. Aber ich hatte schon früh große Verlustängste, wenn es um meinen Vater ging, die so schlimm waren, dass ich manchmal mitten in der Nacht aufwachte, um zu lauschen, ob er noch atmete. Dann hörte ich sein leises Schnarchen und alles war gut, und ich schlief wieder ein. Es lag wohl daran, dass er beruflich immer sehr viel weg war, und daran, dass er doch schon recht alt war, als ich auf die Welt kam. Warum auch immer: Ich sorgte mich um ihn.

Auch um Mama hatte ich manchmal Angst. Eines Abends zum Beispiel war Papa allein im Schlafzimmer, die andere Seite des Ehebettes war leer. »Wo ist Mama?«, fragte ich ihn. Es war ungewohnt, sie nicht neben ihm zu sehen. Obwohl sie still und unauffällig war, war sie trotzdem immer da, stets an Papas Seite.

»Njunja, Mama kommt bald wieder. Komm, gehen wir in die Küche, ich mache dir etwas zu essen.« Es war schon spät und im Haus schliefen alle. Das mit dem Essen war aber trotzdem eine gute Idee, weil ich Hunger hatte. Wir liefen den langen Flur entlang zur Empfangshalle und dann in die Küche. Er stellte eine Pfanne auf den Herd und schlug zwei Eier hinein.

»Wo ist denn die Mama?« Er rührte die Eier in der Pfanne, so, als wolle er nicht den richtigen Zeitpunkt verpassen, sie herauszuholen, und als brauche das seine ganze Konzentration, aber dann antwortete er doch.

»Mama ist auf einem Schiff.«

»Auf einem Schiff?«

»Ja, auf einem großen Kreuzfahrtschiff mit viel Musik und netten Menschen, die Spaß haben.« Er nahm das Rührei aus der Pfanne und es dampfte auf meinem Teller. Er gab mir Besteck und setzte sich mit mir an den Küchentisch. Ich aß einen Happen: Tatsächlich war es das leckerste Rührei, das ich jemals gegessen habe. Ich wunderte mich darüber, dass er es so gut hinbekommen hatte, denn ich hatte meinen Papa noch nie zuvor am Herd gesehen.

Ich hatte noch viele Fragen, aber meine Gedanken schweiften ab. Ich stellte mir vor, wie Mama auf diesem großen Kreuzfahrtschiff war und Spaß hatte. Ich konnte sie genau vor mir sehen, wie sie eines ihrer bunten Kleider und eine Blume im langen, offenen Haar trug. Es ging ihr gut und ich freute mich für sie. Erst später erfuhr ich, dass Papa mir nicht die Wahrheit gesagt hatte.

Meine Mutter war nicht auf einer Kreuzfahrt, sondern sie lag im Krankenhaus auf der Intensivstation: Sie war schwanger gewesen, und es gab Komplikationen bei der Geburt. Mama hatte viel Blut verloren und es dauerte einige Tage, bis sie aus der Klinik entlassen werden konnte.

Ein großer Verlust

Mama brachte einen kleinen Engel mit, Sami. Er war ein so hübsches Baby, mit hellbrauner Haut, großen schwarzen Augen, wie sie meine Mutter hatte, und süßen Pausbäckchen. Ich habe ihn nie weinen sehen, sein Lächeln machte uns allen große Freude, und deshalb konnte keiner genug von ihm bekommen, alle rissen sich darum, als Nächster mit ihm zu spielen. Bei *Born in the USA* von Bruce Springsteen wippte er seinen kleinen Körper zur Musik und versuchte im Takt in die Hände zu klatschen. Er war einfach zum Knuddeln lieb und ein kleiner Frechdachs …

Dabei hatte er viele Schmerzen zu ertragen. Einmal musste meine Mutter sogar mit ihm ins Krankenhaus, weil der Kleine Probleme beim Wasserlassen hatte. Ich war mit im Untersuchungszimmer, als die Ärztin ihm eine lange Röhre in den Harnweg schob. Der kleine Sami krallte sich vor Schmerzen an ihre Schulter, meine Mutter konnte nicht hinsehen und kniff die Augen zusammen. Aber Sami war tapfer.

Ein paar Monate später musste er wieder ins Krankenhaus. Während die Schwestern ihn mit in den Operationssaal nahmen, mussten meine Mutter, meine Schwester Nanna und ich in der Halle warten, sehr lange warten. Mama war angespannt, die Situation bedrückte sie und ich weiß noch, wie ich alle paar Minuten zur Tür starrte und hoffte, sie würde aufgehen und wir könnten Sami wieder mit nach Hause nehmen. Ich wusste, dass er bestimmt wieder tapfer sein musste. Nanna wurde quengelig und kratzte sich an den Beinen. Sie hatte empfindliche Haut und ihre Strumpfhose juckte, also zog Mama ihr sie aus und steckte sie in ihre Handtasche.

Endlich kam die Ärztin durch die Tür, es war dieselbe, die Sami schon einmal behandelt hatte. Sie blickte meine Mutter mit ernster Miene an, ihre Stirn war gerunzelt, und sie rief uns in ein Besprechungszimmer. Als wir reinkamen, legte sie ihre Hand auf Mamas Schulter und schüttelte nur mit dem Kopf. Mama fing an zu weinen. Ich wusste nicht, was sie hatte, sie schrie nicht, so wie ich es kannte, wenn sie sich mit Papa stritt und vor Wut weinte. Die Ärztin sagte nichts und verließ das Zimmer. Mama nahm Nanna hoch und stellte sie auf die Behandlungsliege. Sie öffnete ihre Tasche, holte die rote Strumpfhose heraus und zog sie ihr wieder über die Pampers. Die Tränen liefen ihr über die Wangen und sie schluchzte. Dann fuhren wir nach Hause, ohne Sami.

Ich muss so verwirrt gewesen sein, dass ich mich nicht erinnern kann, was genau in den Tagen danach passierte. Aber irgendwann fragte ich meinen Vater, wann Sami wieder zu uns kommt.

»Er kommt nicht mehr, denn er ist jetzt im Himmel bei den Engeln.« Sami war an einer Hirnhautentzündung gestorben. Er wurde auf einem Friedhof in Ostberlin beerdigt, hier lagen viele kleine Engel unter winzigen Grabsteinen, in kleinen Särgen und Gräbern. Einer der Grabsteine war wie ein Herz geformt.

Ein Jahr nach Samis Tod brachte Mama noch ein Kind zur Welt, eine Tochter. Sie wollte sie Diana nennen, nach Lady Di, aber dann nannten meine Eltern sie Chuchu, und sie sollte unsere kleine Prinzessin werden.

Mit sechs Jahren wurde ich eingeschult und ging in die erste Klasse der *Schule der Solidarität*. Jetzt war es vorbei mit Topfschlagen und Mittagsschläfchen, ich bekam ein blaues Halstuch und ein Käppi: Ich war eine *Jungpionierin*!

Unsere Lehrerin Frau Müller war schon älter. Bei ihr mussten wir uns an die Regeln halten, nur Fleiß und Sorgfalt lobte sie, wer sich danebenbenahm, wurde getadelt. In ihrem kleinen weißen Kreideschrank bewahrte sie auch einen Glasbehälter mit Bonbons auf. Es waren große, runde Bonbons in Himbeerform, ich habe ihren Geschmack noch auf der Zunge. Jedes Mal, wenn sie den Schrank aufmachte, spähten alle auf das Glas, das in verführerischem Rot strahlte. Leider bekam nur selten ein Schüler solch ein Bonbon von Frau Müller, denn es war ihre größte Auszeichnung.

In der Schule war viel mehr los als im Kindergarten. Morgens tummelten sich Eltern und Kinder am Eingang, ich wurde als Einzige von einem Chauffeur gebracht. Und wenn der Unterricht vorbei war, war ich die Einzige, die oft bis zum späten Nachmittag auf den Fahrer warten musste, weil ihm keiner gesagt hatte, wann Schulschluss war. Wenn Papa nicht zu Hause war, fiel mein Fehlen erst auf, wenn bereits einige Stunden vergangen waren oder er von der Arbeit kam.

»Wo ist denn Khadra? Wartet sie etwa immer noch an der Schule, bis sie jemand abholt?«, fragte er dann und fuhr schnell selbst noch mal los.

An einem Tag geschah das wieder: Ich hielt Ausschau nach unserem Mercedes, aber niemand kam, und ich vertrieb mir die Langeweile auf der Spielwiese neben dem Pausenhof. Nach zwei, vielleicht drei Stunden Warten versuchte ich mich an meinen Heimweg zu erinnern. Ich war mir nicht sicher, aber ich wusste, dass ich am Ende der Straße rechts abbiegen musste. In welche Richtung es danach weiterging, wusste ich nicht, aber vielleicht würde ich mich daran erinnern, wenn ich erst einmal dort war. Ich überlegte noch ein paar Sekunden und dann lief ich los – wenn ich es nicht finden würde, konnte ich ja zurück zur Schule laufen, dazu musste ich nur umkehren und denselben Weg zurückgehen.

Als ich am Ende der Straße rechts abbog, gelangte ich in eine große, von Kastanien gesäumte Allee, und erst jetzt fiel mir auf, wie schön sie war. Ich war sehr konzentriert und schaute auf meine kleinen Schuhe, die Schritt für Schritt den Bürgersteig entlangliefen, und hatte keine Angst, nur ein Ziel. Plötzlich wurde ich aus meinen Gedanken gerissen, jemand hupte und ich sah ein Auto auffällig langsam auf mich zurollen. Dann erkannte ich meinen Vater hinterm Steuer, der mich anlachte. Er klatschte in seine Hände, reckte sie in die Luft, als ob er eine Trophäe gewonnen hätte, und sprach vor sich hin.

»Njunja! Njunja!«, konnte ich von seinen Lippen ablesen, dann stieg ich zu ihm ins Auto. »Njunjaaaaa! Ganz alleine bist du den Weg bis hierher gelaufen? Ganz allein?« Ich spürte seine Bewunderung und war stolz auf mich. »Hättest du denn gewusst, wo entlang du weitergehen musst?« Ich zuckte mit den Schultern. »Hattest du keine Angst?« Nein, ich hatte keine Angst gehabt.

Als wir zu Hause ankamen, erzählte er allen, was geschehen war, und noch abends hörte ich seine Stimme aus dem Schlafzimmer meiner Eltern »... Ganz allein ist sie den Weg gelaufen ... Ich dachte, ich sehe nicht richtig ... und sie hatte überhaupt keine Angst ...« Ich lief zu ihnen, Papa saß schon mit Schlafanzug im Bett und lehnte an der Wand, Mama saß an ihrem Schminktisch und kämmte sich ihr Haar.

»Da ist sie ja!« Er klopfte auf den Platz neben sich und ich krabbelte zu ihm. Er kraulte mir mit den Händen den Kopf, dann wurde er nachdenklich.

»Das, was du heute getan hast, war sehr mutig, aber es war auch gefährlich. Es ist ein langer Weg bis nach Hause und du kennst ihn nicht. Bitte warte in Zukunft immer in der Schule, ich sage den Fahrern, dass sie pünktlich sein müssen.« Ich nickte und schmiegte mich an ihn.

»Papa, erzählst du mir eine Geschichte?«

»Okay. Es war einmal ein kleines Mädchen, das war so mutig, dass es sich ganz allein auf den Weg von der Schule nach Hause machte …«

Papa war der beste Geschichtenerzähler der Welt, weil er eine solch blühende Fantasie hatte. Jeden Abend erzählte er mir eine Geschichte und nie glich eine der anderen. Wenn ihm einmal gar nichts Neues einfiel, vermischte er die alten Geschichten so geschickt, dass daraus eine neue wurde. Oder er führte eine alte Geschichte, die bereits beendet war, einfach fort. Und immer wieder war es spannend, ihm zuzuhören, denn er verstellte dabei seine Stimme, je nachdem, von wem er erzählte oder welche Figur er gerade spielte. Es waren immer ergreifende Geschichten, oft solche, die von Menschen handelten, deren Leben nicht leicht war, Geschichten von Moral und von dem Schicksal, das Gott für die Menschen vorgesehen hatte. Es gab immer ein schönes Ende, egal, wie traurig die Geschichten angefangen hatten, egal, wie viel diese Menschen durchmachen mussten: Am Ende waren sie die Sieger, denn sie waren mutig und stark gewesen.

Wie etwa in der Geschichte von dem Mann, der sehr, sehr alt, einsam und bettelarm war. Eines Tages ging er durch die Straßen und begann die Steine vom Boden aufzusammeln, große und kleine, runde und eckige, weiße, graue, schwarze, alle, die er finden konnte. Die Leute lachten über ihn. Aber der alte Mann sammelte einfach weiter Steine, Stunde um Stunde, Tag um Tag, Jahr für Jahr. Als er alle Steine aufgesammelt hatte, begann er sie im Wald zu suchen, und als es dort keine mehr gab, fischte er sie aus den Teichen und Flüssen. Irgendwann gab es keine Steine mehr, weil der alte Mann sie aufgesammelt hatte, und weil die Menschen sie vermissten, wurden sie sehr wertvoll und der alte Mann steinreich. Jetzt lachte keiner mehr über ihn.

Jahre später mussten wir im Englischunterricht in der Schule in Bad Godesberg eine Kurzgeschichte schreiben. Mir fiel der alte Mann wieder ein und ich schrieb seine Geschichte auf.

»Von wem hast du denn diese schöne Geschichte?«, fragte mich mein Lehrer und gab mir ein »Sehr gut«.

Oft beteten mein Vater und ich aber auch gemeinsam und sagten Texte aus dem Koran auf. Papa sagte einen Vers auf und ich sprach ihn nach, bis ich ihn auswendig konnte. So brachte er mir die verschiedenen Verse bei.

Papa kannte auch die ausgefallensten Tricks, um mich zum Lernen zu motivieren, oder für die Dinge, die er für wichtig hielt. Zum Beispiel sagte er, dass es in jeder Nacht eine Zeit gibt, in der Gott meine Gebete erhört und mir meine Wünsche erfüllt. Man weiß aber nie, wann dieser Zeitpunkt ist, es kann zu jeder Zeit sein. So fing ich an, jede Nacht zu beten, sobald ich im Bett lag, denn irgendwann würde Gott in diesem Augenblick zuhören.

Meine ersten Abenteuer

Mein Vater konnte überhaupt nicht streng sein. Wenn er es doch versuchte, wussten wir Kinder genau, wie wir ihn erweichen konnten. Wenn wir mal richtig Unsinn gemacht hatten – und das taten wir oft – zeigte er mit dem Finger auf uns und versuchte böse zu gucken. Oft konnten wir uns das Lachen nicht verkneifen und letztlich lachte er dann auch.

Vielleicht konnte er mit dem Hauspersonal ebenso wenig streng sein. Denn das pünktliche Abholen klappte nur eine Zeit lang, bis eines Nachmittags wieder niemand kam. Mein Unterricht war schon seit Stunden vorbei. Ich setzte mich auf den Rasen neben dem Schulhof und bekam es nun doch ein bisschen mit der Angst zu tun. Die hatten mich wohl einfach vergessen! Was, wenn Papa heute gar nicht nach Hause kam, weil er geschäftlich unterwegs war? Ich war den Tränen nah.

»Ja, dann bis morgen …« Meine Musiklehrerin kam aus dem Schulgebäude und verabschiedete sich über die Schulter hinweg von ihren Kollegen. Ich hatte sie in der zweiten Stunde gehabt.

»Was machst du denn noch hier?«, fragte sie erstaunt, als sie mich da sitzen sah.

»Mich holt keiner ab, die haben mich vergessen.«

»Wer hat dich vergessen? Deine Eltern?«

»Unser Fahrer ist noch nicht da, der, der mich heute Morgen gebracht hat.«

»Und deine Mutti, wo ist die denn?«

»Sie kennt den Weg nicht und Papa ist arbeiten. Ich weiß nicht, wann er nach Hause kommt.« Frau Sinner half mir vom Boden aufzustehen.

»Na komm, dann … dann bringe ich dich heim. Wo wohnst du denn?«

»Hinten, im großen Haus.« Ich zeigte in die Richtung, in die unser Fahrer immer fuhr, den Weg, den ich selbst vor Wochen genommen hatte, als Papa mich unterwegs aufgelesen hatte.

»Aber in welcher Straße?« Ich zuckte nur mit den Schultern. »Warte mal hier.« Mit eiligen Schritten ging sie ins Schulgebäude zurück. Ich schaute ihr nach. Sie hatte ein marineblaues Kostüm an, der Rock war ihr etwas zu eng, dazu trug sie schwarze Schuhe mit Absatz, die vorn und hinten offen waren. Sie sprang die wenigen Stufen zur Tür hinauf und ich war überrascht, weil sie etwas mollig war und ich sie nicht für so sportlich gehalten hatte. Als sie zurückkam, schnaufte sie ein bisschen: »Ich hab bei dir zu Hause angerufen, da war eine Frau dran, ich habe sie aber nicht verstanden, weil sie kein Deutsch sprach.«

»Das war meine Mutter.«

»Ach so! Aber ich hab in deine Unterlagen geschaut und weiß jetzt, wo du wohnst. Ich bringe dich nach Hause. Aber erst müssen wir bei mir vorbei, mein Mann kommt von der Arbeit und muss etwas essen.«

Wir gingen los. Der Weg zu ihr nach Hause war recht lang, wir mussten mit der Bahn fahren und mehrmals umsteigen. Wir redeten nicht viel, stiegen schließlich aus der Straßenbahn und liefen auf ein Hochhaus zu. Mit dem Aufzug fuhren wir einige Stockwerke hinauf. Als sie die Tür aufschloss, war ich überrascht. »Wie kann eine Wohnung nur so klein sein?«, dachte ich. Es gab nur einen einzigen Raum, in dem alles war: die Küche, das Esszimmer, das Wohnzimmer und das Schlafzimmer. Frau Sinners Mann war schon da, und sie gab ihm einen sanften Kuss auf den Mund.

»Das ist Khadra, eine Schülerin, die heute nicht abgeholt wurde. Ich bringe sie gleich noch nach Hause.« Sie machte ihm die Reste vom gestrigen Abendessen warm. Ihr Mann stand in der Mitte des kleinen Zimmers und lächelte mich an. Ich fühlte mich unwohl, so, als würde ich mich aufdrängen und nicht hierher gehören. Ich saß auf dem einzigen Bett im Raum, schaute in eine Ecke und hoffte, dass ich mich auf diese Weise unsichtbar machen könnte. Ich wartete darauf, dass Frau Sinner auf meine Eltern schimpfen würde, aber das tat sie nicht.

»So, wir können jetzt los. Ich beeil mich, Schatz«, sagte sie zu ihrem Mann, dann machten wir uns wieder auf den Weg. Als wir endlich angekommen waren, zerrte ich Frau Sinner den Zaun entlang bis zum Eingangstor. Sie schüttelte den Kopf und lächelte.

»Hier wohnt ihr?« Ich wollte mich unbedingt bei ihr bedanken und zog sie mit zum Tor. Sie jedoch meinte: »So, jetzt lass ich dich mal allein …«

»Nein!«, fiel ich ihr ins Wort. Ich wollte gern, dass sie mit zu uns kam und bei uns aß, außerdem wollte ich ihr meinen Papa vorstellen, der würde sich bestimmt eine tolle Belohnung für sie ausdenken.

»Na, gut, ich komm ja schon.« In der Eingangshalle warf ich meinen Schulranzen in die Ecke und meine Mutter kam uns entgegen.

»Khadra, du kommst heute aber spät«, sagte sie nur beiläufig auf Somalisch.

»Meine Lehrerin ist hier. Sie hat mich gebracht, weil mich keiner abgeholt hat«, antwortete ich ihr und plötzlich strahlte sie über ihr ganzes Gesicht. »Hello! Thank you! Come, come ...« Sie wollte, dass die Lehrerin mit ihr in den Speisesaal kam.

»Nein, nein, ich muss jetzt schnell wieder los ...«

»No, no, come, come, please!« Meine Lehrerin schaute mich Hilfe suchend an.

»Khadra, kannst du deiner Mutter bitte sagen, dass ich wirklich nicht bleiben kann, mein Mann wartet zu Hause.« Ich schaute sie an, sie stand mitten in unserem Speisesaal, der viel größer als ihre gesamte Wohnung war. Sie umklammerte ihre Handtasche, deren Riemen quer über ihre Schulter lief.

»Wait, wait!« Meine Mutter lief an ihr vorbei und verschwand im Schlafzimmer. Meine Lehrerin schaute mich nur an, zuckte mit ihren Augenbrauen und Schultern. Dann lächelte sie mit geschlossenen Lippen.

»Here! This is for you! Thank you! Thank you!« Mama drückte ihr eine Tüte in die Hand.

»Was ist das denn? Um Gottes Willen! Nein, nein, bitte, wirklich ...« Die Tüte war gefüllt mit großen Cremedosen, die mein Vater immer aus dem Westen mitbrachte. »Wirklich, ich brauch das alles nicht.« Ich spürte, dass ihr die Situation unangenehm war, also nahm ich sie schnell an der Hand und brachte sie zur Tür. Die Tüte mit den Cremes hatte meine Lehrerin nicht ablehnen können und nahm sie mit, aber ich war nicht sicher, ob ihr das Geschenk wirklich gefiel.

Wenn wir nach Westberlin fuhren, war es, wie in eine andere Welt zu kommen. Im Osten, kurz vor der Mauer, gab es einen kleinen Kiosk, ansonsten war die Straße trist und leer. An der Grenze hatten sich immer schon Schlangen von Autos gebildet, aber wir fuhren rechts an allen vorbei bis zur Kontrolle. Die Männer in Uniformen, langen Wollmänteln und Fellmützen, die man an den Seiten bis über die Ohren herunterklappen konnte, sahen uns erst aufmerksam ins Gesicht und dann in den Pass, immer wieder. Mama trug einmal eine Sonnenbrille und der Soldat forderte sie auf, die Brille abzusetzen, dann starrte er auf das Foto in ihrem Ausweis und wieder in ihr Gesicht. Die Soldaten machten mir Angst, weil sie uns so streng ansahen, als hätten wir etwas Schlimmes verbrochen.

Hinter der Grenze dann wusste ich gar nicht, wohin ich zuerst schauen sollte. Links und rechts waren die Straßen geschmückt mit riesiger Leuchtreklame von Coca-Cola, Pizza Hut, McDonald's und anderen. Es gab alles, was das Herz begehrte, verpackt in bunten Kartons und Tüten. Ich klebte mit der Nase an den Schaufensterscheiben mit Spielsachen und Süßigkeiten. Papa gab uns immer etwas Geld, von dem ich mir Chocolate Chips kaufte. Ich liebte diese knusprigen Schokowaffeln und wusste, dass ich sie bei uns im Osten in keinem Kaufhaus finden würde, denn ich war einmal dort gewesen.

Das Kaufhaus lag ein paar Straßen von unserem Haus entfernt, es war ein großes, schlichtes, weißes Gebäude, an dem wir oft vorbeifuhren. An manchen Tagen bildeten sich lange Schlangen vom Eingang bis hinunter zur Straße, dann musste es wohl etwas ganz Besonderes dort zu kaufen geben. Eines Tages brauchte ich ein paar neue Stifte und Hefte für die Schule. Normalerweise brachte mir Papa solche Sachen aus dem Westen mit, aber diesmal hatte ich ihm nicht Bescheid gesagt und musste zum Kaufhaus laufen, denn ich musste alles am nächsten Morgen für den Unterricht beisammen haben, sonst bekam ich einen Tadel. Meine Klassenlehrerin war ohnehin nicht gut auf mich zu sprechen, weil ich oft zu spät zum Unterricht kam. Ich lief durch die Regalreihen bis zu den Heften, sah aber nur eine Sorte. »Wo sind die Schulhefte?«, fragte ich die Verkäuferin. Sie zeigte mit dem Finger auf das Regal, vor dem ich gestanden hatte. »Na, da drüben.« Ich schaute noch mal hin und war enttäuscht. Papa brachte mir immer Hefte in bunten Farben und mit lustigen Comicmotiven mit, aber hier gab es nur schlichte, weiße Hefte, keine mit Micky Mouse, Donald, Daisy … Und die Stifte, die daneben lagen, sahen genauso langweilig aus. Ich nahm ein Heft und einen Bleistift. Als Nächstes hielt ich Ausschau nach etwas Süßem und fand Lollis, ich nahm einen roten, denn es gab nur rote. Ich zahlte und nahm mir vor, Papa ab jetzt rechtzeitig zu sagen, wenn er mir etwas mitbringen sollte. Ich gab ihm von da an kleine Einkaufszettel mit, auf die ich »Hanuta«, »Milchschnitte«, »Campinos« oder »Hubba Bubba« geschrieben hatte.

Meine Chocolate Chips aus Westberlin waren in einer sechseckigen Packung aus weißer Pappe und da ich die Chips schon auf der Heimfahrt verschlungen hatte, stellte ich sie zu Hause in mein Zimmer und warf meine restlichen West-Mark hinein. Es waren wenige Münzen, zu wenige, wie ich fand.

»Papa, kannst du mir Geld geben? Ich will sparen«, sagte ich. »Oh ja, Njunja. Das ist gut, sparen ist gut. Geh mal an mein Sakko, in den Taschen müssten noch Münzen sein.«

Ich ging an seinen Kleiderschrank und schaute mir die aufgereihten Sakkos an. Welchen hatte er vorhin getragen? Seine Hose lag noch auf dem Bett, es war die marineblaue, also zupfte ich an den Taschen des passenden Sakkos und tatsächlich klimperten darin Münzen. Ich griff hinein, holte alles heraus und warf es in meine Chocolate-Chips-Spardose. Seitdem musste Papa mir jeden Abend sein Kleingeld aus den Taschen rausrücken, sogar

5-Mark-Scheine waren hier drin. 100 Mark sollten es werden, dachte ich mir. Und so viel wurde es dank meiner Spartaktik auch schnell.

Mein großer Bruder

Eine andere Methode, um an Geld zu kommen, hatte mein großer Bruder Farid entwickelt: Er nahm heimlich Geld aus Papas Portemonnaie. Oft musste ich dabei Schmiere stehen. Sobald jemand kam, musste ich laut anfangen zu singen. Erst Jahre später verriet mir mein Vater, dass Farid ihm im Laufe der Zeit so Tausende Mark stibitzt hatte.

Farid hat immer nur die Schokoladenseiten des Lebens als Diplomatenkind mitbekommen, von den schlimmen Zeiten, die der Familie bevorstanden, sollte er als Einziger verschont bleiben. Er ist zehn Jahre älter als ich und genoss als Jugendlicher das unbeschwerte Leben als Diplomatensohn in vollen Zügen. Er besuchte eine Privatschule im amerikanischen Sektor, direkt auf dem Militärgelände, die unser Vater ihm bezahlte. Weil wir von einem Land ins nächste gezogen waren, wollte er, dass wir wenigstens immer das gleiche Schulsystem besuchen, Farid ein englisches, ich ein deutsches. Im Gegensatz zu mir hasste es Farid, wenn mein Vater ihn von der Schule abholte, es war ihm peinlich, wenn seine Mitschüler das sahen. Nur der Fahrer durfte ihn abholen, das fand er cool.

Kurz vor Silvester kam mein Bruder Farid einmal mit Tüten voller Böller nach Hause, die er aus dem Westen mitgebracht hatte. Als es dunkel wurde, schlich er sich aus dem Haus und nahm mich ausnahmsweise mit. Er hatte etwas ausgeheckt und brauchte mich wohl als Komplizin. Farid wollte offensichtlich die Nachbarn ärgern und steckte die Kracher in die Mülltonnen, die zum Entleeren auf die Straße gestellt worden waren. Dann zündete er die Raketen an und als sie explodierten, lachte er sich beim Weglaufen kaputt. Ich glaube, Farid war damals immer auf der Suche nach einem neuen Kick, weil ihm oft langweilig war, obwohl er alles hatte, auch Freunde aus anderen Botschafterfamilien, die in Pankow wohnten.

»Wir konnten machen, was wir wollten, und uns alles erlauben«, erzählte er mir später einmal. So fingen sie in Discotheken oder Bars Streit mit Ostberliner Jungen an, nur weil sie wussten, dass ihnen nichts passieren konnte.

»Wenn die Polizei kam, fragten die gar nicht, wer Schuld hatte, sondern nahmen sofort immer die anderen mit zur Wache, weil wir Immunität genossen.«

Farid brachte sich so ziemlich alles aus dem Westen mit, sein Zimmer sah aus wie ein Süßwarengeschäft und die Wände waren genauso bunt und farbig behangen, vor allem mit Postern seines Idols Michael Jackson. Vorm Spiegel stylte er sich die Haare wie Jacko im Video von »Thriller«, sogar eine rote Lederjacke hatte er sich gekauft, und die Musik lief bei uns rauf und runter. Den »Moonwalk« beherrschte Farid wie kein anderer.

Farid hatte auch einen deutschen Freund, Micha, der mit seiner Mutter allein lebte, weil sein Vater in den Westen geflohen war und seine Familie zurücklassen musste. Einmal schmuggelte Farid für Michas Mutter einen Brief nach drüben zu Michas Vater, wie er mir vor einigen Wochen erzählte.

»Mucki war mir unglaublich dankbar, denn es war die einzige Möglichkeit für seine Mutter, mit seinem Vater Kontakt aufzunehmen.«

Zu seinem 16. Geburtstag schmiss Farid eine große Party in Empfangshalle, Speisesaal und Wohnzimmer. Wir Geschwister durften uns noch nicht einmal in der Nähe blicken lassen, auch meine Eltern mussten versprechen, in ihren Zimmern zu bleiben. Nichts wäre ihm peinlicher gewesen, als dass sie dazugekommen wären, um seine Gäste zu begrüßen. Nanna, Jamal und ich waren im Schlafzimmer von Ayeya, das am Ende des Flurs war, weit weg von Musik und Gelächter. Das Licht war aus, nur die Straßenlampe leuchtete durchs Fenster, doch einzuschlafen war schwer, denn wir bekamen den ganzen Lärm mit. Die Autos, die vor unserem Haus hielten, hochhackige Schuhe, die auf dem Marmorboden klackten. Und da waren die lachenden Mädchenstimmen, die bis zu uns drangen, dazu die Musik, die herüberdröhnte. Farid hatte wohl seine ganze Schule eingeladen und feierte bis in die Morgenstunden.

Farid genoss viele Freiheiten. Uns jüngeren Geschwistern gegenüber konnte er grausam und unberechenbar sein. Ich erklärte es mir damit, dass er vor unserer Geburt wie ein Einzelkind verwöhnt worden war, weil die Ärzte meinen Eltern gesagt hatten, dass meine Mutter keine weiteren Kinder bekommen könne. Meine Mutter ließ sich später behandeln und wurde zehn Jahre später erstmals wieder schwanger. Farid musste nun die wenige Aufmerksamkeit auch noch teilen, die Zeiten, in denen er verhätschelt wurde, waren für ihn vorbei. Mit seinen kleinen Geschwistern wusste Farid nicht viel anzufangen, er mochte uns nicht einmal, sagte selten etwas Nettes zu uns und zeigte keine Zuneigung. Vielleicht lag es daran, dass er selbst statt Zuneigung nur Spielsachen und Geld bekommen hatte. Wenn Farid Langeweile hatte, war er besonders gemein, dann jagte er uns Angst ein und lachte sich darüber kaputt. Wenn unsere Eltern nicht zu Hause waren, ging er am liebsten mit uns ins Wohnzimmer oder in den Keller, wo wir uns Horrorfilme anschauen mussten, die so grausam und brutal waren, dass ich manchmal noch heute davon träume. Wir waren damals gerade mal drei, vier und sechs Jahre alt, und wenn die Angst kaum auszuhalten war, schloss ich einfach die Augen und hoffte, dass er mich dabei nicht erwischte. Nanna war die Jüngste und nuckelte noch am Schnuller, aber sie war von uns allen am mutigsten. Wenn Farid so richtig in den Film vertieft war, kroch sie ganz, ganz langsam Richtung Tür, ihr Fläschchen hielt sie dabei zwischen den Zähnen. Sie sah so verängstigt aus, dass ich meine eigene Angst für Augenblicke vergaß. Ich hoffte so sehr, dass sie es unbemerkt durch die Tür schaffen würde, und freute mich, dass sie es tatsächlich schaffte. Heute weiß ich, dass Farid Angst davor hatte, sich diese Filme allein anzusehen, und uns deshalb zwang, sie mit anzuschauen.

Manchmal mussten Jamal und ich nach den Filmen hinaus in die Dunkelheit und dort nach blutigen Monstern und Toten rufen, um ihnen die Nachricht zu überbringen, dass Farid sie nicht fürchtete und auf sie wartete. Jeder musste einzeln hinaus, ich zuerst. Als ich völlig verängstigt zurückkam und sagte, dass da niemand war, schickte er mich wieder raus, immer wieder. Irgendwann war ich so verängstigt, dass ich behauptete, ich hätte diese alte, tote Frau gesehen, nach der ich suchen sollte.

»Was hat die Frau gesagt?«, fragte Farid.

»Dass sie nicht mehr kommen wird«, antwortete ich. Dann schickte er Jamal hinaus ins Dunkle, aber der Kleine hatte gut aufgepasst. Als er zurückkam, rief er uns zu: »Die alte Frau hat gesagt, dass sie nie mehr wieder kommt.« Wir wussten, dass wir Mama und Papa nichts von diesen Grausamkeiten erzählen durften, ab und an erinnerte uns Farid dennoch daran.

»Wenn ihr irgendjemandem davon erzählt, bringe ich euch um! Wenn Papa fragt, haben wir Zeichentrick geguckt!«

Tatsächlich schaute er sich gelegentlich auch Comicfilme an, am liebsten »Messenger«. Darin prügelt sich dieser Roboter namens Messenger mit anderen Robotern und gewinnt immer. Nach einem solchen Film durften wir es dann auch mal mit Farid aufnehmen.

»Schlag zu! Los, mach was!«, befahl er mir und ging auf die Knie. Ich ballte meine kleine Hand zu einer Faust, spannte meinen ganzen Körper an, ja, ich wollte ihm richtig wehtun, es ihm heimzahlen, und schlug ihm gegen seinen kräftigen Oberarm. Ich weiß nicht, ob es ihm wirklich wehgetan hat, aber er holte aus und boxte mir mitten ins Gesicht. Ich flog mehrere Meter weit durchs Zimmer und hatte so heftige Schmerzen, dass mir die Luft wegblieb. Aber ich unterdrückte meine Tränen, weil ich wusste, dass er noch wütender werden würde, wenn ich weinte. Er merkte, dass sein Schlag mich heftiger erwischt hatte, als er es ursprünglich wohl gewollt hatte. Ich spürte das warme, pochende Blut in den Adern unter meinem rechten Auge, das immer mehr anschwoll. Er kam zu mir, um sich die Verletzung genauer anzusehen, und drohte mir mit wütendem Blick: »Wehe, du sagst dem Papa was!« Ich gab keinen Mucks von mir. Mein Vater kam Stunden später von der Arbeit. Ich wäre am liebsten in seine Arme gelaufen, um mich von ihm trösten zu lassen, doch ich traute mich nicht, die Angst vor der Strafe meines Bruders war zu groß. Papa sah mich erschrocken an.

»Lieber Gott! Njunja! Was ist denn mit deinem Auge passiert?« Ich antwortete nicht, blickte nur hoch zu ihm tief in seine Augen. Ich hoffte, er könne in meinen sehen, was passiert war, ohne dass ich es ihm erzählen musste.

»Wir haben gespielt und Khadra ist hingefallen«, stammelte Farid dazwischen. Mein Vater merkte, dass irgendetwas nicht stimmte, und sah sich mein blaues Auge genauer an.

»Njunja, was ist passiert?« Ich wollte am liebsten meinen Schmerz rausschreien, aber ich flüsterte nur: »Ich bin hingefallen.«

Eigenartig war, dass wir Farid damals nicht gehasst haben. Im Gegenteil, je mehr er uns quälte, desto mehr suchten wir seine Zuneigung in den wenigen Augenblicken, in denen er mit uns herumalberte oder uns zum Lachen brachte.

Eine der wenigen, die meinem Bruder Farid ab und an Kontra geben durften, ohne dafür Prügel zu kassieren, war meine Cousine Seta. Sie war etwas älter als er und die beiden verstanden sich prächtig. Mein Vater hatte sie aus Somalia nach Ostberlin geholt. Sie war die Tochter seiner Schwester Suna und es war üblich, dass man Verwandten im Ausland Jobs oder eine gute Ausbildung ermöglichte. Auch einige meiner Tanten und Onkel arbeiteten als Hilfskräfte in der Botschaft, als Fahrer oder bei uns im Haushalt, vorausgesetzt, sie konnten lesen und schreiben, was bei wenigen der Fall war.

Seta war lebenslustig und intelligent, ich bewunderte sie, weil sie ihr eigenes Leben in einer Wohnung im fünften Stock einer kleinen Hochhaussiedlung führte. Das war so ziemlich das Ungewöhnlichste, was eine somalische Frau durfte, solche Freiheit war ein Tabu, auch in gehobenen Kreisen. Sie hörte laute Musik von Sade und Madonna, deren Frisuren sie kopierte, und das typische Madonna-Muttermal hatte sie auch über ihrem Mund.

Ab und zu brachte mich Papa zu ihr. Vor ihrem Haus gab es einen Spielplatz und eines Tages spielte ich im Sandkasten und wartete, bis ich wieder abgeholt wurde. Die Balkontür von Seta war offen, damit sie immer einen Blick auf mich werfen konnte. Plötzlich sah ich eine Gruppe von Kindern am Sandkasten stehen, es waren drei Jungs, die mich beobachteten. Mein Gefühl sagte mir, dass sie nicht mit mir spielen wollten, denn sie flüsterten, und das machte mich nervös. Ich blickte rüber zum Balkon, aber Seta war nicht zu sehen, und die Jungen schienen irgendeinen Plan zu schmieden. Ich wollte verschwinden, aber noch bevor ich einen Schritt aus dem Sandkasten machen konnte, krallte sich eine Hand tief in meine Haare, sodass ich mich vor Schmerzen nach vorn beugte. »Seeetaaaaa! Seeetaaaaa!«, rief ich, aber die Jungs schreckte mein Geschrei nicht.

»Negerkind! Negerkind! Wo kommst du denn her?«, riefen sie und lachten, während sie mich an den Haaren durch den Sand ziehen wollten. Endlich hörte ich die kreischende Stimme von Seta. Sie stand auf dem Balkon und brüllte so laut, dass die Jungs mich fallen ließen und wegrannten. Seta tröstete mich, hatte aber auch Angst, dass sie Ärger mit meinem Vater bekommen würde, weil sie nicht auf mich aufgepasst hatte. Ich musste ihr versprechen, nichts zu erzählen, und ich hielt mich dran.

Der Respekt vor meinem Vater war bei allen Verwandten sehr groß, fast ehrfurchtsvoll begegneten sie ihm. Alle waren ihm dankbar, denn er war sehr großzügig und half, wo er helfen konnte, es gab wohl kaum einen in der Familie, der nicht in seiner Schuld stand. Wenn Seta oder eine meiner anderen Cousinen ihn begrüßten, machten sie einen Knicks und küssten seine Hand. Eines Tages herrschte ganz besondere Aufregung bei uns zu Hause. Alle Angestellten wuselten geschäftig umher, in der Küche wurde gebrutzelt, allerlei somalische Köstlichkeiten wurden gekocht und gebacken. Die meisten davon waren aufwendig in der Zubereitung, weshalb sie auch nur zu besonderen Feierlichkeiten aufgetischt wurden. Es wurden an diesem Tag Gerichte zubereitet wie Kalamudo, eine Art Spätzle, ein Teig, der zunächst geknetet, dann in kleine Stücke geschnitten, mit den Händen gerollt und schließlich gekocht wird. Es gab auch Sambusi, ein dreieckiges, knuspriges Bratgebäck mit Hackfleisch, Zwiebeln und Chili drin. Dieses Gericht mochte ich ganz besonders gern!

Meine Oma hatte normalerweise in der Küche immer ein Auge darauf, dass alle Spezialitäten richtig zubereitet wurden, doch diesmal fand ich sie in ihrem Schlafzimmer. Ayeya war gerade damit beschäftigt, ihren Koffer voller bunter, seidener Kopftücher und Gewänder zu sortieren. In Somalia hatte sie diese Tücher an Frauen verkauft, die etwas Festliches zum Anziehen brauchten, hier trugen sie meine Tanten oder auch Seta meist zu Hause oder wenn die Frauen unter sich waren. Und zu Festen legten sie ihren kostbarsten Goldschmuck an, unzählige Armreifen, schwere Ohrringe und große Halsketten, dazu trugen sie Tücher aus ganz weiten, leichten Stoffen, die farbenfroh wie ein Regenbogen waren und dennoch durchsichtig, sodass die Frauen darunter einen langen Unterrock tragen mussten. Ayeya besaß prächtige Kleider und Stoffe in allen Varianten: Kleinere Tücher wurden zu einem Dreieck gefaltet und über die Stirn gelegt, die Enden wurden dann hinten zusammengebunden. Die größeren Stoffe wurden erst sehr eng entlang der Taille gebunden und dann weiter oben um den Körper gewickelt. Die Enden der Stoffbahnen wurden asymmetrisch über eine Schulter gezurrt. Leider habe ich bis heute nicht gelernt, wie man solche »Tuchkleider« richtig anzieht. Am besten standen diese Gewänder meiner Tante Tita. Sie war klein und zierlich und hatte einen wohlgeformten Po, der immer hin und her wackelte, wenn sie im Rhythmus der somalischen Lieder tanzte, die sie lauthals sang. Wenn sie nicht sang, dann erzählte sie lustige Geschichten, über die sie auch gern mal allein lachte, so laut und rau, dass man hörte: Es kam von Herzen. Auch an diesem Tag war Tita in der Villa, um bei der Vorbereitung des Fests mitzuhelfen, und lief singend durchs Haus.

Meine Oma hatte mittlerweile eine schöne Stoffkombination ausgesucht.

»Ayeya, für wen ist das?«, fragte ich.

»Für die Braut!«

Ich freute mich: »Oh, wie schön, eine Hochzeit steht an, deshalb die ganze Aufregung.« Somalische Hochzeitsfeiern gehen üblicherweise über mehrere Tage, bis es dann zur großen Trauung kommt, nach der der Bräutigam die Braut mit zu sich nach Hause nimmt. Ich rannte durchs ganze Haus, um jemanden zu finden, der sich mit mir freuen würde. Im Zimmer meiner Geschwister lag Seta mit dem Gesicht zur Wand auf dem Bett, ich dachte, sie würde schlafen, doch dann bewegte sie sich ein bisschen und ich hörte sie schluchzen.

»Seta, warum weinst du?« Ich fasste sie vorsichtig an der Schulter und sie zuckte erschrocken zusammen, dann drehte sie sich zu mir um, ihr Gesicht war ganz verschwollen und ihre Augen waren rot unterlaufen.

»Was ist denn passiert?«, fragte ich noch einmal, aber sie drehte sich zurück zur Wand und weinte weiter, während ich zu meiner Tante lief: »Tita, warum weint Seta?«

»Weil sie heiratet.« Sie sagte es so, als wäre es das Normalste der Welt, dass man weint, weil man heiratet. Ich verstand das nicht, denn ich kannte Bräute nur aus dem Fernsehen und da sahen sie immer so glücklich aus.

Am eigentlichen Hochzeitstag beobachtete ich Seta während der Trauung. Sie saß da in ihrem Brautkleid und weinte nicht mehr, aber sie starrte nur vor sich hin und wirkte müde. Als ich den Mann sah, der neben ihr saß, erschrak ich. Ihr Bräutigam war etwa so alt wie mein Vater. Jetzt begann ich zu verstehen, warum sie sich nicht auf ihre Hochzeit gefreut hatte! Der Bräutigam dagegen schien sehr zufrieden zu sein. Er hatte einen edlen, dunklen Anzug an, saß stolz auf dem Stuhl neben seiner blutjungen Ehefrau und nahm die Glückwünsche entgegen. Erst später erfuhr ich, dass Seta ihn an diesem Tag zum ersten Mal in ihrem Leben gesehen hatte.

Seta musste ihre Wohnung aufgeben. Keine aufgemalten Muttermale mehr, keine Madonna, keine Sade. Kein eigenes Leben mehr, ihr neues hatte begonnen. Ich war sieben Jahre alt und unglaublich traurig, dass sie dazu gezwungen worden war. Und dass alle um mich herum es für völlig normal hielten und die Hochzeit begeistert feierten, beunruhigte mich noch mehr. Ich beobachtete sie, wie sie tanzten und lachten, die Frauen klatschten in die Hände und sangen laut, alle amüsierten sich prächtig, nur Seta, eingehüllt in ein weißes, üppiges Hochzeitskleid aus Tüll, musste ihre Tränen zurückhalten. Sie sollte nicht die letzte traurige Braut sein, die ich zu sehen bekommen würde.

Nach der Hochzeit sprach ich meinen Vater darauf an, warum Seta den alten Mann heiraten musste.

»Er ist ein guter Mann«, antwortete er. »Er ist intelligent und arbeitet als Ingenieur. Er kann immer gut für sie sorgen.« Meine Cousine war also finanziell abgesichert und nicht mit einem armen Schlucker verheiratet worden, der nicht fähig war, die Familie zu ernähren, weil er weder schreiben noch lesen konnte. Trotzdem war es kein Trost für mich. Es machte mir Angst, und mein Vater schien das zu spüren.

»Papa, ich will später keinen Mann heiraten, den ich nicht kenne.« Er versuchte mich zu beruhigen.

»Nein, Njunja, niemals! Du darfst dir den Mann aussuchen, den du willst!«

»Egal wen?«

»Ja, mein Schatz, egal wen. Ich stelle dir eine ganze Reihe Männer hin und du suchst dir den aus, der dir am besten gefällt. Den darfst du dann heiraten, okay?«

»Na gut.« Er hatte mich, wie so oft, wenn ich Angst hatte, nicht nur beruhigt, ich freute mich schon auf meine Hochzeit und wusste auch schon, welchen Bräutigam ich wählen würde: Silvester Stallone.

Tatsächlich stehe ich dem Brauch einer arrangierten Ehe nach wie vor mit gemischten Gefühlen gegenüber, so nachvollziehbar die Gründe für eine solche Tradition auch sein mögen.

Auch meine Mutter war wie gesagt viel jünger als mein Vater, sie war seine dritte Ehefrau. Mit seiner ersten Frau, Djamila, war mein Vater bereits getraut worden, als beide noch Kinder waren. Djamila brachte ihm später einen Sohn zur Welt – Karim, meinen Stiefbruder. Doch nach einigen Jahren trennten sie sich, was erst mit der Unabhängigkeit der Republik Somalia und durch ein neues Gesetz gegen Kinderehen möglich geworden war.

Er vermählte sich mit seiner zweiten Frau, Salina, aber die Ehe zerbrach. Zunächst war Salina in der westlichen Welt, in der mein

Vater als Diplomat verkehrte, nicht zurechtgekommen und nach Somalia zurückgekehrt. Als sie dann wieder zu ihm nach Bonn kam, sog sie plötzlich das europäische Leben geradezu in sich auf, lernte die Sprache, trug andere Kleidung, machte sogar den Führerschein und änderte ihre Einstellung zum Leben in Europa. Die Ehe scheiterte schließlich, da sich beide zu sehr voneinander weg entwickelt hatten.

Danach drängte mein Opa meinen Vater zur nächsten Hochzeit, seiner Meinung nach gehörte es sich für einen gestandenen und intellektuellen Mann nicht, ohne Familie zu sein. Meine Mutter war damals erst etwa 16 Jahre alt, aber nach somalischem Standard heiratsfähig. Die Heirat war nach Ansicht der Familie das größte Glück, was meiner Mutter und ihrer gesamten Verwandtschaft passieren konnte.

Meine Mutter hatte zu dieser Zeit in ihrem jungen Leben schon viel durchgemacht. Sie war das älteste Kind von vier Geschwistern, die meine Großmutter allein aufgezogen hatte, nachdem ihr Mann sie verlassen hatte. Meine Ayeya hatte nie wirklich verkraftet, dass sie meinen Großvater an eine andere Frau verlor, der Schmerz ist ihr bis heute ins Gesicht geschrieben. Später heiratete mein Opa, den ich nie kennengelernt habe, diese andere Frau und bekam mit ihr 14 Kinder, meine Stieftanten und Stiefonkel.

Dass Ayeya sich und ihre Kinder durchgebracht hat, grenzt an ein Wunder, denn sie konnte weder lesen noch schreiben, war völlig mittellos und nur auf sich allein gestellt. Was sie und ihre Kinder damals durchgemacht haben, muss schrecklich gewesen sein, denn noch heute ist auch meine Mutter davon gezeichnet. Auch wenn sie körperlich anwesend ist, ist sie gedanklich oft weit weg. Da sie nie über ihre Kindheit gesprochen hat, habe ich erst viele Jahre später begriffen, warum sie so ist, wie sie ist, und dass sie nichts dafür kann.

Auch meine Mutter muss sich sehr einsam gefühlt haben, trotz ihrer vier Kinder und trotz des zahlreichen Personals im Haus.

Wenn mein Vater nicht da war, hing sie oft stundenlang am Fenster und schaute auf die Straße.

In der Nähe unseres Hauses muss ein Heim gewesen sein, in dem Nonnen behinderte junge Menschen betreuten. Sie machten regelmäßig Spaziergänge durch das Viertel und liefen dabei auch oft an unserem Haus vorbei. Sie kannten wohl die Frau schon, die ihnen hier immer wild aus dem Fenster zuwinkte und sich wie ein Kind freute, wenn sie vorbeikamen. »Haaaallllooo!«, riefen sie dann im Chor und winkten zurück. Mama muss gewusst haben, dass diese Menschen ihr niemals etwas Schlechtes tun würden, deshalb vertraute sie ihnen. Das tat sie sehr selten bei Fremden.

Eines Tages rannte meine Mutter freudig an mir vorbei zur Tür, eine große Gruppe kam unsere Eingangstreppe hinauf, es waren die Nonnen mit den geistig behinderten Jugendlichen. Meine Mutter hatte sie zu sich ins Haus gewinkt und nun begrüßte sie jeden Einzelnen mit einem freundlichen »Hello!«. Es ging laut und herzlich zu, so als ob sich gute Freunde nach langer Zeit wiedersehen. Als alle im Wohnzimmer saßen, war es plötzlich ganz still. Meine Mutter saß mitten unter ihnen auf der langen Eckcouch und grinste. Leider konnte sie sich nicht mit ihnen unterhalten, weil sie kein Deutsch sprach, daran hatte sie wohl vorher nicht gedacht, aber es schien ihr auch nichts auszumachen, überhaupt schien es keinen zu stören. Unsere Haushälterin servierte allen Tee. Ich hatte gerade eine Packung Kaugummi in der Hand und steckte mir einen davon in den Mund, während ich die Gruppe beobachtete. Dann bot ich die Kaugummis allen in der Runde an und jeder nahm sich einen. Wir kauten und lächelten uns an. Es schien, als wären alle in diesem Moment zufrieden, auch ohne Worte. Als sie ihren Tee getrunken hatten, verließen die Nonnen mit ihren Schützlingen unsere Villa. Mama versuchte ihnen noch in gebrochenem Englisch zu erklären, dass sie jederzeit wieder kommen könnten. Unser Besuch bedankte sich und ging.

Ein tragischer Unfall

Im Untergeschoss unserer Ostberliner Villa befanden sich die Zimmer des Hauspersonals. Wir kannten diese Räume nicht, denn diese waren ihre einzige Rückzugsmöglichkeit, wo sie ihre Privatsphäre hatten. Umso neugieriger fragten wir uns, wie es darin wohl aussehen mochte, und ich schaute immer hinein, sobald eine Tür offen stand. Die Zimmer waren bescheiden eingerichtet, ein Bett, ein kleiner Schrank, ein Tisch mit zwei Stühlen, kleine Habseligkeiten und persönliche Sachen.

Eines Tages hatte unser Koch Mohammed wohl vergessen abzuschließen, und Jamal und Nanna ergriffen die Chance, sich dort umzusehen. Die beiden fanden ein Feuerzeug, mit dem sie ein Stück Papier entzündeten. Plötzlich fing auch die Matratze des Bettes Feuer und schnell brannte alles lichterloh. Zum Glück hörte Mohammed sie schreien und rettete sie in letzter Sekunde aus dem brennenden Zimmer, aber das Feuer breitete sich im ganzen Haus aus.

Ich war zu diesem Zeitpunkt in der Schule. Als unser Chauffeur Food Adde völlig aufgelöst vor mir stand, kam ich gerade aus der Pause und wollte zurück ins Klassenzimmer. Er sprach schnell und undeutlich, weil er so aufgeregt war, und ich hatte Mühe, ihn zu verstehen. Wir fuhren zunächst an unserem Haus vorbei und erst jetzt verstand ich wirklich, was passiert war: Die Wände waren schwarz vom Rauch, und der Gestank war unerträglich. Die Möbel waren größtenteils verbrannt und das, was übrig war, wurde gerade weggetragen. Wir fuhren weiter ins Hotel, wo meine Familie und unser gesamtes Hauspersonal Zuflucht gefunden hatten. Ich sah in die entsetzten Gesichter von Ayeya und Mama, der Schock saß noch so tief, dass sie gar nichts sagen konnten. Mein Vater war nicht da.

Plötzlich riss Farid die Tür auf und stürmte herein. Er sah zornig aus, sehr zornig, sagte aber keinen Ton, schaute sich nur kurz um, dann sah er mich und kam direkt auf mich zu. Er schlug mich mit seiner großen Hand ins Gesicht und schleuderte mich zu Boden. Ich fiel mit dem Kopf nach hinten und knallte seitlich auf die Bettkante. Ich blutete und hatte eine Gehirnerschütterung, aber viel schlimmer war für mich, dass ich überhaupt nicht verstand, warum das alles geschah. Unser Heim war abgebrannt, Farid war durchgedreht, ich hatte ein Loch im Kopf. Das war alles zu viel für mich. Ich wurde sofort ins Krankenhaus gebracht. Die Menschen, die in der Klinik an mir vorbeiliefen, verzogen erschrocken das Gesicht, wenn sie das Blut an meinem Kopf sahen, es muss ziemlich schlimm ausgesehen haben, und für die nächsten Wochen lief ich mit einem Verband herum.

Als ich ins Hotel zurückkam, begegnete ich Farid erstmals wieder im Frühstückssaal. Ich saß mit Papa am Tisch und merkte, wie Farid mich beobachtete. Mittlerweile hatte sich die Situation aufgeklärt und er wusste, dass er mir unrecht getan hatte. Er hatte nur gehört, dass die Kinder das Haus angesteckt hatten, und dachte, ich wäre daran beteiligt gewesen. Ich merkte, dass es ihm nun leidtat, mich so zu sehen, und er rief mich zu sich an den Tisch, Jamal und Nanna saßen auch dort. Er machte Witze, brachte die Runde zum Lachen und zeigte sich von seiner besten Seite. Wie immer, wenn er wollte, war er so witzig, dass wir uns fast in die Hosen machten. Das waren die Momente, in denen wir Kleinen stolz auf unseren großen Bruder waren. Wir hatten keine Angst vor ihm, wussten, dass wir in diesem Moment erst einmal keine Prügel bekommen würden, doch das konnte sich bei Farid schnell ändern. Ich weiß nicht, wie mein Vater ihn für seinen Angriff auf mich bestraft hatte, aber von nun an sollte uns Farid nie wieder schlagen.

Nachdem ich mich ein paar Tage von der Verletzung erholt hatte, ging ich wieder zur Schule. Dort hatte niemand Bescheid gesagt und meine Fehltage entschuldigt. Ich hatte schon ein schlechtes Gewissen, weil ich wusste, dass mir Ärger drohte. Ich betrat die Klasse und ging direkt an das Pult von Frau Müller. Sie empfing mich mit strengem Blick.

»Warum hast du so lange gefehlt?« Ich erzählte ihr die ganze Geschichte und ihr Blick wurde immer besorgter. »Ach Gottchen! Kind! Und wie geht's dir jetzt?« Während ich weiterredete, lief sie an ihren Schrank, wo die Kreide und die Himbeerbonbons verschlossen waren, und nahm das Glas raus: »Ach Kind, das ist ja schrecklich! Hier hast du ein Himbeerbonbon, hier, nimm noch eins, und noch eins!« Das einzige Bonbon, das ich bisher aus diesem Glas bekommen hatte, war die Belohnung für ein »Sehr gut« in einem Aufsatz gewesen. Und jetzt wurde ich fast überschüttet mit den begehrten Süßigkeiten. Ich steckte alle drei Bonbons gleichzeitig in den Mund und beantwortete ihre Fragen, nur über mein Loch im Kopf erzählte ich nicht die ganze Wahrheit, weil mein Bruder nicht in einem schlechten Licht dastehen sollte. Ich erzählte ihr, ich sei gestürzt. Von diesem Tag an war meine Lehrerin immer sehr nett zu mir. Sie lächelte mich an, fragte, wie es mir ging, und schimpfte auch nicht mehr mit mir, wenn ich mal zu spät kam.

Ein kurzer, schmerzhafter Abschied

Es dauerte einige Wochen, bis unser Haus wieder hergerichtet war, aber wir sollten es ohnehin bald verlassen. Schon seit Tagen wurde gepackt. Als mein Vater von der Arbeit kam, stürzte ich ihm entgegen: »Papa, wohin gehen die denn alle?«

»Wir fliegen zurück, Njunja, zurück nach Somalia, zurück in unser Land.« Ich schaute ihn erschrocken an, denn ich wollte hier nicht weg, weg aus meinem Zuhause. Hier hatte ich meinen Freund Marcel, den ich nicht einfach so verlassen wollte.

»Wann müssen wir denn zurück?«, fragte ich vorsichtig.

»Übermorgen fliegen wir«, antwortete Papa.

»Was, schon übermorgen?«, schrie es in mir. Ich rannte in mein Zimmer und kramte meine Spardose hervor, die Chocolate-Chips-Packung. Es waren schon über 100 Mark in Münzen und Scheinen drin und sie war schwer. Schnell lief ich damit zum Spielplatz. Marcel müsste um diese Zeit noch dort sein, es war später Nachmittag, aber ich musste mich beeilen, denn bald musste er sicher zum Abendbrot nach Hause. Ich lief die Straße entlang, so schnell ich konnte, und hielt die Packung fest mit beiden Händen. Ich sah von Weitem, wie er mit anderen Kindern herumtobte.

»Marceeel!«, rief ich. »Komm! Wir fliegen übermorgen zurück nach Somalia!«

»Echt?« Er guckte mich ungläubig an. Einige seiner Freunde waren ihm gefolgt, standen jetzt hinter ihm. Mir passte das gar nicht, ich wollte mich allein von ihm verabschieden. Ich sah ihn an und wusste, dass jetzt der Moment gekommen war, meinen besten und einzigen Freund für immer zu verlassen.

»Ich will dir etwas schenken, zum Abschied«, sagte ich mit leiser Stimme. »Hier, das brauche ich jetzt nicht mehr.« Er sah mich mit großen Augen an, freute sich offenbar auf die leckeren Chocolate Chips. Er nahm die Schachtel und merkte gleich, dass sie ungewöhnlich schwer für Schokolade war. Er hielt sie mit beiden Händen fest, hob sie hoch an sein rechtes Ohr und schüttelte sie. Die Münzen klimperten gedämpft. Dann öffnete er vorsichtig die Packung und lugte hinein.

»Neiiin!«, schrie er so laut, dass ich erschrak. So viel Geld hatte er sicher noch nie in der Hand gehalten. Dann drehte er sich um und rannte schreiend weg. Seine Freunde liefen hinter ihm her, nur ich blieb noch stehen, aber ich spürte, dass er nicht mehr zurückkommen würde, obwohl ich es mir so sehr wünschte.

3.

NACH SOMALIA – DIE RÜCKKEHR ZU DEN WURZELN

Der Abschied von Berlin fiel mir schwer, denn ich liebte Deutschland, das meine Heimat geworden war, die Sprache, die die meine geworden war, und unser Haus, das mein erstes bewusst erlebtes Heim gewesen war. Aber ich versuchte mir meine Traurigkeit nicht anmerken zu lassen, nur mein Vater merkte mir an, wie es in mir aussah.

Als wir unsere letzten Sachen zusammenpackten, fanden wir einen Katalog, den er mir einmal aus dem Westen mitgebracht hatte. Darin war alles abgebildet, was man sich vorstellen konnte. Ich interessierte mich natürlich nur für die schönen bunten Spielsachen.

»Hier, Njunja, du kannst dir alles aussuchen, was du möchtest, mach einfach ein Kreuz dran. Am Flughafen gibt es viele Geschäfte, dort können wir gleich schauen, was davon wir dort finden.«

Ich nahm mir einen schwarzen Filzstift und machte fette Kreuze auf die Spielsachen, die mir am besten gefielen. Am liebsten hätte ich alles angekreuzt, aber ich wusste, dass ich die Sachen hinterher auch selbst schleppen musste. Mein Herz schlug besonders für einen pinkfarbenen eckigen Schulranzen von Scout. Mit unseren gepackten Koffern und dem Katalog voller Kreuze unterm Arm machten wir uns auf den Weg zum Flughafen, Papa,

Mama, Ayeya, Nanna, Jamal, Chuchu und ich. Farid war schon einige Wochen vorher geflogen.

In Berlin-Tegel angekommen, klebte ich wie immer an Papas Hand, aber meine Augen suchten in den Schaufenstern nach den Spielsachen aus dem Katalog. Wo waren sie nur? Mittlerweile waren wir schon an der Passkontrolle, aber ich hatte immer noch nichts von den sehnsuchtsvoll gewünschten Sachen entdeckt. Die Schlange rückte nur langsam voran, weil die Grenzpolizisten sehr genau kontrollierten. Kurz bevor wir dran waren, schaute ich mich ein letztes Mal um und sah ihn von Weitem im Schaufenster eines Ladens: meinen pinkfarbenen Scout! Ich zerrte an Papas Hand, während er sich Schritt für Schritt der Passkontrolle näherte. »Papa, Papa! Da vorn! Das ist der Ranzen!« Aber er war wohl schon etwas genervt von der Warterei: »Njunja, wir sind gleich dran!«

»Ich will ihn aber haben! Du hast es mir versprochen!«

Papa drehte sich nach vorn, um zu schauen, wie lang die Schlange noch war. Er nahm mich an der Hand und eilte mit mir in diesen Shop. Mit meinem nagelneuen Ranzen auf dem Rücken und einem breiten Grinsen ging's ins Flugzeug, ich konnte damals ja nicht ahnen, wie wertvoll dieser Ranzen noch für uns werden sollte.

Ein neues Leben

Ich hatte keine Vorstellung davon, was mich in Somalia erwartete, aber ich wusste, dass mein Leben ganz anders werden würde. Ich sollte meine »wahre« Heimat kennenlernen, die Wurzeln meiner Familie. Ich kannte auch unsere Kultur, die Ayeya und andere Verwandte mir in Ostberlin vorgelebt hatten, wenn sie zu Besuch waren, aber ich wusste nicht, wie ich mir mein Land vorstellen sollte. Ich hatte zwar schon von den schönen Häusern im italienischen Kolonialstil und vom leckeren Essen gehört, vom Meer und von der Sonne, die hier immer schien, ich war aber hin- und hergerissen zwischen Unsicherheit, Neugierde und Stolz auf meine Wurzeln.

Als das Flugzeug mit einem heftigen Ruck auf somalischem Boden landete, war das Kribbeln in mir plötzlich da. Schon im Landeanflug hatte ich förmlich an der kleinen Fensterscheibe geklebt, und ich hatte das tiefblaue Meer gesehen, das am Horizont in einen hellblauen Himmel überging. All meine Sorgen und Ängste schienen mit einem Mal wie weggeblasen zu sein. Welcome to Somalia! Jetzt konnte ich es kaum mehr erwarten, den Boden meines Heimatlandes zu betreten.

Als wir aus dem Flugzeug stiegen, knallte mir die Hitze entgegen. Es war Mittag und die afrikanische Sonne glühte in ihrer vollen Wucht. Diese heißen Strahlen, die auf der Haut brutzelten, waren ungewohnt, aber ich mochte ihr Kitzeln auf meinen Armen. Ich atmete die salzige Meeresluft ein, ganz tief, und sog die Eindrücke um mich herum auf.

Das Flughafengebäude war klein und schlicht, nicht so bunt und voller Geschäfte, wie das beim Abflug in Berlin wenige Stunden zuvor, aber wir wurden auch hier von einem Fahrer abgeholt. Papa setzte sich nach vorn auf den Beifahrersitz, weil ihm hinten immer schwindelig wurde. »Das Hotel, in das wir jetzt fahren, gehört dem Sohn des Präsidenten Siad Barre!« Wow, ein Luxushotel! Noch besser konnte der Aufenthalt in unserem Land doch gar nicht beginnen. Berlin war schon vergessen.

Die Fahrt bis zum Hotel ging mitten durch die Hauptstadt Mogadischu, die voller Menschen und Autos war. Marktschreier verkauften Brot oder Bananen am Straßenrand, Frauen balancierten große Krüge auf dem Kopf durch die engen, staubigen Gassen, Männer handelten mit Tabak oder Kath, einer Alltagsdroge aus dem Kathstrauch, dessen Blätter im Mund zu Bällchen gepresst und gekaut werden. Die Wirkung ähnelt der von Koffein.

Der Verkehr kam nur langsam voran, denn auf den Straßen herrschten Hektik, Chaos und endlose Staus. Das Einzige, was hier richtig zu funktionieren schien, waren die Hupen, und zwar so lautstark, dass es in den Ohren wehtat. Menschen überquerten einfach die Straße und zwangen die Autos zu bremsen. Wenn es keine Menschen waren, dann waren es frei laufende Kühe oder Ziegen. Die Tiere waren meist so abgemagert, dass ihre Knochen deutlich hervorstachen. Aber auch die Kinder, die ich sah, waren dünn. Die Mädchen trugen lange Gewänder und Schleier.

Mein Herz raste vor Aufregung. Mama hielt die kleine Chuchu im Arm und hatte diesen seltsam starren Blick, der verriet, dass sie in Gedanken war. Sie schien nicht sehr glücklich über unsere Rückkehr zu sein und auch bei mir ließen die überschäumenden Glücksgefühle schnell wieder nach. Aber ich versuchte, diese neue Welt zu begreifen und aufkeimende Zweifel und Ängste zu verdrängen.

Das Hotel des Präsidentensohnes lag mitten in Mogadischu. Von außen sah es genauso aus wie die mehrstöckigen Häuser drum herum, alt und abgewohnt. Ich redete mir ein, dass es innen bestimmt schöner sein würde, schließlich war es das Hotel des Präsidentensohns. Schon in der kleinen Empfangshalle mit der winzigen Rezeption verließ mich aber jegliche Hoffnung. Zu den Zimmern führte ein langer, dunkler Flur ohne elektrisches Licht, an den Wänden hingen nur noch Fetzen blauer Tapetenreste, die Luft war nicht klimatisiert und stickig.

Noch ehe ich mich in meine Enttäuschung hineinsteigern konnte, hörte ich die Stimme von Farid. Er erwartete uns zusammen mit Jassar und einigen Verwandten, die ich nicht kannte, im Zimmer. Während sich die Erwachsenen unterhielten, schaute ich mich um, aber es gab außer ein paar schäbigen Möbeln nicht viel zu sehen. Ich ging zum Fenster und hoffte, wieder einen Blick aufs Meer zu erhaschen, aber was ich sah, war nur ein riesiger Pool ohne Wasser, in dem einige Jungs Fußball spielten.

Ihr Ball war eine leere, verbeulte Pepsi-Dose und mir fiel auf, wie viel Spaß sie dennoch dabei hatten. Sie flitzten hin und her und lachten laut. »Ob sie mich wohl mitspielen lassen?« Während ich das noch dachte, hörte ich Farid schon leise in mein Ohr zischen: »Wenn ich dich nur ein Mal in der Nähe dieser Jungen sehe, oder überhaupt bei irgendwelchen Straßenkindern da draußen, dann erwürg ich dich! Noch nicht einmal sprechen wirst du mit ihnen. Hast du mich verstanden?« Ich kannte diesen Ton in seiner Stimme nur zu gut und hörte auf, vom Fußballspielen zu träumen. Vom anfänglichen Hochgefühl war nun gar nichts mehr zu spüren.

Farid hingegen fand sich schnell zurecht. Sein bester Freund war Jassar, der nur wenig älter war als er. Wenn wir zusahen, wie viel Spaß die beiden großen Jungs miteinander hatten, wurde ich ganz wehmütig. Ich hatte Farid noch nie so ausgelassen und glücklich gesehen wie zu dieser Zeit. Jassar grenzte auch uns Kleine nicht aus, im Gegenteil, wenn Farid gemein zu uns war und mit uns schimpfte, nahm er uns in Schutz.

»Rede nicht so mit ihnen! Es sind kleine Kinder, du musst es ihnen erklären.« Und Farid hörte auf ihn.

Sie waren oft bei Jassars Familie. Sein Vater, das Sippenoberhaupt, war schon lange tot. Er war Direktor an der Oper in Mogadischu gewesen und hatte seiner zweiten Frau und den zehn gemeinsamen Kindern zwei Häuser und ein Teppichgeschäft in der Stadt hinterlassen. Dort arbeitete Jassar mit seinen beiden ältesten Brüdern. Seine Geschwister waren zum Teil nicht älter als ich. Ihre beiden Häuser waren nur durch einen Hügel getrennt und das eine hatten sie an einen Österreicher vermietet, der nur selten da war. Manchmal ließ Jassar uns heimlich dort hineinschauen, denn der Österreicher hatte viele spannende Gegenstände wie Lupen, Kompasse und sogar einen Fallschirm dort aufbewahrt, aber wir mussten alles wieder genau an seinen Platz legen, damit nicht auffiel, dass wir herumgeschnüffelt hatten.

Das andere Haus bewohnte Jassars Familie selbst. Es lag an einem Friedhof und man konnte von einem Fenster aus direkt auf die Gräber schauen. Ich fand den Friedhof unheimlich und wunderte mich, dass die anderen Kinder keine Angst davor hatten. Als Jassar seinem jüngeren Bruder einmal hinterherlief, um ihn zu verprügeln, weil er frech gewesen war, versteckte der sich auf einem Grab, das von einer kleinen Mauer umrandet war. Er hoffte wohl, dass Jassar an ihm vorbeilaufen würde, aber der erblickte ihn, packte ihn an seinen Segelohren und zog ihn daran hoch. Diese brutalere Seite von Jassar war mir neu, denn zu uns war er immer sehr lieb.

Aber sein Bruder war auch sehr frech und einfach nicht zu bändigen, er heckte immer wieder neuen Unsinn aus, kletterte auf die höchsten Bäume und sprang wieder herunter, ohne die geringste Angst, sich wehzutun. Einmal nahm er eine dicke Eisenstange vom Zufahrtstor ab. Die Stange endete unten in einer Spitze, mit der das Tor im Boden verankert wurde, und war ungefähr einen halben Meter lang und sehr schwer und rostig. Als er mit der Stange herumfuchtelte, rutschte sie ihm aus der Hand und bohrte sich in seinen rechten nackten Fuß, in den Fußrücken genau zwischen den großen und den zweiten Zeh. Ich schrie so laut, als hätte er mich damit verletzt, dabei klaffte das große, blutende Loch in seinem Fuß. Aber er weinte nicht, schrie nicht, jammerte nicht mal, stattdessen stocherte er mit der Metallstange in der Wunde herum und es schien ihm Spaß zu machen, mich noch mehr zu schockieren.

Besonders begeistert war die gesamte Familie immer, wenn das Telefon in ihrem Haus klingelte, denn das tat es äußerst selten, weil nur wenige Somalis überhaupt eins besaßen und deshalb wenig telefoniert wurde. Wenn das Telefon, das noch eine Wahlscheibe hatte, bimmelte, rannte die ganze Familienhorde hin, weil jeder als Erster den Hörer abnehmen wollte. Jassars Schwester Uma war die kräftigste von allen, ein richtig dicker Brummer. Natürlich war sie nie die Erste am Telefon, aber der Boden vibrierte, wenn sie losrannte. Sie sah sich dauernd die einzige Videokassette an, die sie besaß, es war ein »Best of« von George Michael und sie hörte seine Lieder rauf und runter. Wenn das Video von »Careless Whisper« lief, knutschte sie ihn auf der Mattscheibe.

Zum Mittagessen gab es hier einen riesigen Blechteller mit Reis, der auf den Boden auf eine Matte gestellt wurde, und alle, die Platz fanden, setzten sich um den Teller herum. Mit der rechten Hand nahm man ein kleines Häufchen Reis und formte es mit wenigen, raschen Bewegungen zu einer kleinen Rolle, dann wurde es in den Mund gesteckt. Da ich das nie gelernt hatte, fragte ich nach einem Löffel und erntete zunächst erstaunte Blicke, bis dann alle loslachten. Aber ich sollte den Löffel bekommen, es dauerte nur einen Moment: Eine von Jassars Schwestern musste ihn sich erst bei Nachbarn leihen, denn sie selbst besaßen gar keinen Löffel.

Da ich immer nur mit meiner Mutter somalisch gesprochen hatte, fehlten mir nach unserer Rückkehr anfangs manchmal die passenden Worte, sodass ich Englisch sprechen musste. Das belustigte vor allem Jassars jüngere Schwestern Inan und Muna, die so alt waren wie ich, etwa ebenso wie meine deutsche Aussprache. Meine ganze Art machte mich zur Außenseiterin, ich war »die Deutsche«.

Das erste Haus, das wir in Mogadischu bezogen, hatte drei Stockwerke und war im mediterranen Stil gebaut. Gegenüber wohnte der russische Botschafter und daneben der pakistanische, ihre Nationalflaggen wehten am Fahnenmast auf dem Dach im Wind. Es war schon dunkel, als wir eintrafen. Durch ein Stahltor ging es in den Vorgarten, in dem ein kleines Gartenhäuschen stand. Alle Verwandten halfen uns beim Umzug und stürmten mit uns in die Eingangshalle aus weiß-schwarzem Marmor. Im Erdgeschoss gab es einen Speisesaal, ein Wohnzimmer, die Küche, ein Bad sowie zwei Schlafzimmer, eines für Tante Tita und eines für Ayeya. Im

Obergeschoss schliefen in einem Zimmer meine Eltern, in einem anderen Farid und im dritten Nanna, Jamal und ich zusammen. Dann gab es noch das Dachgeschoss mit einer riesigen Terrasse. »Ohhh!«,»Ahhh!« oder »Uhhhh!« entfuhr es meinen staunenden Freunden, denn das Haus gefiel uns allen.

Ankunft im somalischen Alltag

Papa ging seiner Arbeit nach und war viel auf Geschäftsreisen, wie zuvor auch. Ich fühlte mich hier einsamer als in Ostberlin, weil ich mich nachmittags nach der Schule gar nicht ablenken konnte. Ich hatte keine Freunde, Marcel fehlte mir sehr, ich konnte auch nicht in unseren geliebten Wald oder zum Spielplatz laufen, weil es weder Wald noch Spielplatz gab. Es wäre auch viel zu gefährlich gewesen, einfach so vor die Tür zu gehen. Wir hatten Wachmänner, die das Haus Tag und Nacht beschützten, wie alle anderen wohlhabenden Familien in unserem Viertel auch. Allerdings wechselten die Wachmänner oft, da viele selbst kriminell waren oder wurden, verführt durch den Reichtum um sie herum. Man konnte ihnen nicht trauen.

Außerhalb unseres Viertels gab es erschreckende Armut zu sehen. Die Häuser waren aus steinhartem, getrocknetem Kuhdung oder aus Wellblech. In winzigen Hütten lebten mehrere Generationen von der Oma bis zu den Enkelkindern. Sie schliefen auf dünnen Strohmatten auf dem Boden. Um Wasser zu holen, mussten sie zum Brunnen laufen oder Trinkwasser vom Händler kaufen, der mit seinem beladenen Esel von Markt zu Markt zog. Manche Familien besaßen Kühe oder Ziegen, sodass sie sich von deren Milch ernähren und damit handeln konnten. Die Kinder trugen abgewetzte Shorts, einige auch alte Pantinen, aber richtige Schuhe konnten sich die wenigsten leisten. So spielten sie den ganzen Tag auf den Straßen im Sand.

Obwohl es uns an nichts fehlte, sträubte sich in mir alles gegen das Leben hier. Ich fühlte mich nicht sicher und geborgen, vieles war mir unheimlich. Abends saß ich manchmal mit Tante Tita, Oma und ein paar Hausangestellten vor dem Eingangstor an der Straße, um zu quatschen. Eines Abends wollte ich eine Geschichte hören und die Köchin begann zu erzählen.

»Siehst du da hinten den dunklen, buschigen Weg?« Ich drehte mich um und nickte. »Man sagt, da läuft manchmal eine alte, dreibeinige Frau entlang. Sie ist eine Hexe. Sie hat einen Buckel und wenn sie vor dir steht, streckt sie sich hoch und schaut dir tief in die Augen, ohne ein Wort zu sagen. Dann geht sie weiter, aber du bist für immer verflucht.«

Das war nicht die Art Geschichte, wie sie Papa mir immer erzählte. Ich bekam Angst, denn man brauchte nicht viel Fantasie, um sich am Ende der Straße solche Gestalten vorzustellen. Alles war dunkel, es gab keine Laternenbeleuchtung und kaum Häuser mit Strom, die wenigen, die elektrisches Licht hatten, wurden von einem Benzin-Generator in der Garage versorgt, der so laut ratterte, dass man ihn auch bei geschlossenem Tor draußen hören konnte. Den Kindern hier wurden oft Geschichten von Hexen oder bösen Gestalten erzählt und ich bekam Albträume davon.

Auch meiner Mutter schien es immer schlechter zu gehen. Sie weinte viel und zog sich immer weiter in sich selbst zurück, statt ihre Traurigkeit mit uns zu teilen. Ich verstand nicht, was mit ihr los war, und manchmal dachte ich, dass die dreibeinige Frau sie verflucht hat, aber heute glaube ich, dass sie sich in Somalia noch einsamer gefühlt hat als vorher in Berlin.

Sie wurde auch immer unberechenbarer, bekam Wut- und Eifersuchtsanfälle, wenn mein Vater verreisen musste. Wahrscheinlich erklärt es sich aus ihrer Kindheit, dass sie eine solch panische Angst hatte, ihn und das damit verbundene sorglose Leben wieder zu verlieren. Jedenfalls führte diese Unsicherheit dazu, dass sie alles anfeindete, was nur in seine Nähe kam. Sogar seine

Freunde sah sie bald als Konkurrenz. Sie konnte weder lesen noch schreiben und spürte wohl auch, dass sie ihm nicht alles geben konnte, was er als gebildeter Mann brauchte. Ihr ganzes Tun war darauf konzentriert, diesen Mann nicht mehr aus den Augen zu lassen, nie wieder. Alles andere war egal – oft sogar ihre Kinder.

Sie war selbst noch ein Kind gewesen, als sie meinen ältesten Bruder Farid zur Welt gebracht hatte. Sie konnte keine Gefühle geben, Zuneigung war ihr fremd, denn auch sie hat nie welche bekommen. Wenn ich an meine Kindheit zurückdenke, kann ich mich nicht daran erinnern, dass sie mich mal umarmt, gestreichelt oder geküsst hätte. Für mich war sie eher eine Schwester als eine Mutter, aber eine jüngere Schwester, um die man sich kümmern musste, weil sie zu sehr in ihrer eigenen Welt gefangen war und das wirkliche Leben sie überforderte.

Wir hatten zwar einen Generator in der Garage, aber manchmal fiel auch der aus und es gab keinen Strom. Zu meinem achten Geburtstag wurden zahlreiche Verwandte eingeladen, die mich alle das letzte Mal als Baby gesehen hatten. Viele brachten ihre Kinder mit. Ich kannte kaum einen von ihnen, aber das war mir egal. Papa hatte eine große Torte zubereiten lassen, die leider viel zu süß war. Und plötzlich fiel an diesem Abend der Strom aus. Im Dunkeln musste ich meine Geschenke öffnen, und so verbrachten wir den Rest des Abends, weshalb ich froh war, als alle gegangen waren. Ich hatte schon oft von der Rückkehr nach Deutschland geträumt, aber in diesem Augenblick wünschte ich mir nichts sehnlicher.

Mein Vater spürte genau, wie unglücklich ich in dieser Zeit war. Als er einmal besonders lange auf einer Geschäftsreise im Ausland war, wachte ich nachts von Geräuschen im Haus auf. Papa war wieder da und hatte zahllose Kartons ins Gästezimmer geräumt, bis das ganze Zimmer voll war. Alle wurden davon wach und rannten hinunter. Meine Geschwister liefen sofort zu den neuen Spielsachen, aber ich lief direkt in seine Arme. Die Geschenke waren mir egal und ich spürte, dass er sie auch gekauft hatte, weil er ein schlechtes Gewissen hatte.

Farid genoss die Zeit in Somalia in vollen Zügen. Als Junge aus reichem Haus war die Welt hier spannend und grenzenlos. Abends schnappte er sich Papas Mercedes und ging feiern. Er war ein sehr hübscher Kerl und die Mädchen erlagen der Mischung aus seinem guten Aussehen, reichlich Geld, großen Sprüchen und der Chance auf eine mögliche Zukunft ohne Sorgen. Außerdem waren Jassar und er ein unschlagbares Team. Sie prahlten immer mit ihren Liebesgeschichten, so sehr, dass sogar ich merkte, wie sie übertrieben. Denn wenn ich zufällig dabeisaß, weil Farid mich nicht sofort weggeschickt hatte, lauschte ich ihnen neugierig. Es war eine ziemlich erlebnisreiche Welt, von der sie erzählten. Wenn es um Mädchen ging, sprachen sie Englisch, weil sie wohl glaubten, dass ich nicht jedes Wort verstehen würde. Aber ich konnte Englisch, obwohl ich nicht mal genau sagen kann, wie ich es gelernt habe. Vielleicht, weil Farid mit meinem Vater immer Englisch gesprochen hatte, vielleicht, weil wir schon in der DDR englische Musik gehört hatten, vielleicht aber auch nur, weil die Sprache in unserem Haus immer präsent war.

Eine kleine Oase deutscher Heimat

Ich fühlte mich in dieser Zeit eigentlich nur in der Schule wohl. An meinem ersten Schultag in der German Private School in Mogadischu konnte ich es kaum erwarten, endlich wieder meine Sprache zu sprechen. Und als ich durch das Tor auf den Pausenhof kam und die vielen deutschen Stimmen hörte, war mir dieser Ort sofort vertraut. Außer mir gab es keine Somalis hier, sondern nur deutsche Kinder und deutsche Lehrer. Lediglich im Kindergarten nebenan arbeitete eine Somali, die jedoch Deutsch sprechen konnte.

So richtig Anschluss fand ich zwar auch hier nicht, denn ich fühlte schnell, dass die anderen Kinder lieber unter sich waren, aber die Mentalität, die Regeln und das Verhalten der Kinder schafften eine Atmosphäre, die mein Heimweh für Stunden linderte.

Eines Tages wollte ich nach der Pause zurück ins Klassenzimmer. Vor mir auf der Treppe ging ein Mitschüler und biss in eine große, saftige Tomate. Ein Junge aus der Parallelklasse stand oben an der Treppe und schrie: »Iiih, der isst somalische Tomaten! Wie ekelhaft!« Mein Klassenkamerad sah richtig eingeschüchtert aus und auch mir tat es weh, was der Junge gesagt hatte. Ich fühlte mich zu ihnen gehörig, aber jetzt spürte ich erstmals, dass ich trotzdem anders war als sie.

Jana, die Tochter meiner Klassenlehrerin, war die Einzige, die ab und an mal mit mir spielte. An einem Vormittag ließ ich auf dem Hof meinen Hula-Hoop-Reifen von mir weg und wieder auf mich zurollen, da kam Jana auf mich zugerannt.

»Wie machst du das?« Ich schob den Reifen nach vorn, gab ihm einen kleinen Ruck zurück, sodass er erst von mir weg, aber dann wieder zu mir zurück rollte.

»Was?« – »Das mit dem Reifen, dass er immer wieder zurückkommt, obwohl du ihn wegrollst.« Ich machte es ihr ein paarmal vor, aber sie bekam es nicht hin. »Das ist bestimmt etwas, dass nur ihr Schwarzen könnt«, war ihre Erklärung dafür und sie gab auf. Aber ich verstand nicht, was sie damit meinte.

Ein paar Wochen später lud Jana die ganze Klasse zu ihrer Geburtstagsfeier ein. Wir spielten Schnitzeljagd und hatten uns als Cowboys und Clowns verkleidet. Überall im Garten waren Päckchen mit Milka-Schokolade und anderen Süßigkeiten versteckt. Wer ein Päckchen fand, schrieb seinen Namen drauf und dann kam die Schokolade in den Kühlschrank, damit sie in der Sonne nicht zu schmelzen begann. Im Haus meiner Klassenlehrerin arbeitete ein Hausmeister, ein älterer somalischer Mann, der mich angrinste, während wir draußen tobten. Er sah, dass ich die einzige Somalierin unter den deutschen Kindern war. »Salaam Aleikum«, begrüßte er mich und nickte mir freundlich zu. Ich nickte und lächelte zurück. Wir tobten weiter, während er die Pflanzen bewässerte. An diesem Tag hatte ich erstmals wirklich Spaß mit den anderen Kindern.

Später holte mich mein Bruder Farid ab. Er hatte einen Freund dabei, der im Auto auf ihn wartete. Farid kam herein, wir saßen gerade am Esstisch, und meine Lehrerin unterhielt sich ein wenig auf Deutsch mit ihm. »Bleib doch noch zum Essen!« Ich blickte ihn erwartungsvoll an, weil ich noch nicht gehen wollte, und ich war sicher, dass er bleiben würde, aber er wirkte verlegen. Wahrscheinlich wäre er sich blöd vorgekommen, zwischen den ganzen Kindern am Tisch zu sitzen. »Nein, danke, ich muss wieder los. Khadra, iss auf, und dann komm zum Auto.« Meine Freundin Jana brachte mich zur Tür.

»Danke, dass du gekommen bist!« Ich ging durch den großen Garten zum Tor. Sie hatten einen Hund, der mir entgegenlief und mit dem Schwanz wedelte. Er hatte ein grauweißes Fell und sah gesund aus, nicht so zerzaust und abgemagert wie die Streuner, die ich immer auf den Straßen sah. Er wollte mit mir spielen, ich beugte mich runter, um ihn zu streicheln.

»Du wirst den Hund nicht anfassen, oder?« zischte eine Stimme scharf. Es war der Hausmeister, der mich grimmig ansah. »Wir fassen keine Hunde an, die sind unrein!« Er hatte mich so erschreckt, dass ich meine Hand vom Hund wegzog. Dann ging ich zum Auto und stieg ein.

Farid wartete schon auf mich: »Was für eine coole Party war das denn? Die hatten ja lauter leckere Sachen aus Deutschland, sogar Heinz-Ketchup stand auf dem Tisch. So was hatten wir in Berlin auch im Überfluss«, prahlte er und schaute seinen Kumpel an. Er hatte recht. Hier in Somalia war es schon ein bisschen schwieriger, an westliche Güter zu kommen, weil man sie einfliegen lassen musste. Mein Lieblingsfrühstück Kellog's Cornflakes oder Süßigkeiten konnte man nicht mal eben kaufen, deshalb hatte mein Vater Vorräte angelegt, die aber immer schon wieder aufgebraucht waren, bevor er Nachschub besorgen konnte.

»Ich habe eine Idee!«, sagte Farid plötzlich. »Es gibt hier ein spezielles Geschäft, da fahren wir jetzt hin.« Wir fuhren durch die ganze Stadt und kamen schließlich an diesem Shop an, der klein, aber prall gefüllt mit Marken war, die ich nur aus Westberlin kannte. »Such dir aus, was du willst.« Es war bis zu diesem Tag einer der wenigen Momente, in denen mein großer Bruder nett zu mir war. Ich packte mir all meine Lieblingssachen in den Einkaufskorb und mit einer vollen Plastiktüte verließen wir den Laden.

Farid veränderte sich in dieser Zeit. Im Gegensatz zu mir fühlte er sich hier zu Hause, umgeben vom Familienclan und unserer Kultur, die ihn als Kind geprägt und die er in den Jahren danach im Ausland vermisst hatte. Er unternahm mit mir noch einige Spritztouren mit dem Auto, brachte uns oft zum Lachen und manchmal spielte er sogar mit uns. Einmal waren wir im Dachgeschoss, wo ein großer Schrank meiner Mutter stand. Farid zog sich ein blaues Tüllkleid von ihr über, band sich mit einem edlen, rosafarbenen Seidentuch eine Schleife auf den Kopf und stolzierte in ihren viel zu kleinen Stöckelschuhen auf und ab. Dabei schnitt er Grimassen und äffte Frauen nach, bis wir uns vor Lachen auf dem Boden kugelten. Endlich sah ich die guten Seiten an ihm, die ich schon immer erahnt hatte. Von nun an freute ich mich jedes Mal, wenn er mal nicht auf Achse war und wir Zeit mit ihm verbringen konnten. Ich glaube, dass Jassar ihn irgendwie positiv beeinflusst hatte, denn er war nicht nur sein bester Freund, Farid schaute regelrecht zu ihm auf.

Auch in Somalia hatten wir mehrere Autos, aber ein royalblauer Mercedes, den Papa noch in Deutschland gekauft und hierher verschifft hatte, war unser Lieblingswagen, vor allem Farids, denn er glaubte, damit bei den Mädchen noch besser anzukommen. Aber mein Vater erlaubte ihm nicht immer, damit zu fahren.

»Jassar hat damit schon einen Unfall gebaut, jetzt ist er verkratzt und ich weiß, Farid, wie rasant du fährst!«, meinte er. Aber mein Bruder unterlief das Mercedes-Verbot heimlich, wie fast alles. Zunächst schickte er meist mich zum Auto, um zu sehen, ob der Tank voll genug war, sodass es nicht auffiel, dass er durch die Stadt gefahren war. Dann ging er mit uns auf eine Spritztour.

Einmal nahm mich Farid nachmittags mit. Er wollte zu einem Mädchen fahren, um es heimlich zu treffen. Ich war gespannt, wie sie aussehen würde. Wir fuhren heraus aus der Stadt und je weiter wir kamen, umso ärmlicher wurde die Gegend. Schließlich kamen wir in ein kleines Dörfchen. Vor den Hütten waren Frauen mit der Hausarbeit beschäftigt. Sie schütteten Reis in große, runde Gefäße, um ihn auszulesen, oder sie fächerten mit einem aus Stroh geflochtenen Fähnchen oder einem Stück Karton Kohle in einem Tongefäß an, auf das dann der Kochtopf gestellt wurde.

Farid fuhr langsam durchs Dorf, denn er war nicht sicher, in welcher der Hütten das Mädchen lebte, und er hoffte, sie auf der Straße zu erblicken. Der Mercedes erregte Aufmerksamkeit, die Frauen begannen zu flüstern. Vor einer Hütte hockte ein Mädchen auf dem Boden, das ein Messer zwischen die Zehen gesteckt hatte. Die Spitze zeigte nach oben, die Schneide nach vorn. Das Mädchen nahm ein dickes Stück Fleisch und rieb es gegen das Messer, bis es zerteilt war, legte es zurück in den Topf und nahm das nächste Stück. So verhinderte das Mädchen, dass das Fleisch auf den staubigen Boden fiel, denn eine Unterlage oder einen Tisch gab es nicht. Außerdem wäre das Messer auch nicht scharf genug gewesen, um das Fleisch einfach auf einer Platte liegend durchzuschneiden.

Ich beobachtete ganz genau, was das Mädchen tat, denn ich hatte so etwas noch nie gesehen. Plötzlich blickte sie auf zu unserem Auto und erschrak. Ihr Blick verriet, dass mein Bruder nicht anhalten und schnell weiterfahren sollte. Er fuhr ein Stück aus den engen Gassen heraus und parkte am Ende des Weges. Es vergingen ein paar Minuten, dann kam das Mädchen angelaufen. Sie schien überrascht über Farids Besuch zu sein und versuchte sich schnell ihre kurzen Locken zu richten. Sie trug ein altes Gewand, das bis zu den Knöcheln reichte, darüber ein viel zu großes graublaues Männerhemd, das schmutzig und befleckt war. Die Ärmel hatte sie hochgekrempelt. Ich spürte, dass ihr das Outfit unangenehm war, aber sie beugte sich trotzdem zu Farid ans Fahrerfenster.

»Was machst du denn hier? Woher weißt du überhaupt, dass ich hier wohne?« Farid antwortete ganz sanft: »Du hast doch gesagt, dass du in dieser Gegend wohnst. Also habe ich dich gesucht.« Er wusste, dass das dem Mädchen schmeicheln würde. Farid hatte nur Augen für das Mädchen, das ihn jetzt auch ganz verliebt anschaute. Ich beobachtete sie vom Beifahrersitz aus, sie hatte mich offenbar vor lauter Aufregung noch gar nicht richtig bemerkt. Das war mir ganz recht, denn so konnte ich sie ungestört mustern. Sie war sehr hübsch, die kurzen, vollen Locken umschmeichelten ihre feinen Gesichtszüge. Das verdreckte Gewand war eng um ihren Körper gewickelt, sodass ihr runder Po hervortrat. Sie war groß und schlank und sogar das weite Hemd stand ihr irgendwie. Ihre anfängliche Unsicherheit war im Laufe des Gesprächs verflogen, sie lachte viel und die Art, wie sie sich sanft bewegte, machte sie sehr weiblich. Ich merkte, dass sie für meinen Bruder schwärmte, und ich verstand, weshalb auch sie ihm gefiel. Leider mussten die beiden den Kontakt schon bald abbrechen, denn für ein somalisches Mädchen war es verboten, sich mit einem Jungen zu treffen, wenn es nicht mit ihm verheiratet war.

Farid hat damals bestimmt viele Herzen junger, schöner Mädchen erobert, auch das eines anderen Mädchens namens Carla. Sie war Afroamerikanerin, sprach nur Englisch und arbeitete in der US-Botschaft. Sie fuhr einen gelben, offenen Jeep und kannte viele Leute, Deutsche, Amerikaner, Italiener, darunter viele Jungs in ihrem Alter. Sie war unabhängig und viel unterwegs, was als Frau in Somalia sehr ungewöhnlich war. Aber da sie keine Somali war, musste sie sich nicht an die Regeln halten, die für Frauen galten. Gesichtsschleier trugen zwar nicht alle, aber auch meine Mutter und die Tanten verhüllten in der Öffentlichkeit ihr Haar. Carlas Unabhängigkeit imponierte mir. Sie ließ ihre Haare zu kurzen Dreadlocks flechten und ihre Nase und Ohren waren gepierct. Sie liebte meinen Bruder, besuchte uns oft, und die ganze Familie mochte sie. Ich wusste nie, ob die beiden so richtig zusammen waren, denn er war nicht immer nett zu ihr, aber Carla ließ sich dadurch nicht entmutigen und suchte durch ihre Besuche trotzdem seine Nähe. Wenn sie bei uns war, um ihn zu sehen, war es für ihn okay, aber sobald einer seiner Freunde ihn abholte, verabschiedete er sich: »Bye, bye, ich bin jetzt weg.« Und dann stand sie da und tat mir leid, weil sie so traurig war. Sie schüttete mir oft ihr Herz aus und ich versuchte sie zu trösten und aufzumuntern, indem ich sie in den Arm nahm und ihr gut zuredete.

Carla nahm mich oft in ihrem Jeep mit. Dann besuchten wir ihre Freunde oder fuhren einfach durch die Gegend. Als wir wieder mal auf Spritztour waren, zählte ich ihre Piercings. »Deine vielen Ohrringe, die tun doch bestimmt weh, oder?« Sie packte sich an die Ohrmuschel und zog an einem ihrer Ringe. Dabei sah ich, dass ihre Ohrlöcher teilweise schon richtig groß und ausgeleiert waren.

»Ach, Quatsch, das tut überhaupt nicht weh. Hast du dir noch keine Löcher für Ohrringe stechen lassen?« Ich schüttelte den

Kopf. »Du bist doch ein Mädchen, die tragen alle Ohrringe.« Ich schaute mir ihre großen Ohrlöcher noch mal genauer an. »Komm, wir lassen dir Ohrlöcher stechen!« Sie zog die Handbremse fest an, der Jeep drehte sich mitten auf der Straße in die andere Richtung, dann gab sie Gas.

Am Strand waren ein paar kleine Häuser, die Souvenirs verkauften. Vor der Tür waren Stände aufgebaut, neben frischem Fisch gab es auch selbst gemachte Trommeln aus Tierfell, Strohmatten und Behälter, die mit der Hand geflochten wurden. In einem kleinen Laden konnte man sich auch Ohrlöcher stechen lassen. Carla nahm mich an die Hand und wir gingen rein. Sie erklärte den Frauen durch Gesten, was wir wollten, und zeigte auf meine Ohren. Carla konnte zwar kein Somalisch, aber sie wusste genau, wie sie sich in diesem Land zurechtfinden konnte. Ich bewunderte an ihr, dass sie so selbstbewusst war und sich verteidigen konnte, wenn ihr etwas nicht passte. Sie hatte gar keine Angst.

Es waren drei Frauen im Laden, die zwei Kundinnen mit Henna Muster auf Hände und Füße malten. Sie schienen sehr konzentriert, die schönen Symbole so gleichmäßig wie möglich aufzutragen, denn die rostbraune Farbe würde später trocknen und das Muster danach wochenlang auf der Haut bleiben, bis es schließlich verblasste. Frauen bemalten sich meist zu besonderen Gelegenheiten mit Henna, bei Hochzeiten oder Feierlichkeiten. Auch ich wurde mal damit bemalt, aber es brannte auf meiner Haut, bis es trocken war, und deshalb beließ ich es bei diesem einen Versuch.

Die dritte, die noch in diesem Shop war, machte einen unsicheren Eindruck, als ob sie neu wäre. Zudem war sie noch sehr jung.

»Schnapp dir da hinten mal das Gerät und stich ihr die Löcher! Ich bin beschäftigt«, rief eine der beiden anderen Frauen ihr zu. Das Mädchen versuchte ihre Unsicherheit zu verbergen, aber ich wurde langsam nervös und wollte am liebsten abhauen, doch noch bevor ich weiter darüber nachdenken konnte, rief die Chefin:

»Setz dich da auf den Hocker!« Sie wies auf einen Hocker, der mit einem in der Sonne getrockneten Tierfell überzogen war. Carla stand an der Tür und hielt die Arme unter der Brust gekreuzt. Ihr Kopf war leicht geneigt und sie beobachtete die Szene mit einem strengen Blick. Auch sie traute dem Mädchen diese Aufgabe offenbar nicht zu und beobachtete sie genau, als sie mit der Stechpistole auf mich zukam.

»Wie funktioniert das Ding?«, fragte das Mädchen.

»Einfach dazwischenklemmen und dann drücken!«, rief die Chefin. Ich starrte das Gerät gebannt an, bis es aus meinem Blickwinkel verschwand. Dann hielt ich mich am Fell des Hockers fest und war bereit, jeden Augenblick loszulaufen, aber ich traute mich nicht. »Warum hilft Carla mir nicht?!«, dachte ich verzweifelt. Ich selbst bewegte mich keinen Millimeter. Das Mädchen klemmte sich vor Angst den Stoff ihres Kopftuches zwischen die Vorderzähne und als sie mein Ohrläppchen in die Öffnung der Stechpistole klemmte, kniff sie ihre Augen zu. Und dann drückte sie ab … »Aaah! Auaaaa!« Der kleine Ohrring war drin. Das Mädchen öffnete erleichtert die Augen und ging auf die andere Seite. Sie klemmte das zweite Ohrläppchen in die Pistole, aber diesmal kniff sie ihre Augen ein bisschen zu zeitig zu, ein verhängnisvoller Fehler, dessen Folgen man bis heute an meinem linken Ohr sehen kann. Sie hatte mir das Loch ins letzte Fitzelchen des Ohrläppchens gestochen statt in die Mitte. Kein Wunder, mit geschlossenen Augen! Ich stand sofort auf und ging raus. Carla bezahlte und kam nach.

»Die haben es ja noch nicht mal desinfiziert«, meinte sie nur. Zu Hause rannte ich ins Bad vor den Spiegel. Es sah noch schlimmer aus, als ich befürchtet hatte. Das eine Ohrloch saß viel tiefer als das andere, und mit der Zeit riss die Haut fast, sodass das Loch riesig wurde. Nicht mein schönstes Andenken an Carla.

Eines Abends hörte ich, wie Papa und Farid im Konferenzraum laut diskutierten, einige Stunden lang hatten sie sich dort eingeschlossen. Das war ungewöhnlich, denn Farid suchte den Kontakt zu meinem Vater nur, wenn er etwas von ihm wollte – Geld, das Auto oder sonst irgendetwas. Es musste also etwas Wichtiges sein, das es zu besprechen gab. Ich lauschte an der Tür, um zu hören, worum es ging. Papas Stimme klang fest und überzeugt.

»Wie stellst du dir das denn vor? Du bist erst 18 Jahre alt! Wovon willst du leben? Wo willst du arbeiten? Wo willst du wohnen?« Farid aber ließ nicht locker.

»Papa, glaub mir! Wir haben uns das genau überlegt. Wir studieren dort und gehen nebenbei arbeiten. Hassan hat schon einen Job. Wenn du mir regelmäßig ein bisschen Geld schickst, dann werde ich schon klarkommen. Ich habe dort viel mehr Möglichkeiten.« So ging es die ganze Zeit hin und her. Farid wollte also Geld, das war keine Überraschung. Aber wo wollte er hin? Gerade als ich in mein Zimmer gehen wollte, riss Papa die Tür auf: »Na gut, wenn du es unbedingt willst, dann tu es!« Er sah besorgt aus und mein Bruder wollte ihn beschwichtigen.

»Mach dir keine Sorgen! Das ist eine gute Idee. Du wirst schon sehen.« Dass diese Idee wirklich gut war, dass sie ihm viel Leid ersparen würde, konnten wir alle zu diesem Zeitpunkt noch nicht ahnen, und Papa verschwand in seinem Zimmer.

»Kanada, ich komme! Ja, ja, ja! Kanada ich komme!«, jubelte Farid und legte den »Moonwalk« hin. »Ich ziehe nach Kanada!«

»Für immer?«, fragte ich.

»Ja! Ich werde dort studieren und dann Geschäfte machen!« Ich war traurig: Gerade als wir ein liebevolles Verhältnis zueinander entwickelten, verschwand Farid. Er hatte die Nase voll von Somalia und wollte wieder westliches Leben genießen. Für den Fall, dass seine Pläne platzen sollten, hatte Papa ihm Geld zugesagt. Es konnte also nichts schiefgehen. Für Farid hörte sich ein Leben in Kanada aufregend und vor allem unbeschwert an, das reizte ihn. Für den Start in der neuen Welt hatte Papa ihm 20 000 Dollar mitgegeben, die Farid sich aber schon am Flughafen aus seinem Gepäck klauen ließ. So war Farid, sorglos und verwöhnt, aber er flog trotzdem und ich sollte meinen Bruder erst viele, viele Jahre später wiedersehen, zu einem sehr traurigen Anlass.

Farid war weg. Und mir fehlte Deutschland so sehr. Ich schrieb meinem Vater Zettelchen, die ich ihm zur Arbeit mitgab: »Lieber Papa, mir ist so langweilig, Du sollst nicht immer so viel weg sein. Und wann gehen wir wieder nach Berlin zurück?«

Eines Abends kam mein Vater nach Hause und hielt ein paar Videos in der Hand.

»Njunja, komm, ich hab hier was für dich.«

»Was ist das?«

»Du musst es dir anschauen, um es herauszufinden.« – »Papaaaa, sag schon, los …« Ich zupfte an seinem Sakko, aber er lachte nur. Ich rannte ins Wohnzimmer und steckte die Kassette in den Videorekorder. Dann schaute ich mit großen Augen auf den Bildschirm. Papa war mir gefolgt und blieb hinter mir stehen. Als die Filmmusik ertönte und ich den Mann mit den Dackelaugen und dem schiefen Mund sah, schrie ich: »Rockyyyyy!« Er hatte mir alle Folgen von *Rocky Balboa* besorgt, weil er wusste, dass ich die Filme mit Silvester Stallone über alles liebte. Ich sprang hoch, machte noch in der Luft einen Schneidersitz und knallte mit meinem Po auf den Teppich. Papa lachte. Ich hatte *Rocky* das erste Mal in Berlin angeschaut. Er war mein Held.

Eines Tages stand das große Stahltor weit auf und noch bevor der Wachmann es schließen konnte, kam ein Hund herein und rannte direkt auf mich zu. Er war ein bisschen aufgeregt und hechelte mit seiner langen Zunge. Ich gab ihm etwas Wasser und streichelte sein glänzendes Fell, das beige-rötlich gefleckt war. Es war ein gesunder und gepflegter Hund, kein Straßenköter, er musste entlaufen sein, aber ich würde ihm jetzt ein neues Zuhause geben und einen Namen brauchte mein neuer Freund auch: Rocky.

Im Garten gab es ein kleines Häuschen, das ich ihm herrichtete. Er hatte dort so viel Platz, dass er auslaufen und mit mir spielen konnte. Nur unser Wachmann, der sein Zimmer neben der Garage hatte, regte sich über Rocky auf.

»Hunde sind unrein!« Aber das war mir egal und ich lachte mich kaputt, wenn Rocky ihm nachts sein einziges Paar Hosen klaute, das er zum Trocknen draußen aufgehängt hatte. Dann warf sich der Wachmann ein Hoosgunti um, ein Tuch, das viele Männer trugen. Es wurde um die Hüfte gebunden. So rannte der Wachmann Rocky quer durchs Haus nach, bis der Hund die Hose endlich fallen ließ.

Auch in meiner Klasse erzählte ich von meinem neuen Freund, der mir zugelaufen war. Mein Deutschlehrer, Herr Neumann, wurde hellhörig, kam an unseren Tisch und lauschte. Nach dem Unterricht rief er mich an sein Pult.

»Euch ist ein Hund zugelaufen? Wie sieht er denn aus?«

»Sein Fell ist weiß und rotbraun.«

»Und seit wann ist er bei euch?« Sein ernster Blick beunruhigte mich.

»Seit einer Woche.« Warum wollte er das alles wissen?

»Mir ist mein Hund entlaufen, auch vor ungefähr einer Woche«, erklärte er. Ich schaute ihn nur mit großen Augen an. »Ich komme heute um 4 Uhr mal bei euch vorbei und schaue, ob er das ist, ja?«

Um kurz vor vier stand ich in der Einfahrt und wartete. Dann hörte ich ein Auto über den sandigen, steinigen Weg bis vor unser Tor fahren. Rocky spitzte erst die Ohren, wedelte dann mit dem Schwanz und lief zum Tor. Ich rief ihn zurück, doch er hörte nicht auf mich und zappelte wild vor Freude. Als das Auto dann hupte, bellte er und sprang hin und her. Er hatte sein Herrchen erkannt. Traurig musste ich meinen neuen Freund ziehen lassen.

Obwohl uns bis dahin nie etwas Schlimmes passiert war, wussten wir schon sehr bald, dass Somalia nicht sicher war. In anderen Regionen gab es schon die ersten, kleineren Aufstände und Kämpfe zwischen den verschiedenen Clans. Ziel vieler Aufständischer war es, den Diktator Siad Barre zu stürzen, und mit der Zeit wurden die politischen Probleme auch für eine Neunjährige wie mich spürbar, sichtbar, erfahrbar.

Es war ein lauer Sommernachmittag. Ich beobachtete ein kleines Mädchen, das richtig süß aussah. Sie trug ein rotes Kleid und weiße Söckchen. Passend zu ihren schwarzen Lackschühchen hatte sie eine schwarze Schleife in ihr braunes Haar gebunden. Ich saß auf dem Platz, an dem ich immer auf meine Schulfreundin Jana gewartet hatte, wenn ich mit zu ihr nach Hause gefahren war, um gemeinsam Hausaufgaben zu machen. Doch jetzt reisten alle Ausländer ab und ich wäre am liebsten mitgeflogen, als auch das kleine Mädchen in den Helikopter gehoben wurde.

Die ganze deutsche Gemeinde hatte sich zuvor in der German Private School getroffen, denn von hier aus ging es mit dem Hubschrauber zum Flughafen und von da in die Heimat. Die deutsche Privatschule wurde geschlossen, von einem Tag auf den anderen gab es meine Schule einfach nicht mehr, mein letztes Stück Deutschland war weg. Aber ich kannte bisher nichts anderes, außer deutsch zu sein, deutsch zu sprechen und mich deutsch zu benehmen. In den Jahren in der DDR hatte ich alles aufgesaugt, was deutsch war, hier in Somalia musste ich lernen, dass ich eine Somalierin war.

Ich musste auf eine andere Schule gehen und kann mich noch genau an meinen ersten Schultag in dieser neuen Schule erinnern. Als der Chauffeur Nanna, Jamal und mich hingefahren hatte, sah ich als Erstes den großen Menschenauflauf. Die English Private School war riesig, auch Somalis, die sich eine private Schule leisten konnten, ein paar Japaner und vor allem Inder brachten ihre Kinder hierher. Die meisten Lehrer und Lehrerinnen waren jung und stammten aus Indien, der Schuldirektor Mister Ahmed und mein Klassenlehrer Mister Omar waren die einzigen Somalis. Wir Schüler mussten Uniform tragen, ein weißes Hemd und dazu marineblaue Hosen oder Röcke.

Jeden Morgen um 7.45 Uhr stellten alle Klassen sich in strammer Haltung hinter- und nebeneinander auf. Davor standen die jeweiligen Klassenlehrer mit einer Anwesenheitsliste in der Hand. Dann ging es los, in alphabetischer Reihenfolge wurden die Namen aufgerufen.

»Ahmed Abdullah«, schrie die Lehrerin und schaute in die Runde. Wenn der Schüler anwesend war, schrie er zurück: »Present!«

»Hassan Ali?« Die Lehrerin streckte wieder prüfend den Kopf hoch. Wenn der Schüler abwesend war, schrie sein Nachbar: »He is absent ma'am!«

»Okay, absent.« Sie notierte es sorgfältig in ihrer Liste. So ging es das ganze Alphabet runter, in sechs Reihen, ein Lehrer pro Klasse, und alle brüllten gleichzeitig los. Es war so laut, dass man sich konzentrieren musste, um nicht zu verpassen, wenn der eigene Name aufgerufen wurde, damit die Lehrerin kein »absent« in der Liste ankreuzte.

Nach diesem militärischen Appell waren auch alle die wach, die verpennt in die Schule gekommen waren. Und es war noch nicht vorbei. Nach der Überprüfung der Anwesenheit gingen die Lehrer mit einem Lineal in der Hand klopfend und mit prüfendem Blick durch die Reihen. »Was sehen die sich bloß an?«, fragte ich mich unruhig. Je näher die Lehrerin zu mir kam, umso nervöser wurde ich. Dann war sie nur noch drei Schüler von mir entfernt und ich sah, wie sie einem Jungen mit dem Lineal auf die Finger haute. Als sie vor mir stand, sagte sie ein Wort, das ich in der Aufregung nicht verstand, irgendetwas mit N musste es gewesen sein. Sie wollte bestimmt noch mal den Namen wissen: »Khadra

Sufi.« Sie schaute mich eindringlich an: »Nails!« Ach so, sie wollte meine Fingernägel sehen! Ich hielt ihr meine Hände hin. Patsch! Das Lineal knallte auf meine Finger. Ich biss mir auf die Lippen, verkniff es mir zu schreien und zog meine Hände blitzschnell zurück, zum Glück ging sie weiter.

Die morgendlichen Regeln hatte ich schmerzlich verstanden. Pünktlich anwesend sein – und das mit sauberen Fingernägeln. Aber diese Art von Bestrafung nahm kein Ende. Ein paar Tage später kam ich die Treppe zu meiner Klasse hoch. Mister Omar, der Lehrer mit dem dunklen, verbitterten Gesicht, zerrte einen verängstigten Schüler aus der Parallelklasse gerade am Ohr in den Flur. Dann ging's los. Der Junge musste sich hinhocken, seine Hände von hinten zwischen den Knien durchführen und sich dann an die Ohren greifen.

»Will you be disrespectful to me again?!«, schrie der Lehrer, holte weit aus und schlug dem Jungen mit einem Holzstock wuchtig auf den Po. »No, no, Mr. Omar, please, please!«, bettelte der. Aber der Lehrer prügelte so lange weiter, wie er es für angemessen hielt.

Als ich nachmittags nach Hause kam, erzählte ich meinem Vater, was geschehen war, und am nächsten Tag fuhr er uns persönlich in die Schule. Er brachte meine beiden jüngeren Geschwister in ihre Klassen, nahm mich an der Hand und ging mit mir zum Schuldirektor. Ohne anzuklopfen platzten wir in dessen Zimmer und Papa baute sich vor seinem Schreibtisch auf.

»Hören Sie!« Er hob drohend den Finger. »Ich zahle sehr viel Geld, damit meine Kinder hier etwas lernen, und ich will nicht, dass irgendwer sie schlägt oder auch nur anfasst!« Der Direktor wollte ihn beschwichtigen, aber Papa fiel ihm ins Wort.

»Meine Tochter hat hier gestern gesehen, wie ein Schüler von einem Mister Omar verprügelt wurde. Das passiert mit meinen Kindern nicht! Das ist alles, was ich Ihnen zu sagen habe!« Er drehte sich zu mir, nahm meine Hand und wir verließen das Zimmer.

Am Mittag kam Mister Omar auf mich zu und sprach mich an, er lächelte gequält.

»Hast du deinem Vater gesagt, dass du hier nicht geschlagen werden willst?« Ich sah ihm direkt in die Augen und hatte ein Gefühl, als stünde der Teufel persönlich vor mir. Ich nickte vorsichtig und traute ihm zu, dass er mich trotzdem schlagen würde, doch er tat es nicht. Stattdessen schwieg er, drehte sich um und ging. Von diesem Tag an strafte er mich mit Nichtbeachtung, aber das war mir ganz recht.

Ich hasste diese Schule, das Einzige, worauf ich mich freute, war ein süßer Junge aus der Parallelklasse. Ich konnte meine Gefühle damals nicht deuten, aber heute weiß ich: Ich war in Amir verschossen! Jeder merkte, dass ich mich eigenartig verhielt, sobald er in meiner Nähe war. Er mochte mich auch und lächelte mir immer verschüchtert zu. Er hatte karamellfarbene Haut, kurzes Haar mit schönen, weichen Locken und eine freche, etwas heisere Lache. Wenn wir uns auf dem Schulhof trafen, bastelten wir Papierflieger, spielten »Tic Tac Toe« mit Kreide auf dem Asphalt oder mit den Fingern »Schnick-Schnack-Schnuck«, das ich aus Berlin kannte. Doch dann tauchten irgendwann seine Freunde auf und machten alles kaputt. Sie fingen an, uns zu ärgern und aufzuziehen, und der schlimmste der Jungen war ausgerechnet der, der mir so leidgetan hatte, als Mister Omar ihm den Hintern versohlte. Und irgendwann kam Amir in meine Klasse, weil er mich begrüßen wollte, und plötzlich stürmte sein Freund herein, lief an die Tafel und schrieb: »Khadra loves Amir.« Dann las er es auch noch laut allen Schülern vor. Ich schämte mich, und Amir auch, glaube ich, denn von nun an wollte er mit mir nichts mehr zu tun haben.

Eines Tages hatte ich länger Unterricht als meine Geschwister, die der Fahrer bereits nach Hause gebracht hatte. Mein Vater holte mich mit dem Mercedes ab, mein jüngerer Bruder Jamal war auch dabei. Eigentlich hatte auch meine Mutter mit Chuchu und Nanna mitkommen wollen.

»Nein, nein, bleib du mal mit den Kleinen da, wir sind ja gleich wieder zurück«, hatte mein Vater jedoch gesagt. Zufall? Eingebung? Wie auch immer, die Entscheidung rettete ihnen möglicherweise das Leben. Denn Papa fuhr auf dem Rückweg noch bei einem Freund vorbei, der eine Autowerkstatt hatte. Ich weiß noch, dass ich kurz ausgestiegen bin, um mit ihm hineinzugehen, aber an das, was danach passierte, kann ich mich bis heute nicht mehr erinnern.

Erst Tage danach öffnete ich meine Augen und schaute in das Gesicht meines Bruders Jamal. Er sah mich genauso erschrocken an wie ich ihn. Wir waren beide gleichzeitig aus dem Koma erwacht und es war, als würden wir in den Spiegel sehen. Jamals linkes Auge war so stark geschwollen, dass er es nicht öffnen konnte. Mein rechtes Auge war durch einen Verband geschützt, sodass ich nur mit dem linken verschwommen sehen konnte. Mein Gesicht schmerzte. Jamals rechter Arm war eingegipst.

Wir lagen in einem kahlen Zimmer im Krankenhaus. Ich hörte jemanden schluchzen und wollte mich schnell auf die andere Seite drehen, aber der Schmerz in meinem Kopf hinderte mich daran. Vorsichtig drehte ich mich um. Am Fenster stand meine Mutter. Sie blickte nach draußen und weinte und ich versuchte zu sprechen: »Mama.« Mehr bekam ich nicht über meine Lippen. Sie drehte sich rasch um und kam zu uns ans Bett.

»Gott sei Dank, Gott sei Dank, ihr seid wieder da!« Jetzt weinte sie vor Freude.

»Wo sind wir? Was ist passiert?«, fragte Jamal.

»Ihr hattet einen ganz schlimmen Autounfall.« Nun erfuhren wir, dass ein Lastwagen unser Auto gerammt, dann den Mercedes mit sich geschliffen und gegen eine Wand gedrückt hatte.

»Wo ist Papa?!«, wollte ich wissen. »Er ist in einem anderen Krankenhaus. Er hat sich sieben Rippen gebrochen.«

Ich hörte zwar, was meine Mutter sagte, konnte es aber nicht begreifen, weil ich von all dem nichts mitbekommen hatte. Ich konnte mich an nichts, gar nichts erinnern. Jamals Oberarm war gebrochen, eine Metallplatte wurde eingesetzt, um den Knochen zu fixieren. Und ich muss durch die Frontscheibe des Mercedes geflogen sein, dabei hatte das Glas eine tiefe Wunde vom rechten Lid bis weit auf den Kopf hinauf geschnitten. Ich kann mich noch an die Gesichter meiner Verwandten erinnern, als sie mich erstmals sahen. Tante Tita schaute mich mit traurigen Augen an.

»Mein Gott, Kind, du Arme, dein ganzes Gesicht ist ja zerstört.« Eigenartigerweise hat mir das damals nicht so viel ausgemacht, heute stört es mich schon, wenn ich die Narbe sehe, aber – obwohl ich darüber nachgedacht habe – ich habe sie mir nie operieren lassen, weil sie ein Teil meines Lebens ist und mich an meine Geschichte erinnert.

Mama war so tapfer. Erstmals seit vielen Jahren allein auf sich gestellt, fuhr sie jeden Tag von einer Klinik in die andere, um für uns zu sorgen. Als ich aufstehen durfte, ging ich über den Flur. Was ich da sah, ließ mich meine Schmerzen für Augenblicke vergessen. Kranke und verletzte Kinder saßen auf dem Boden und es schien niemanden zu geben, der sich um sie kümmerte. Gleich neben unserem Zimmer kauerte ein abgemagerter Junge, eine Dose mit Milchpulver in der Hand. Er fischte mit den Fingern darin und steckte es sich gierig in den Mund. Er hatte nicht mal Wasser, um es aufzulösen. Ich betete zu Gott, dass er diese Kinder genauso beschützen würde, wie er uns beschützt hatte.

Nach einigen Tagen durften wir das Krankenhaus verlassen. Ich trug immer noch den Verband, der mein halbes Gesicht bedeckte. Es war geschwollen und die Schnittwunden schmerzten, aber jetzt durften wir endlich Papa besuchen. Ich kam in sein Zimmer und rannte an sein Bett. Er konnte sich keinen Millimeter bewegen und trug einen Stützverband, eine Art Mieder, das seine gebrochenen Rippen schützte. Papa versuchte zu lächeln, als er uns sah, aber der Schmerz verzerrte dabei sein Gesicht. Ich konnte ihn noch nicht einmal richtig umarmen, weil ihm jede Bewegung wehtat, sogar das Atmen fiel ihm schwer. Er musste ganz langsam und kontrolliert Luft holen, durfte kaum reden, nur flüstern.

»Es ist ein Wunder, dass wir alle noch am Leben sind.«

Während es Jamal schnell besser ging, flogen Papa und ich Wochen später nach Italien, um uns dort von einem Spezialisten behandeln zu lassen. Er sollte sich auch meine Narben anschauen, die eiterten und nicht heilen wollten. Ich hatte den Kiefer entlang Schnittwunden, zudem hatte ich immer noch starke Schmerzen unterhalb der rechten Augenbraue. Der italienische Arzt war ein Bekannter meines Vaters und schimpfte über meine hässliche Narbe, die schlecht vernäht war. Dann drückte er auf die schmerzende Stelle.

»Bambina, das, was da wehtut, sind Glasscherben, die noch unter der Narbe stecken.« Ich musste noch mal operiert werden und er holte einige Scherben heraus, die er mir nach der Operation zeigte. »Die hier ist so groß, daraus kannst du dir einen Brillantring machen lassen«, flachste er.

Auch meinem Vater ging es noch nicht viel besser. Abends half ich ihm, sich ins Bett zu legen. Zentimeter für Zentimeter kam er nur voran und schrie dabei vor Schmerzen. Am Morgen zog ich ihn mit aller Kraft am Arm wieder hoch, weil er keinen einzigen Muskel selbst anspannen konnte. So ging es mehrere Tage lang, aber er war in guter Behandlung und sein Zustand verbesserte sich schnell. Irgendwann war er schließlich wieder so fit, dass wir zurück nach Somalia fliegen konnten.

Einige Zeit später besuchten wir noch einmal seinen Freund in der Autowerkstatt. Unser blauer Mercedes stand dort, um verschrottet zu werden, und wir wollten noch einmal sehen, was aus unserem geliebten Auto geworden war, das uns so viel Unglück gebracht hatte – oder unser Leben gerettet? Wir konnten kaum glauben, dass wir überlebt hatten, als wir den Mercedes sahen. Ich bin mir bis heute sicher, dass ich auf dem Beifahrersitz gesessen haben muss, da saß ich immer, wenn Papa mich von der Schule abholte, um in seiner Nähe zu sein.

»Nein, Njunja, das kann nicht sein. Schau dir das doch mal an! Da hättest du nicht überlebt.« Das Dach war rechts bis zum Boden eingedrückt. Wahrscheinlich bin ich durch die Windschutzscheibe nach draußen geflogen, bevor die gesamte Beifahrerseite des Wagens zerquetscht wurde. Wie auch immer, ich bin sicher, dass Gott an diesem Tag seine schützende Hand über uns gehalten hat, auch, weil Mama mit Chuchu und Nanna erst gar nicht mitgefahren war.

Begegnungen mit der Armut

Obwohl wir anfangs zur Miete wohnten, besaßen meine Eltern in Somalia bereits ein schönes Haus mit einem großen Grundstück, das in der Nähe des Meeres lag. Die Villa hatte mein Vater all die Jahre an eine italienische Familie vermietet. Es war ein nettes, älteres Ehepaar, dessen Kinder schon erwachsen und außer Haus waren. Das Haus war wirklich ein kleines Paradies, umringt von einem wunderschönen Garten mit vielen Pflanzen, vor allem Palmen. Im hinteren Teil gab es einen nierenförmigen Swimmingpool. Und jetzt wollten die Italiener bald für immer in ihre Heimat zurück. Das war mir ganz recht, denn ich konnte es kaum erwarten, mit meiner Familie in dieses Haus zu ziehen. Aber Papa hatte weitere Pläne. Auf dem riesigen Grundstück wollte er ein zweites Haus bauen. Eines wollte er vermieten, bis wir Kinder groß genug waren, um später hineinzuziehen. Und nachdem die Italiener weggezogen waren, begannen die Arbeiten.

Während des Baus zogen wir aus unserem schönen gemieteten Haus in Lido aus und wohnten vorübergehend in Xamar Jajab, was so viel bedeutet wie »die kaputte Stadt«, und so sah es links neben unserem Haus auch aus: Dort gab es einen riesigen Schrottplatz, auf dem alte, verrostete Autoteile gestapelt standen. Dafür konnten wir uns auf den Strom verlassen, der nicht von einem dröhnenden Generator produziert wurde, der dauernd ausfiel, sondern durch eine Solaranlage auf dem Dach. Schön war, dass unser Zuhause hier nicht so abgelegen wie in Lido war und wir viel mehr Nachbarn hatten. Direkt neben uns wohnte eine Familie mit vielen Kindern und einer von ihnen war mein Schwarm Amir. Er stand plötzlich mit seinem Vater vor unserem Haus, um uns als neue Nachbarn zu begrüßen. Sein Vater kannte meinen, denn sie stammten aus derselben Region in Brava. Amir grinste mich an, weil er schon viel früher mitbekommen hatte, dass wir hierherziehen würden. Jetzt wohnten wir Tür an Tür.

Seine Schwestern und Cousinen merkten schnell, dass wir ineinander verschossen waren. Diese Mädchen hatten den ganzen Tag nichts zu tun und machten es sich zur Aufgabe, mich anzufeinden. Amir regte sich über sie auf, wenn sie anfingen, ihn meinetwegen zu ärgern. Trotzdem trafen wir uns draußen vor der Tür und spielten mit Streichholzschachteln, die wir zwischen die Finger nahmen, um sie in die Luft zu werfen. Je nachdem, auf welcher Seite sie auf dem Boden landeten, gab es unterschiedlich viele Punkte. Manchmal saßen wir aber auch einfach nur auf den Treppenstufen vorm Haus und unterhielten uns. Wenn er mit mir allein war, war er immer ganz anders als in der Schule, aber leider waren wir nie lange allein. Die gehässigen Blicke seiner weiblichen Verwandten verfolgten uns ständig, ich begriff anfangs überhaupt nicht, warum sie immer so gemein waren. Der Grund war, dass es für ein Mädchen total unüblich war, irgendwelche Gefühle für einen Jungen zu zeigen oder sich öffentlich mit ihm zu treffen. Ich war auch anders als sie, weil ich kurze Hosen anhatte und meine Haare offen trug. Obwohl wir noch Kinder waren und uns einfach nur gern mochten, war das alles schon zu viel. »Schuld« war in diesen Situationen immer das Mädchen, deshalb mochten sie mich nicht.

Als wir wieder einmal an der Treppe vor der Haustür saßen, kamen drei kleine Jungs die Straße entlanggelaufen und setzten sich vor uns hin. Man sah ihnen an, dass sie aus sehr ärmlichen Verhältnissen kamen. Ihre nackten Oberkörper und ihre Gesichter waren völlig verdreckt und an den Hosen fehlten große Stofffetzen. Sie liefen barfuß durch die Scherben und den Dreck auf den Straßen und mir fiel auf, dass alle drei etwas in der Hand hielten, woran sie die ganze Zeit schnüffelten.

»Was machen die da?«, fragte ich Amir.

»Sie schnüffeln Kleber.« Er hatte das schon öfter gesehen.

»Kleber? Warum schnüffeln die Kleber?!« Ich konnte mir überhaupt keinen Reim darauf machen, warum man an dem ekelhaft bissig riechenden Zeug freiwillig riechen sollte.

»Sie schnüffeln Kleber, um sich zu betäuben und keinen Hunger zu spüren.« Dieses und andere Erlebnisse ließen mich immer nachdenklicher werden über mein Land. Ich sah die vielen Menschen, die wirklich gar nichts hatten, außer dem, was sie am Leib trugen. Wenn man unsere Straße etwas weiter hinunter ging, kam man in zerrüttete Siedlungen. Die kaputte Stadt, wie Xamar Jajab ja hieß, bekam hier erst richtig ein Gesicht. Es gab ein paar kleine Geschäfte und Lokale, wo Männer sich zum Kartenspielen trafen, Tee tranken und Kath kauten, um sich zu berauschen. Hier wohnte auch ein Zwillingspaar, die beiden waren etwa in meinem Alter und nicht voneinander zu unterscheiden. Ich sah sie öfter. Sie saßen auf einer Treppe vor einem kleinen, verwahrlosten Haus und starrten auf die Straße. Einmal hatte einer von ihnen einen

Lolli im Mund. Dann holte er ihn raus und streckte ihn seinem Bruder rüber. Der steckte sich nun den Lutscher in den Mund, behielt ihn aber offenbar zu lange. Der erste Zwilling klopfte ihm auf die Schulter. So fanden sie ihren Rhythmus. Lolli rein, Lolli raus, Lolli rein … bis nur noch der Stiel übrig war. Sie hatten ihn sich teilen müssen.

Wir hingegen bekamen einen neuen Fahrer, Ahmed. Er war vielleicht Mitte 30, völlig ungebildet, aber sehr fleißig, und mein Vater mochte ihn. Ahmed holte mich eines Tages mit unserem weißen Toyota-Pick-up von der Schule ab. Als ich gerade auf den Beifahrersitz steigen wollte, sah ich auf der Fußmatte einen kleinen Plastikbehälter stehen, der zur Hälfte mit Milch gefüllt war. Ahmed nahm ihn weg und stellte ihn auf die Fußmatte vor die Pedale.

»Warum hast du Milch im Auto?«

»Deine Oma hat sie mir für mein Baby mitgegeben.« Er strahlte mich an und fuhr los. Mit der linken Hand hielt er den Lenker und mit der rechten den Behälter, der auf der Matte stand. »Können wir kurz bei mir vorbeifahren, damit ich die Milch abgeben kann?« Ich hatte nichts dagegen und langsam, ganz langsam, weil er beim Fahren die Milch festhalten musste und keinen Tropfen verschütten wollte, fuhren wir los.

»Soll ich die Milch nehmen?«, fragte ich Ahmed. Doch er winkte ab. Die Häuser, an denen wir vorbei kamen, waren zum Teil verfallen, es fehlte einfach ein Dach oder Wände waren eingerissen, sodass sie unbewohnbar schienen, obwohl sie bewohnt wurden. Dann kamen wir durch eine schmale Gasse, in der der Geruch von Urin und Fäkalien mir in der Nase brannte. Und plötzlich rannten Kinder schreiend hinter uns her und sprangen auf die Ladefläche des Toyota. Sie kamen aus allen Ecken und es wurden immer mehr. Ich hatte so etwas noch nie erlebt und es wurde mir unheimlich.

»Häng sie doch ab!«, schrie ich.

»Ich muss doch auf die Milch aufpassen«, antwortete Ahmed nur und kurz darauf hielt er am Ende der Gasse an. Die Kinder sprangen ab und liefen jauchzend davon. Sein Haus war wirklich das heruntergekommenste von allen, es hatte nicht mal mehr eine Eingangstür, nur einen Rahmen, der zerborsten war, und in den Fenstern waren die Scheiben zersplittert.

»Komm mit, ich stell dir meine Frau vor«, sagte Ahmed und ich spürte, wie stolz er war. Das Haus war schmal und hatte zwei Stockwerke. Die Wände waren voller Fingerabdrücke und Flecken, viele kleine Kinder rannten um uns herum. Ahmeds Frau stand an der Treppe und hielt ein Baby im Arm. Sie trug ein schwarzes Gewand, das auch ihr Haar bedeckte, nur ihr liebliches Gesicht war zu sehen.

»Das ist Khadra, die Tochter von meinem Chef«, stellte er mich seiner Frau vor.

»Ach, wie schön, dass du hier bist. Herzlich willkommen!«, sagte sie und strahlte mich an, dabei hielt sie das Baby so, dass ich sein Gesicht sehen konnte. »Das ist unsere Jüngste, sie ist zwei Monate alt.«

»Was für ein süßes Baby!«, antwortete ich. »Wie viele Kinder habt ihr denn?«

»Insgesamt sind es jetzt sieben«, antwortete Ahmed.

»Komm, wir stellen sie dir vor«, winkte seine Frau mich die Treppe hoch.

»Nein, nein. Wir müssen direkt weiter. Ich wollte nur die Milch für das Baby abgeben«, wehrte Ahmed ab, und ich war erleichtert, denn so freundlich sie auch waren, wollte ich nur noch nach Hause. Als wir losfuhren, lief wieder die Horde Kinder hinter uns her und Ahmed fuhr wieder langsam, um ihnen den Spaß zu gönnen. Es kam wohl nicht oft vor, dass sich ein Auto hierher verirrte, und als wir die Gasse verließen, hupte er ein paarmal zum Abschied. Ich hatte einen kurzen Blick in seine Welt werfen dürfen und er tat mir leid, weil sein Leben so ärmlich war, aber ich wusste nun auch, dass er ein guter Mensch war, der bei uns arbeitete, um seine Familie versorgen zu können.

Leben auf unsicherem Boden

Eines Tages stand ein alter Mann im Garten. Er trug einen weißen Turban und hielt einen braunen Krückstock in der Hand, dabei konnte er eigentlich ganz normal gehen, und es sah so aus, als ob er den Stock nur aus Gewohnheit hielt. Er hatte eine Frau dabei, die so blutjung aussah, dass ich dachte, sie wäre seine Tochter. Sie hielt ein Baby auf der Hüfte und humpelte stark, weil ihr linker Fuß verkrüppelt war und steif nach innen zeigte.

»Wir haben kein Zuhause und kommen von sehr weit her. Bitte geben Sie mir eine Bleibe für mich und meine Frau und unser kleines Kind. Ich könnte doch als Wachmann für Sie arbeiten.« Obwohl jeder sehen konnte, dass der alte Mann niemals einen Einbrecher würde fangen können, stellte mein Vater ihn ein. Später rechtfertigte er sich, obwohl keiner seine Entscheidung kritisiert hatte.

»Die Einbrecher sollen ja nur wissen, dass nachts jemand im Haus ist, der Wache hält. Dann brechen sie erst gar nicht ein.« Das war seine Theorie. Der Mann und die Frau taten ihm leid, das war der eigentliche Grund. Wo sollten die beiden auch hin mit ihrem Baby?

Im Hof stand, wie vor den meisten großen Häusern, ein kleines Häuschen, das von an jetzt ihr Heim war. Der alte Mann und seine Frau verhielten sich unauffällig. Wenn sie den kleinen Vorhof kehrte, trug sie das Baby in ein Tuch gebunden an ihrem Rücken. Es schlief dabei tief und fest. Ich fragte mich, ob die Frau wohl glücklich war mit so einem alten Knacker, aber sie schien zufrieden zu sein. Nur ein einziges Mal bekam ich einen Streit mit. Die Frau brüllte ihn an, ihr Akzent war aber so stark, dass ich ihr Somalisch nicht verstehen konnte. Der alte Mann war ziemlich genervt und versuchte ihr aus dem Weg zu gehen, aber das machte sie noch wütender. Ich beobachtete das Geschehen von der Terrasse aus. Als er an ihr vorbeilief, schlug sie ihm mit den Fäusten wild auf den Rücken. Der alte Mann, der eigentlich ein ruhiges Wesen hatte, drehte sich abrupt um, griff sich die Frau und stellte ihr ein Bein. Sie stolperte und fiel kopfüber auf den Boden, aber der alte Mann tat, als wäre nichts geschehen, und ging einfach weiter, während sie ihm hinterherbrüllte. Jetzt musste ich lachen und so eigenartig es sich anhören mag: Irgendwie haben die humpelnde Frau und der alte Mann zusammengepasst.

Außer diesem Vorfall bekamen wir wenig von ihnen mit. Die junge Frau kochte und sorgte für das Baby und ihn hörte man nur, weil sein Krückstock immer klock, klock, klock machte.

Zu meiner Freude brachte Papa eines Tages einen Hund mit. Er wusste, dass ich mich tierisch darüber freuen würde. Dass der Hund eigentlich als eine zusätzliche Wache in der Nacht gedacht war, ahnte ich nicht. Ich taufte ihn *Rocky II*.

Obwohl Farid ja nicht mehr da war, kam sein Freund Jassar uns weiterhin regelmäßig besuchen. Wir Kinder fielen ihm jedes Mal überglücklich in die Arme. Dann griff er in seine Tasche und kramte Lollis raus, die in der Hitze schon klebrig geworden waren, weil er sie seit Stunden in der Hosentasche trug. Jassar blieb dann meist über Nacht und je länger er blieb, umso schöner war es für uns. Abends blieben wir lange auf und saßen mit ihm auf der Terrasse und redeten sehr viel über Farid, der uns allen fehlte, und Jassar erzählte uns die ganzen verrückten Geschichten, die sie gemeinsam erlebt hatten.

»Einmal saßen wir in eurem blauen Mercedes und fuhren die Straße entlang. Wir sahen zwei Frauen vor uns auf dem Bürgersteig und ich machte die Fensterscheibe auf, Farid fuhr ganz langsam ran und ich haute einer von ihnen mit voller Wucht auf den Hintern, dann drückte Farid aufs Gas und wir düsten davon …«

Ich habe mir oft gewünscht, Farid wäre da gewesen. Zu diesem Zeitpunkt ahnte ich noch nicht, wie sehr ich einen großen Bruder brauchen würde, aber Jassar war ein guter Ersatz. Weil er uns an ihn erinnerte, weil beide ähnlich verrückt und lustig waren und weil Jassar der beste Freund war, den Farid jemals hatte. Die beiden versprachen sich schon als Kinder die ewige Freundschaft, sie wollten irgendwann gleichzeitig heiraten, wenn sie ihre Traumfrauen gefunden hatten, und dann würden sie mit ihren Familien Nachbarn werden, egal wo auf dieser Welt. Aber als Farid nach Kanada ging, musste Jassar in Somalia bleiben, weil ihm das Geld für dieses Abenteuer fehlte.

Als Jassar in dieser Nacht auf der Couch im Wohnzimmer schlief, wurde er durch Geräusche geweckt und sah einen Schatten, den er beobachtete. Der Schatten schlich hastig auf Zehenspitzen umher und verschwand dann im kleinen Lagerraum nebenan. Dort hörte Jassar ein Knarren und Quietschen, dann schlich er zum Lagerraum und sah hinein. Es war ein Einbrecher, der versuchte, das kleine Dach aus Kunststoff hochzuschieben, um sich hindurchzuzwängen. Das musste er schon ein paarmal in dieser Nacht getan haben, denn er hatte bereits einige Wertsachen gestohlen. Jassar überlegte noch, wann die beste Gelegenheit wäre, über den Eindringling herzufallen, da machte es draußen klock, klock, klock … Auch der alte Mann hatte endlich mitbekommen, dass wir ausgeraubt wurden, und kam langsam näher. Aber natürlich hatte der Einbrecher das Geräusch des Krückstocks gehört und verschwand unerkannt in der Nacht.

Im Morgengrauen weckte uns Jassar. Der Fernseher war weg und es fehlten noch ein paar Kleinigkeiten wie wertvolle Vasen und Statuen. Schnell wurde klar, wie der Einbrecher ins Haus gelangt war. Auf dem Schrottplatz nebenan türmten sich die Autoteile so hoch, dass man problemlos auf unser Dach klettern konnte. Von dort war er in den Hinterhof gesprungen und hatte das Schlupfloch zum Lagerraum gefunden. Aber er muss mit der

Beute auch diesen Weg wieder zurückgeflüchtet sein, dabei wollte er offenbar zu hastig vom Dach runter, denn der Fernseher lag in Einzelteilen am Fuße des großen Schrotthaufens.

Es war uns zwar durch den Einbruch kein allzu großer Schaden entstanden, aber der Vorfall zeigte uns deutlich, dass wir hier nicht sicher waren. Ich hatte große Angst und von nun an schliefen wir alle bei meinen Eltern im Zimmer. Der Raum war groß genug, sodass wir problemlos weitere Hochbetten hineinstellen konnten. Außerdem ließen meine Eltern jetzt jede Nacht das Licht im Badezimmer an, um uns Kindern die Furcht zu nehmen. Mein Vater baute auch überall zusätzliche Schlösser ein, Abend für Abend nahm er mich mit von Tür zu Tür, um alle abzuschließen. Auf diese Weise wollte er mir wohl die Angst vor einem neuerlichen Überfall nehmen. Nur an die obersten Schlösser kam ich nicht dran, Papa hob mich hoch, damit ich sie abschließen konnte. Es wurde zu einem beruhigenden Ritual, das ich dennoch hasste, weil es mich daran erinnerte, wie gefährlich es in diesem Land war.

Seitdem ich in Somalia war, schlief ich nachts unruhig und träumte schlecht und nach dem Einbruch wurde es noch schlimmer. Ich fühlte mich nie wirklich sicher und meinen Geschwistern und vor allem meiner Mutter ging es ebenso. Mama war sowieso ängstlich und litt unter schlimmen Albträumen, von denen sie nachts schreiend aufwachte und wir gleich mit. Jedes Mal glaubten wir, dass wieder jemand eingebrochen hatte.

Nur einmal habe ich Mama in dieser Zeit völlig glücklich und losgelöst erlebt. Es war spät am Abend und das erste Mal, dass es in diesem Jahr in Mogadischu regnete. Und wie es regnete: Es schüttete und stürmte, es blitzte und donnerte, Staub und Hitze wurden vom Regen weggewaschen. Die Wucht der Naturgewalt erschreckte mich. Wir wollten gerade die Türen schließen, da rannte Mama an uns vorbei. Sie trug nur ein weißes, bodenlanges Nachthemd.

»Mamaaa!«, rief ich und versuchte sie festzuhalten, bekam sie aber nicht zu fassen. Sie rannte nach draußen und hielt ihr Gesicht in den Himmel.

»Mama, bist du verrückt geworden?«, rief ich wieder, doch sie beachtete mich gar nicht, stattdessen rannte sie die Treppe zum großen Eingangstor hinunter. Es blitzte um sie herum und ich betete, dass sie nicht getroffen würde, sie aber hatte überhaupt keine Angst. Der Wind riss Ziegel vom Nachbarhaus ab, in dem mein Freund Amir wohnte. Die Ziegel flogen bis auf unser Grundstück. Wie ein Wasserfall plätscherte der Regen von den Dächern, die Straße verwandelte sich in einen Sturzbach, der alles mitriss. Auch Mama wurde von der Wucht erfasst, konnte aber die Balance halten und ließ das Wasser an ihrem Körper entlang herunterlaufen. Wir standen alle an der Tür und wussten nicht, was wir sagen oder tun sollten. Und dann kam sie endlich zurück zum Haus. Ihre nassen schwarzen Haare klebten bis zur Hüfte an ihrem Nachthemd. Sie atmete kurz und hastig, aber sie lächelte sanft, so, als ob der Regen ihr alle Last weggespült hätte. Papa stand mit verschränkten Armen etwas weiter weg. Er zog die Augenbrauen hoch und schüttelte mit dem Kopf. Es war eine Mischung aus Fassungslosigkeit und Bewunderung: »Du bist verrückt.« Dann lachte er leise und ging hinein, während Mama begann, ihre Haare auszuwringen.

»Aaaaah! Das war herrlich!« Sie sah so glücklich und schön aus, leider habe ich sie nicht oft so gesehen.

Neuigkeiten aus Deutschland

Drei Jahre war es nun her, dass wir Berlin verlassen hatten, und die Bilder verblassten mehr und mehr, bis ich diese fremde Männerstimme hörte, die sich mit meinem Vater auf Deutsch unterhielt. Ich rannte ins Wohnzimmer, weil ich wissen wollte, wer zu

Besuch gekommen war: Es war ein guter Freund meines Vaters, der beruflich in Somalia zu tun hatte und ihm aus der deutschen Heimat berichtete. Gespannt lauschte ich seinen Worten, denn es hatte sich viel in Deutschland verändert.

»Njunja, weißt du noch, die Mauer, an der wir immer vorbeimussten, wenn wir nach Westberlin gefahren sind?«, fragte mein Vater. Natürlich hatte ich die Grenzsoldaten nicht vergessen, die uns so misstrauisch kontrolliert hatten, und nickte eifrig. »Die Mauer ist weg! Jetzt gibt es kein Ost- und Westberlin mehr, nur noch Berlin!«

Sein Freund hatte auch ein Video mitgebracht, das Bilder vom Mauerfall zeigte. Und als ich sah, wie glücklich die Menschen feierten, wie sie von einer Seite auf die andere stürmten und wieder zurück, wie sie sich um den Hals fielen oder hupend im Trabi durch die Straßen fuhren, begann ich zu begreifen, wie schrecklich die Menschen in der DDR die Situation zuvor empfunden haben mussten, als wir dort so glücklich waren. Ich sah, wie sie aus den großen Kaufhäusern kamen, vollbepackt mit Tüten und Kartons mit Kassettenrekordern, Fernsehern und anderen elektrischen Geräten unterm Arm, die sie sich von ihrem Begrüßungsgeld gekauft hatten. Aber es gab auch Szenen, in denen Menschen die Grenzsoldaten beschimpften, weil sie das Gefühl hatten, dass die Soldaten geholfen hatten, sie 28 Jahre lang einzusperren.

Diese Bilder weckten das Heimweh in mir, ich fühlte mich den Menschen da so verbunden wie nie zuvor und wäre so gern wieder in Berlin gewesen. Aber wir blieben hier und ein Geschenk von Papas Freund machte es mir leichter: ein kleines Stück der Berliner Mauer in Acrylglas.

Wer es sich leisten konnte, hatte in seinem Haus eine Klimaanlage gegen die trockene Hitze. Und im Schlafzimmer, wo wir jetzt alle schliefen, war es nachts besonders heiß. Auch mein Vater wollte deshalb eine Klimaanlage einbauen lassen. Nachbarn hatten ihm einen Mann empfohlen, den er beauftragt hatte und der sich frühmorgens an die Arbeit machte. Ich beobachtete ihn von Zeit zu Zeit. Zunächst stemmte er eine Öffnung in die Außenwand, damit das Gerät draußen die heiße Luft ansaugen, abkühlen und drinnen ventilieren konnte, wie er mir erklärte. Dann wurde das Loch mit Zement zu einem glatten Rechteck geformt. Die gesamte Nacht musste es so trocknen, erst danach konnte die Klimaanlage eingesetzt werden.

Abends schlossen Papa und ich wieder alle Türen ab, und ich fragte mich, wie viele lästige Fliegen wohl durch diese Öffnung in der Wand reinkommen würden, um mir den Schlaf zu rauben. Ich hasste sie, weil sie am liebsten an meinem Ohr summten, als ob es keinen anderen Platz im Raum gegeben hätte. Aber ich tröstete mich damit, dass ich ab morgen in dem angenehm kühlen Raum viel besser würde schlafen können.

Ein Geräusch weckte mich mitten in der Nacht. Ich öffnete die Augen und hörte Mama schnarchen. Das Licht im Bad war an, ich lag da und lauschte misstrauisch, welches Geräusch mich geweckt haben könnte. Dann hörte ich es noch mal und sah ihn. Da war eine dunkle Gestalt neben Mama, die auf dem Nachttisch herumkramte. Ich war starr vor Angst. »Khadra, du träumst nur! Es ist nur ein Traum …«, redete ich mir selbst gut zu. Aber es war kein Traum. Oh mein Gott, was sollte ich nur tun?! Ich lag auf dem Rücken und beobachtete, wie der Schatten zur Schlafzimmertür ging. Im schwachen Licht, das aus dem Badezimmer herüberschien, sah ich die weiß lackierte Tür schimmern, dann konnte ich auch erkennen, dass es ein schlanker, großer Mann mit kurzen

Haaren war. Ich fasste all meinen Mut und setzte mich mit einem Ruck auf. Er bemerkte es, verschwand hinter der Tür und zog sie schnell zu, ohne sie richtig zu schließen. Ich musste jetzt was machen, irgendetwas! Ich kletterte vorsichtig vom Hochbett und rannte zu meinem schlafenden Vater.

»Papa! Papa!« Ich schüttelte ihn mit ängstlicher Stimme, meine Hände zitterten. Er riss seine Augen auf. Plötzlich zerrte jemand mit einem heftigen Ruck an mir, ich donnerte mit dem Rücken gegen den Schrank und fiel zu Boden. Dann schlug der Mann mit seiner rechten Hand auf meinen Vater ein, immer und immer wieder. Papa schrie, zog seine Beine an und trat den Mann mit voller Wucht in den Unterleib. Der Einbrecher fiel nach hinten, sprang wieder auf, flüchtete blitzschnell durch das Loch der Klimaanlage unten in der Wand. Dann verlor ich das Bewusstsein.

Als ich wieder aufwachte, lag ich immer noch am Boden. Ich sah meine Mutter weinend am Bett meines Vaters. Meine Geschwister standen daneben und Chuchu kreischte. Papa lag in einer Blutlache, er hatte tiefe Schnittwunden und in seinem rechten Oberschenkel war ein Loch. Der Mann hatte mit einem Messer auf ihn eingestochen, aber Papa lebte. Ich brachte keinen Ton heraus, ich konnte nicht weinen, nichts. Dann stürmten die Nachbarn durch die Tür, auch Amir kam angerannt, blieb im Türrahmen mit großen Augen stehen. Es war laut, alle redeten durcheinander, nur sein Vater behielt die Ruhe, nahm das Betttuch und band es um Papas verwundetes Bein. Dann richtete er ihn auf, stützte ihn, half ihm durchs Haus bis zum Auto und fuhr ihn ins Krankenhaus. Papa hatte riesiges Glück gehabt. Und als er sich wieder erholt hatte, zogen wir endlich weg aus dieser Gegend in unser neues Haus, obwohl es noch nicht ganz fertig war, aber das war uns egal.

Die Faszination des Bürolebens – und wieder mal ein Umzug

Mein Vater nahm mich eines Tages mit zu seiner Arbeit, bevor er mich zur Schule brachte. Mit großen Augen schaute ich auf den großen Bürotrakt, als wir auf das Gelände fuhren.

»Ich lass das Auto auftanken, bevor wir reingehen.« Wir bogen rechts ab, um hinter das Bürogebäude zu fahren. Auf dem Gelände gab es eine kleine Tankstelle mit drei winzigen Zapfsäulen. Als Papa davor parkte, kam ein Mitarbeiter angelaufen.

»Guten Morgen! Wollen Sie auftanken?«

»Ja, bitte.« Mein Vater stieg aus dem Auto, schraubte die Tanköffnung auf und schaute dem Mann bei der Arbeit zu. Mit geübten Griffen nahm der sich einen dünnen, durchsichtigen, vergilbten Schlauch und steckte ihn in die Öffnung einer Tanksäule. Dann stellte er sich neben unseren Wagen und begann plötzlich am anderen Ende des Schlauchs zu saugen. So was hatte ich noch nie gesehen. Trank der jetzt das Benzin? Ich sah die gelbliche Flüssigkeit im Schlauch aufsteigen. Der Mann saugte noch kräftig weiter, seine Wangenknochen traten deutlich hervor. Igitt, der schluckte das wohl wirklich! Doch nein: Plötzlich riss er sich den Schlauch aus dem Mund, steckte ihn ihn mit einer schnellen Handbewegung in die Tanköffnung und das Benzin floss hinein.

Ich stand immer noch staunend neben ihm und starrte auf den Schlauch, den der Mann in der Hand hielt. Ganz cool lehnte er sich ans Auto und winkelte ein Bein an. Dann sah er rüber zu Papa.

»Und sonst, geht's gut?« Er räusperte sich ein bisschen und spitzte seine Lippen einige Male, um Speichel und Benzingeschmack im Mund zu sammeln. Dann spuckte er auf den Boden. Papa machte sich überhaupt nichts daraus, er schien es gewohnt zu sein und war gerade dabei, den Kofferraum ein bisschen aufzuräumen.

»Ja, Gott sei Dank, uns geht es gut. Und Ihnen?« Ein anderes Auto kam vorgefahren. Es muss ein wichtiger Kollege gewesen sein, ich merkte es an Papas überschwänglicher Begrüßung: »Ich muss dir jemanden vorstellen! Das ist meine Tochter Khadra.« Er zeigte mit seiner Hand auf mich, wie ein Showmaster, der den Hauptgewinn präsentiert. Das machte er immer, wenn er mich jemandem vorstellen wollte, man spürte dann seinen Stolz, mich aber machte es manchmal verlegen.

Im Gebäude gingen wir durch einen langen Flur mit zahlreichen Büros rechts und links, aber wir liefen immer weiter bis ans Ende in einen Vorraum, wo eine Frau saß, Papas Sekretärin. Das Klacken ihrer Schreibmaschine war uns im Flur bereits entgegengeschallt. Sie schaute nur kurz auf, um uns zu begrüßen, dann schrieb sie konzentriert weiter und diktierte sich dabei flüsternd etwas. Ich starrte sie an, wie sie mit allen Fingern blitzschnell die Tasten fest nach unten drückte. Als die Schreibmaschine am Seitenrand anschlug, nahm sie einen Hebel und rückte in die nächste Zeile vor. Anfangs dachte ich, sie würde unkontrolliert auf die Tasten drücken, ich konnte mir nicht vorstellen, dass man so schnell schreiben kann. Der Lärm, das Tempo, der Rhythmus, die Finger, die ständig in Bewegung waren und am Ende etwas Sinnvolles zu Papier brachten, das alles faszinierte mich. »Willst du das auch lernen?«, fragte mich Papa, und ich nickte erfreut.

Unser Haus im Stadtteil Lido war noch nicht ganz fertig, als wir dort einzogen, aber trotzdem waren alle glücklich über das neue Heim, hier fühlten wir uns wohl. Ganz in der Nähe waren der Strand und das Meer, man musste nur ein kleines Stück auf der Straße laufen und eine weitere überqueren, schon hatte man den heißen Sand unter den Füßen. Für Jamal war es der schönste Ort der Welt, er wollte nirgendwo anders sein als am Strand. Morgens stand er in aller Frühe auf, noch bevor er für die Schule geweckt werden konnte, und lief dort hin. Erst Abends kam er dann wieder. Das machte er eine Zeit lang und wurde von der

Sonne ganz schwarz gebrannt und seine Härchen am Arm bleichten aus. Vor allem unsere Tanten waren entzückt, wenn sie zu Besuch kamen.

»Guck mal! Er hat blonde Haare wie ein Weißer!« Jamal fand auch schnell neue Freunde, welche Art Freunde, merkten wir erst, als er begann, üble Worte zu gebrauchen, die er zuvor nicht gekannt hatte. Außerdem sang er uns Volkslieder vor, die er von seinen Freunden beigebracht bekam, und trommelte dabei im Rhythmus auf seine Schenkel. Dass er die ganze Zeit die Schule schwänzte, bekamen meine Eltern eine Zeit lang gar nicht mit. Seine Freunde hatten noch nie eine Schule besucht, also hielt er es wohl auch für unwichtig. Als es dann endlich auffiel, bestrafte ihn mein Vater mit Hausarrest, aber Jamal fand immer wieder einen Weg, seine Freunde zu treffen und die Schule zu umgehen.

Neben dem Schlafzimmer meiner Eltern war mein Reich. Es waren zwei Zimmer, die ineinander übergingen, man musste erst durch ein kleines Vorzimmer und darin stand ein großer Schreibtisch. Mit einer Schreibmaschine! Davor stand ein Stuhl aus schwarzem Leder und an der Wand waren Regale und hohe Schränke mit großen Schubladen. Ich hatte mein eigenes Büro! Ich sortierte neben meinen Schulbüchern meine ganzen Habseligkeiten in die Aktenschränke, damit es auch wie ein Büro aussah. Kurz zuvor hatte ich meinen zehnten Geburtstag gefeiert und meine Schulkameraden hatten mir schöne Hefte, bunte Haarklammern und roten Nagellack geschenkt. Mein erwachsener Halbbruder Karim, der mit seiner deutschen Frau Isabell in Frankfurt lebte, hatte mir ein Paket geschickt, voller schöner Sachen, die ein Mädchen sich wünschen konnte: Farbstifte, eine Puppe, Süßigkeiten und eine Packung mit lila- und rosafarbenen Unterhosen, die mit kleinen Blümchen verziert waren. All diese Sachen fanden wunderbar Platz in meinen Büroschränken.

Ich freute mich so sehr über die schönen Geschenke aus Deutschland, dass ich mit meinem Vater noch am selben Tag zum Strand fuhr, um für Karims Sohn, meinen Neffen Micha, eine afrikanische Trommel bei einem der Händler zu kaufen. Die hatte Micha sich sehnlichst gewünscht. Ein Bekannter nahm sie dann auf seine Reise nach Deutschland mit, leider hat er sie Micha nie gegeben.

Wenn ich am Bürofenster stand, konnte ich an die Blätter der Palmen greifen, und wenn ich meine Hand ganz ausstreckte, kam ich fast an die Kokosnüsse heran. Manchmal kam mich ein neuer Freund an diesem Fenster besuchen: Es war ein kleiner Pavian, der sich an die Fenstergitter klammerte, um sich etwas zu essen abzuholen. Ich gab ihm kleine Bananen, aber Tomaten mochte er auch ganz gern. Er saß mir dann gegenüber am Fensterrand und aß in aller Ruhe seine Mahlzeit. Danach verschwand er wieder.

Eines späten Nachmittags setzte ich mich an den Schreibtisch und betrachtete meine Schreibmaschine. Ich sah mir die Buchstaben an, die wild durcheinandergewürfelt schienen, weil sie nicht alphabetisch angeordnet waren, worüber ich mich wunderte. Das würde ja eine Ewigkeit dauern, bis ich hier die richtigen Buchstaben finden konnte … Aber ich wollte noch nicht aufgeben, Papas Sekretärin hatte es auch so gut hinbekommen und es sah bei ihr so einfach aus. Ich hatte noch genau vor Augen, wie ihre Finger im Takt die Tasten bedienten. Okay, ich würde es einfach mal so wie sie versuchen. Ich dehnte meine Finger und machte einen tiefen Atemzug. Ich würde erst einmal meinen Namen schreiben. Dann suchte ich das K und drückte die Taste, die schwer und tief zwischen den anderen Buchstaben versank. Es machte klack, das K war schwarz auf dem weißen Papier zu sehen. Der nächste Buchstabe sprang mir schon ins Auge. Ich drückte auf das H. Dann suchte ich nach dem A, aber ich fand es nicht sofort und innerlich ärgerte ich mich bereits, dass es so lange dauerte, und dann begann ich, wild in die Tasten zu hauen, um zumindest so laut zu sein wie Papas Sekretärin. Ja, so ungefähr hatte es sich angehört. Aber ich drückte die Tasten viel zu schnell, sodass sich die Maschinenarme mit den Buchstaben ineinander verkeilten und ich sie vorsichtig wieder auseinanderbewegen musste. Als ich ungefähr ein Viertel des Blattes beschrieben hatte, stoppte ich in der Erwartung, dass ich schon irgendwie etwas Sinnvolles geschrieben haben musste, aber es war nur ein Buchstabenchaos zu sehen und ich gab entnervt auf.

Abends saßen wir beim Essen, als Papa fragte: »Sag mal, wer hat denn vorhin auf der Schreibmaschine geschrieben?«

»Das war ich. Ich habe geübt.«

»Was hast du denn geschrieben? Zeig mal!« Ich ging ins Büro, holte das Blatt Papier und hielt es ihm unter die Nase. Papa schaute sich das Blatt an und begann herzhaft zu lachen: »Njunja, was ist das denn? Komm mal mit, ich zeig dir, wie du es lernen kannst.« Wir gingen in mein Büro und er setzte sich auf den Lederstuhl. Irgendwie stand der ihm viel besser als mir, denn er versank nicht darin, so wie ich. Er nahm sich ein leeres Blatt Papier und legte es gekonnt in die Schreibmaschine. Dann tippte er los, zwar nicht so flink wie seine Sekretärin, aber sein Tempo hätte mir gereicht. Er nahm das Blatt raus und legte es mir auf den Tisch.

»The quick brown fox jumps over the lazy dog.« Er schaute mich an. »In diesem Satz sind alle Buchstaben des Alphabets enthalten. Tipp ihn so lange, bis du ihn auswendig kannst. So lernst du, wo die Buchstaben in der Tastatur sind.« Papa war einfach ein Genie! Ich schnappte mir das Blatt und legte es neben die Schreibmaschine.

Am nächsten Tag kam Jassar zu Besuch. Ich saß hinterm Schreibtisch und war schon fleißig am Üben, als er in mein Büro kam. »Ach, guten Tag, Frau Generalsekretärin Sufi!« Er brachte mich immer wieder ganz einfach dazu, in herzhaftes Lachen auszubrechen. »Ich lerne gerade, wie man Schreibmaschine schreibt. Schau mal, in diesem Satz sind alle Buchstaben enthalten. Du musst …« Ich brabbelte das nach, was Papa mir beigebracht hatte, und er hörte aufmerksam zu. Vielleicht konnte ich ihm gerade etwas Sinnvolles beibringen, was er selbst nie gelernt hatte. Er nahm sich das Blatt mit dem englischen Satz und prüfte, ob das stimmte, was ich gerade erzählt hatte: »Tatsächlich, in diesem Satz sind alle Buchstaben des Alphabets. Lass mich auch mal versuchen!« Ich machte ihm Platz, er fing an zu üben und es beruhigte mich, dass er genauso lange nach den Buchstaben suchen musste wie ich.

Jassar blieb übers ganze Wochenende. Das bedeutete für uns Kinder, dass wir ausgelassen Spaß haben würden. Er tobte und spielte mit uns, er kitzelte uns, bis wir völlig ermüdet waren. Ich liebte es, wenn Jassar da war. In unserem alten Haus hatte er immer im Wohnzimmer auf der Couch geschlafen, aber hier im neuen Haus waren noch nicht alle Möbel da und in den Schlafzimmern im Erdgeschoss schliefen Ayeya, meine Tante Tita und die Hausangestellte.

»Jassar, teil dir doch mit Khadra das Bett, im Wohnzimmer ist es doch viel zu unbequem«, schlug meine Mutter vor, denn mein Schlafzimmer hatte ein Doppelbett, das ich ganz für mich allein hatte, und ich freute mich, weil ich nun mit Jassar noch viel länger herumalbern konnte, während Nanna und Jamal schon schlafen mussten. Aber dann war ich doch so müde gewesen, dass ich gleich einschlief, noch bevor er kam.

Eine schreckliche Nacht

Ich muss schon fest geschlafen haben, in Seitenlage, mit dem Blick durchs Fenster direkt in den tiefblauen, klaren Himmel, an dem ein Meer von Sternen funkelte. So schlief ich immer besonders schnell ein. Als ich eine Hand an meiner Schulter spürte, wachte ich auf. Jassar hatte sich zu mir gelegt und drehte mich langsam auf den Rücken. Ich blinzelte nur schlaftrunken, konnte ihn aber im Mondschein erkennen. Wollte er mir vielleicht noch eine Geschichte erzählen? Nein, Jassar schwieg, ich hörte nichts, außer seinem schweren Atem. Er beugte seinen Kopf zu mir herunter, vergrub ihn an meinem Hals und küsste mich. Ich versuchte die Situation zu verstehen, doch ich verstand sie nicht, ich spürte nur, wie seine Hand zwischen meine Beine glitt. Ich zuckte zusammen, meine Hände krallten sich ins Bettlaken, ich hörte mein Herz klopfen, es raste, es raste so sehr, dass es schmerzte. Keinen Mucks konnte ich von mir geben. Ich hielt die Luft an, vielleicht würde es dann besser werden, wurde es aber nicht. Jassar richtete sich etwas auf und rutschte langsam nach unten. Seine Hand steckte immer noch zwischen meinen Beinen. Dann zog er mir meine Pyjamahose aus, danach meine Unterhose. Ich starrte nur an die Decke, unfähig, etwas zu sagen oder zu tun. Er würde schon aufhören, gleich würde es aufhören! Aber es hörte nicht auf. Ich schloss die Augen.

Im Morgengrauen wachte ich auf. Ich lag immer noch wie erstarrt auf meinem Bett, keinen Millimeter hatte ich mich bewegt, und eine kalte Nässe kroch mir von den Beinen den Rücken hoch. Ich hatte wohl eingenässt. Dann sah ich ihn. Jassar stand neben dem Bett, er hatte seine moosgrüne Baumwollhose und sein hellblaues Jeanshemd an. Ich wusste, dass etwas passiert war, ich wusste aber nicht, was das war. Oder hatte ich das alles vielleicht nur geträumt?

»Du hast ins Bett gemacht.« Jassar sprach ganz leise, beruhigend, wie schon so oft, wenn er mich getröstet hatte. »Ja.« Mehr brachte ich nicht heraus. Ich schämte mich so sehr und traute mich nicht, aus dem Bett zu kriechen, weil ich nackt war. Ich presste meine Schenkel zusammen und legte meine Hände zwischen meine Beine, um mich zu bedecken.

»Soll ich dir eine frische Unterhose holen?« Ich nickte nur und deutete langsam auf eine Schublade in meinem Schrank. Ich lag entblößt in meinem nassen Bett. Ich streckte meine Hand aus und nahm die lila Unterhose, es war eine von denen, die mir Isabell aus Deutschland zu meinem zehnten Geburtstag geschickt hatte. Jassar ging zur Tür und drehte sich nochmals um.

»Ich gehe mal raus, dann kannst du dich in Ruhe umziehen.« Es war sehr früh und alle anderen schliefen noch. Auch ich blieb zunächst eine Weile liegen, weil ich wie gelähmt war, aber dann stand ich irgendwann auf und machte mein Bett, denn ich wollte nicht, dass jemand sah, dass ich ins Laken gemacht hatte.

Was an diesem Morgen sonst noch passierte, daran kann ich mich nicht genau erinnern. Vielleicht war es ein Morgen wie jeder andere auch. Mein Vater trank zunächst immer einen Tee im Bett, während im Erdgeschoss das tägliche Chaos ausbrach. Alle gerieten gleichzeitig in Bewegung: vier Kinder, Ayeya, Tante Tita, meine Mutter und dann natürlich noch die Hausangestellten, die allen ihre Wünsche erfüllen mussten. Ich weiß noch, dass Jassar den ganzen Vormittag im Haus herumlief und sich wie immer verhielt. Ich fühlte mich in seiner Nähe unwohl, versuchte mir aber einzureden, dass nichts passiert war, und anscheinend gelang es mir gut, alles zu verdrängen, denn keiner merkte etwas.

Irgendwann wollte ich allein sein und zog mich ins leere Wohnzimmer zurück. Ich nahm mein Englisch-Schulbuch und legte mich auf die kleine Couch, die als einziges Möbelstück im Raum stand. Ich schlug das Buch in der Mitte auf und starrte einfach nur hinein. Meine Gedanken standen still.

»Ach, hier bist du …«, schreckte mich Jassars Stimme auf. Sie hatte immer so vertraut geklungen, gut gelaunt, aber diesmal nicht. Er setzte sich zu mir auf die Couch, ich richtete mich schnell auf und rückte dabei ein Stück weg von ihm. Dann starrte ich wieder in mein Buch, an das ich mich klammerte, und hoffte, er würde merken, dass ich nicht gestört werden wollte.

»Das Buch muss ja ziemlich spannend sein, so wie du dich darauf konzentrierst.«

Ich schwieg.

»Warum antwortest du mir nicht?« Jetzt war sein Ton ernster. Ich wusste nicht mal, warum ich ihm nicht antwortete, ich wusste überhaupt nichts mehr und wollte einfach nur allein sein.

»Bist du sauer auf mich?« Ich zuckte nur mit den Schultern. »Du bist sauer auf mich, nicht wahr? Ist es wegen gestern Abend? Sieh mich mal an.« Mit der rechten Hand nahm er mein Kinn und drehte meinen Kopf zu sich, aber ich starrte nur auf den Boden.

»Ist es wegen gestern Abend?« Ich nickte. Ich war so nah an seinem Gesicht, dass ich jedes einzelne schwarze Härchen aus seinem Oberlippenbart überdeutlich sah. Mir wurde übel und ich drehte mich langsam wieder zu meinem Buch.

»Hör zu«, sagte er mit sanfter, aber eindringlicher Stimme, nahm mir vorsichtig das Buch aus der Hand und schaute mir in die Augen. »Ich bin der beste Freund deines Bruders. So etwas würde ich niemals tun.« Er schüttelte dabei leicht seinen Kopf. »Niemals. Okay?«

»Okay.«

Ein Tag, an dem ich helfen konnte

Eines Nachmittags kam ich von der Schule nach Hause. Außer Mama, meiner Tante und meiner Oma war niemand daheim. Ich ging in den Hof und die Mittagssonne knallte mir gnadenlos ins Gesicht. Wir hatten hier an unserem neuen Haus einen Brunnen, aus dem wir Wasser ins Haus pumpen konnten, was in Somalia ein Luxus war. Normalerweise holten die Frauen das Wasser in Krügen, die sie auf ihren Köpfen balancierten, vom Brunnen. An diesem Nachmittag, als ich die Hitze kaum mehr ertragen konnte, ging ich in den Garten, nahm den grünen Schlauch, steckte ihn über den Hahn und spritzte mit dem Wasser herum. Der Schlauch war sehr lang, sodass ich mich auf einen kleinen braunen Plastikhocker vorm Einfahrtstor setzen und mit dem

Schlauch meine Füße kühlen konnte. So saß ich da gedankenverloren und beobachtete, wie der heiße Sand das Wasser aufsaugte. Plötzlich sah ich einen langen Schatten. Ich blickte auf und vor mir stand eine Frau, die einen Krug auf dem Kopf trug.

»Kind, du hast ja Wasser. Schütte mir doch hier etwas rein, mein Kind. Ich wollte gerade die lange Strecke zum Brunnen laufen.« Sie hielt mir ihr Gefäß hin und schweigend hielt ich den Schlauch hinein. Als der Krug voll war, nahm sie ihn mit einem Ruck hoch und stellte ihn auf ihren Kopf.

»Allah segne dich, mein Kind, du bist ein gutes Mädchen.« Dann drehte sie sich um und ging langsam fort. Ich blickte ihr noch lange nach, denn in diesem Moment wurde mir bewusst, wie verschwenderisch ich mit dem Wasser umgegangen war, und dieses Erlebnis hat mich so geprägt, dass ich noch heute sparsam mit Wasser umgehe, obwohl es in Deutschland Wasser im Überfluss gibt.

Gerade als ich zurück zum Hahn gehen wollte, um ihn abzudrehen, sah ich sie kommen: Wie eine Karawane kamen sie die Straße hoch auf mich zu, Kinder, Frauen und Männer mit Krügen, Eimern und allen möglichen anderen Gefäßen. Die Frau, deren Krug ich bereits gefüllt hatte, lief vorneweg. Ich erschrak zunächst und wusste gar nicht, was ich tun sollte, aber noch bevor ich mich versah, stellten sie sich hintereinander an und hielten mir ihre Gefäße hin. Jeder Einzelne von ihnen tätschelte mir dankbar den Kopf und sprach ein kleines Gebet für mich. Und als alle Krüge mit Wasser gefüllt waren, war ich glücklich, denn ich hatte das Gefühl, etwas Gutes getan zu haben.

4.

DIE ANGST, DIE UNS VERBORGEN BLEIBT

Eines Abends war ich im Schlafzimmer meiner Eltern und saß auf dem weichen Teppich am Ende des Bettes. Mein Kopf war an den Bettrand gelehnt und ich las im Koran, den mein Vater mir in deutscher Übersetzung besorgt hatte. Plötzlich hörte ich es krachen und böllern.

»Was ist das, Papa?«

»Ach, das ist nichts, die feiern nur so etwas wie Silvester.« Es fiel mir auf, dass er nicht so gelassen war, wie er zu sein versuchte, aber ich dachte mir nichts weiter dabei und grinste in mich hinein. Ich erinnerte mich, wie mein Bruder Farid in Berlin die Silvesterböller in die Mülltonne gesteckt hatte und lachend weggelaufen war, bevor sie explodierten und der Deckel der Tonne hochflog. Dass da draußen kein Jahreswechsel, sondern die ganze Nacht lang ein blutiges Gefecht stattfand, verschwieg mir mein Vater.

Aber am nächsten Tag war es nicht mehr zu verbergen: Der Krieg zeigte sein Gesicht im Leid der Unschuldigen. Vor unserem Tor zogen die Menschen vorbei, die ihre Habseligkeiten in Säcke und Tücher verpackt um den Körper trugen und flohen. Auch wir mussten schleunigst aus unserem Haus verschwinden, um uns in Sicherheit zu bringen, hier wurde es einfach zu gefährlich.

Am Morgen fuhr mein Vater mit mir noch mal in sein Büro. Alles war verlassen. An der Tanksäule hielten wir an, Papa schaute sich um, so als wolle er sichergehen, dass außer uns wirklich niemand da war. Dann nahm er den Tankschlauch, der auf dem Boden lag, und versuchte daran zu saugen, so wie er es früher beim Tankwart gesehen hatte, aber er saugte offenbar nicht kräftig genug. Er verzog angewidert das Gesicht und begann zu würgen.

»Gib mal, Papa, ich mach das«, sagte ich selbstbewusst und sprang aus dem Auto. Ich nahm ihm den Schlauch aus der Hand und saugte ein paar Mal ganz kräftig daran. Der Gestank des Benzins zog in meine Nase und endlich stieg es langsam im Schlauch hoch. Kurz bevor es mir in den Mund lief, hielt ich den Schlauch schnell in die Tanköffnung, den Geschmack spuckte ich auf den Boden. Papa schaute mir dabei wortlos zu, aber er schien glücklich darüber zu sein, dass wir wieder einen vollen Tank hatten.

Wir fuhren nach Hause, packten alle eilig das Nötigste zusammen, und am späten Nachmittag kam ein Bekannter meines Vaters vorbei, der uns in sein Haus brachte, nur wenige Kilometer weiter in einem anderen Stadtteil. Es war ein Guerilla-Krieg, der in Mogadischu tobte, jedes Viertel wurde durch einen anderen Clan erobert oder verteidigt und beherrscht, und die Stadt war deshalb an verschiedenen Stellen unterschiedlich sicher. Die Straßen waren leer, so leer, dass wir keine Menschenseele sahen, bis wir am Haus des Bekannten ankamen. Auf dem Weg konnte man an einigen Wänden und Mauern die ersten Spuren der Unruhen sehen, sie waren teilweise eingefallen oder mit Löchern übersät.

»Ihr dürft euch auf keinen Fall in den oberen Stockwerken aufhalten!«, warnte uns der Freund meines Vaters bei der Ankunft. »Seht mal«, sagte er und zeigte mit seinem Finger nach oben an die Außenwand. »Die Wände sind übersät mit Einschusslöchern. Wenn man da oben in den Schlafzimmern liegt, ist man tot.« Der Bekannte überließ uns ein kleines Zimmer im Erdgeschoss, in dem mehrere Hochbetten standen. »Hier habt ihr noch eine Petroleumlampe, es gibt keinen Strom. Ich hoffe, dass es heute Abend ruhig bleibt.«

Doch bereits einige Stunden später, es war schon dunkel, hörten wir die ersten Feuergefechte, erst weiter entfernt, dann immer lauter und näher, schließlich ganz nah. Plötzlich hämmerte jemand an unsere Tür.

»Wer ist da?«, schrie mein Vater.

»Ich bin es, macht schnell auf, ihr müsst hier raus!« Es war Papas Bekannter, der in Panik war. »Kommt, kommt, hier ist es zu gefährlich! Wir gehen in das Gebäude nebenan!«

Mein Vater griff sich schnell noch die Petroleumlampe, meine Mutter nahm Chuchu auf den Arm, dann liefen wir geduckt hinter Papas Freund her in ein Nachbargebäude, die Treppe hinunter in den Keller. Ich zuckte jedes Mal zusammen, wenn eine Bombe übers Haus zischte, mit dem Ton eines startenden Flugzeugs, nur noch etwas schriller. Kurz darauf krachte sie irgendwo rein, so heftig, dass der Boden unter unseren Füßen bebte.

Der Keller war so groß wie ein Tennisplatz und auf der Erde standen vereinzelt Petroleumlampen, in deren schummrigem Licht ich viele Menschen sehen konnte, die mit gekreuzten Beinen auf der Erde hockten, ihre Oberkörper vor und zurück wiegten und Gebete sprachen. Sie wirkten abwesend. Wir schlängelten uns durch die Menge, bis wir einen kleinen Platz gefunden hatten, der noch frei war. Dann hockten wir uns hin. Mein Vater lehnte mit dem Rücken an einer Wand, an der oben ein kleines Fenster war, und ich setzte mich ihm gegenüber, um durchs Fenster nach draußen sehen zu können.

Wieder schlug eine Bombe ein: ein dumpfer Laut, wie der einer Abrissbirne, die auf eine Mauer trifft. Der nächste Einschlag traf das Nachbarhaus, das ich durchs Fenster sehen konnte. Es krachte in sich zusammen und die Trümmer fielen immer weiter übereinander, sodass der Lärm nicht aufhören wollte und kaum auszuhalten war, bis das Haus in einer weißen Staubwolke untergegangen war. Ich hörte, wie eine Frau schrie und Gott anflehte, sie am Leben zu lassen, dann schluchzte sie.

In diesem Augenblick habe auch ich das erste Mal gedacht, dass wir jetzt sterben werden, wir warteten nur darauf, bis eine Bombe das Haus traf und wir unter dem Schutt begraben waren. Und dann spürte ich sie: Todesangst ist eine Angst, die du sofort erkennst und an der du keinen Zweifel mehr hast.

Ich sah meinen Vater an: Er zitterte. Und ich weiß nicht, warum ich es tat und wie ich es fertigbrachte, aber plötzlich begann ich zu spielen. Auf dem Boden lagen überall Müllreste verstreut, ich nahm irgendetwas in die Hand und stellte mir vor, es sei eine Puppe, und ich redete mit ihr. Dann merkte ich, dass mein Vater mich anstarrte, meine Mutter, Nanna, Jamal und einige andere auch. Also spielte ich weiter und mit jedem Bombeneinschlag versank ich tiefer in mein Spiel. Irgendwann verstummten die Kanonen und der Morgen brach an. So unglaublich laut es in der Nacht gewesen war, so still war es jetzt. Und wir lebten, Gott hatte all die Gebete derer erhört, die ihn aus diesem Keller angefleht hatten, aber um uns herum war alles zerstört.

Noch Jahre später, als mein Vater über die Nacht sprach, in der wir alle mit dem Leben abgeschlossen hatten, sagte er: »Mein Gott, Njunja. Du warst unser einziger Lichtblick. Ich habe dich nur angesehen und dachte, wie kann dieses kleine Mädchen keine Angst haben.« Aber er hatte sie mir nur nicht angesehen. Ich jedoch hatte seine Angst gespürt und versucht, sie ihm zu nehmen. Und noch heute kann ich das Leid anderer schlechter ertragen als mein eigenes.

Im Kreis der somalischen Familie

Wir flüchteten in den nächsten Stadtteil, der noch von den Soldaten des Präsidenten verteidigt wurde und etwas sicherer schien.

Sheikh Sufi, hier stammte meine Mutter her. Alle Onkel, Tanten, Cousins und Cousinen lebten hier Haus an Haus. Es war eine Welt für sich, eine Welt, die anders war, schöner, obwohl die Menschen arm waren. Keiner hatte viel, alles war rationiert, aber es war genug zum Leben und niemand musste hungern. Es gab viele Kinder in meinem Alter, die überall herumrannten und viel lachten, wenn sie etwas ausgeheckt hatten und ein Erwachsener ihnen fluchend hinterherlief. Die Mädchen hatten nur ein Kleidchen an, das ihre Mütter mit der Hand und ein bisschen Seifenpulver wuschen, wenn es gerade einmal genug Wasser dafür gab. Die Jungs trugen Shorts, manche auch ein T-Shirt dazu. Die meisten Kinder liefen ohne Schuhe herum, weil sich ihre Eltern nicht einmal Plastikschlappen leisten konnten, aber das war egal, barfuß lief es sich sowieso besser im warmen Sand. Ab und zu schnitten sie sich an Glasscherben die Füße auf, aber das konnten sie verkraften. Einige Familien hatten einen kleinen Verkaufsstand vor ihrem Haus, der aus einer Decke auf dem Boden bestand, und boten hier Getränkedosen, Lollis oder Kaugummis an. Meist dauerte es Wochen, bis die wenige Ware verkauft war, denn kaum einer konnte sich diesen Luxus jetzt noch leisten. Dennoch war immer etwas los und es wurde viel gefeiert. Jeder kannte jeden und schnell bekam man mit, ob ein Baby geboren worden war, ob geheiratet wurde oder ob es irgendeinen anderen Anlass zum Feiern gab, und egal wie wenig Geld die Familie auch besaß, man schaffte es irgendwie doch, ein Fest auszurichten, und alle waren eingeladen.

Als wir mit dem Auto in das Dorf gefahren kamen, standen Frauen an ihren Haustüren, die ihre Babys auf der Hüfte hielten und uns anstarrten, manche bewundernd, manche skeptisch, andere lächelten uns einfach nur an. Wir waren die reiche Familie aus Deutschland, sie betrachteten uns als Fremde, und das waren wir auch. Viele Verwandte, und davon gab es hier unzählige, hatten mich und meine jüngeren Geschwister noch nie gesehen, weil wir die letzten Jahre in der ganzen Welt unterwegs gewesen waren und jedes Kind in einem anderen Land geboren worden war. Ich war zwar in Somalia auf die Welt gekommen, aber schon kurz darauf waren wir nach London gereist, wo mein Bruder Jamal geboren wurde, dann nach Arabien, wo meine Mutter mit Nanna schwanger war, und zuletzt in die DDR, wo unsere Prinzessin Chuchu zur Welt gekommen war.

Alle freuten sich, meine Mutter nach so vielen Jahren wiederzusehen. Sie war damals auch eine von ihnen gewesen, geboren und aufgewachsen in Armut. Auch sie hatte von der Hand in den Mund gelebt, auch sie war ohne Schuhe durch den Sand gelaufen, weil meine Oma sich für ihre vier Kinder keine Schuhe hatte leisten können. Durch die Heirat mit meinem Vater hatte meine Mutter die halbe Welt gesehen, aber nun war sie wieder hier, auf der Flucht vor Gewalt und Hass.

Verwandte überließen uns sogar ihr kleines, bescheidenes Heim und zogen ein paar Häuser weiter. Unser neues Zuhause war winzig und gelb gestrichen. Es war mit einem großen, schwarzen, schweren Stahltor ausgestattet, das überhaupt nicht dazu passte. Drinnen lief man über einen kurzen Flur, von dem links ein düsterer Raum abging, das war das Badezimmer. Es gab darin keine Lampe, nur ein kleines Fenster in der Tür, sodass ein bisschen Tageslicht hereinschien, wenn die Eingangstür offen stand. Eine große blaue Plastiktonne stand im Bad. Sie war bis oben hin mit Wasser gefüllt und darin schwamm ein kleiner Plastikbecher, mit dem man das Wasser herausschöpfen konnte. Dieses Wasser musste so lange wie möglich reichen, um zu duschen oder sich nach dem Toilettengang zu waschen. Toilettenpapier gab es nicht, ein WC auch nicht, nur ein Loch im Boden. Gegenüber dem Badezimmer gab es noch zwei kleine Räume ohne Betten, dort lagen nur Matratzen auf dem Boden. Jamal, Nanna und ich schliefen zusammen in einem Raum und teilten uns zwei Matratzen, die das Zimmer vollständig ausfüllten, sodass nichts anderes mehr reinpasste. Meine Eltern teilten sich mit Chuchu das andere Zimmer.

Die neue Umgebung und die vielen aufregenden Eindrücke ließen uns Kinder vergessen, warum wir überhaupt hier waren. Wir fühlten uns so wohl zwischen all den Spielkameraden, die ganz anders waren als unsere ehemaligen Klassenkameraden in der Privatschule. Hier hatte Lernen nichts mit Büchern zu tun; statt das Alphabet oder das Einmaleins zu pauken, lernten die Kinder, wie man auf Bäume klettert, Ziegen melkt, Wasser aus dem Brunnen holt, die Mädchen außerdem auch, wie man kocht, und alle, auf welchem Friedhof es die besten Verstecke gab. Sie sangen somalische Lieder und konnten den Koran im Schlaf aufsagen. Diese Kinder schienen glücklich zu sein, und ich wollte unbedingt zu ihnen gehören, denn es war wunderschön, einfach nur zu toben und durchs Dorf zu rennen bis zum späten Abend.

Statt der uns bekannten Art der Schule gab es hier eine Koranschule. Die Stunden wurden in einer kleinen Hütte aus Blechplatten abgehalten. Der Lehrer suchte einen Schüler zum Vorlesen aus und die anderen sprachen ihm die Verse laut nach. An meinem ersten Schultag bekam ich ein flaches, langes Stück Holz in die Hand, das zurechtgeschnitzt war, dazu gab es ein Stück Kohle, das vorn spitz war, und einen winzigen Behälter mit ein bisschen Wasser. Die Kohlespitze musste man in das Wasser tunken, um damit auf das Holzstück schreiben zu können.

Unten, am Anfang des Dorfes, gab es eine große, unbebaute Fläche, auf der wir Kinder spielten. Der Boden war sandig, sodass man sich nicht verletzte, wenn man hinfiel. Eines Tages wollten wir gerade die Gruppen einteilen, um Fangen zu spielen, da hörten wir Geschrei. Im Dorf war es zwar immer laut, gerade um diese Zeit am frühen Abend, wenn die Sonne unterging, trafen sich alle vor ihren kleinen Häuschen. Aber diesmal war es lauter als sonst. Ich reckte mich, um zu schauen, ob ich einen Blick erhaschen konnte, was da los war. Und dann sah ich es: ein Kamel!

An seinem Maul war eine Schnur befestigt, an der ein Mann das Tier hinter sich her zog. Um das Kamel herum waren viele

Männer, die nervös hin und her sprangen und versuchten, das Tier in den Griff zu bekommen, aber es zappelte wild herum und riss an der Leine. Es war ein schönes Tier mit einem prächtigen, kräftigen und langen Hals, sein Fell schimmerte warm in der rötlichen Abendsonne. Ich hatte noch nie zuvor ein Kamel gesehen und schaute es ehrfürchtig an. Immer mehr Dorfbewohner kamen angerannt, um das Spektakel zu beobachten. Dann trat ein Mann an das Kamel heran, holte mit beiden Armen weit aus und schlug ihm mit einer Axt in den Hals. Ein dicker Blutstrahl spritzte heraus, der Todesschrei des Kamels ging im Gejohle der Dorfbewohner unter, seine Vorderbeine knickten ein und es brach zusammen. Es war tot. Sein Fell wurde abgezogen und das ganze Kamel zerlegt. Ich erschauerte bei diesem Anblick und lief nach Hause. Noch Tage später, als sein Fleisch verzehrt und das Fest längst vorüber war, war der Sand von seinem Blut getränkt.

Bei den Gesprächen der Mädchen in meinem Alter konnte ich fast nie mitreden. Obwohl ich in meinen jungen Jahren schon drei Sprachen sprechen konnte und um die halbe Welt gereist war, merkte ich, dass mir all das nicht viel nützte, um bei diesen Kindern dazuzugehören. Vieles aus meiner Kultur wusste und kannte ich nicht, und das grenzte mich aus. Meine Tanten, von denen einige in meinem Alter waren, versuchten mir alles beizubringen. Vor allem Muna war dabei sehr verständnisvoll. Sie machte sich nicht lustig über mich, wenn ich Fragen stellte, die in ihren Augen ziemlich blöd gewesen sein müssen. Geduldig und mit einem aufmunternden Lächeln erklärte sie mir immer alles, soweit sie es selbst wusste.

Einmal lungerten wir nachmittags mit Inan an unserem Lieblingsplatz an der Hauswand herum, wo es angenehm schattig war. Wir quatschten ein bisschen miteinander und sahen eine Ziege, die durchs Dorf irrte. Sie hatte ein weißes Fell mit zwei kleinen dunklen Flecken an der Seite, ihre Euter waren voll und hingen herab.

»Hast du schon mal eine Ziege gemolken?«, fragte mich Muna.

»Nein«, antwortete ich und wie auf ein Signal hin sprangen wir drei gleichzeitig auf und rannten zur Ziege. Wir umzingelten sie, sodass sie nicht entwischen konnte. Inan, die Mutigste von uns allen, packte die Ziege am Kopf, Muna flitzte ins Haus und kam kurz darauf mit einer kleinen, silbernen Schale zurück, die sie mir in die Hand drückte.

»Halt das mal da drunter!« Sie bückte sich, packte mit beiden Händen das Ziegeneuter und knetete es. Anfangs kam nichts raus, doch nachdem sie die Bewegung einige Male wiederholt hatte, spritzte ein langer, weißer Strahl in die Schale. Ein paar Tropfen Ziegenmilch landeten auf meiner Hand und ich wischte sie an meinem Kleid ab. Jetzt wurde ich ungeduldig.

»Ich will auch mal!« Muna rutschte zur Seite und hielt mir die Zitzen hin.

»Hier, nimm!« Vorsichtig nahm ich die langen Zitzen in meine Hände und zog sanft an ihnen. Sie fühlten sich sehr weich an und ich hatte Angst, der Ziege wehzutun. »Du musst fester drücken, zieh ein bisschen stärker!«, wies mich Muna an. Es dauerte eine Weile, bis ich es richtig machte, aber endlich schoss die Milch heraus. Ich fand meinen Rhythmus und nach wenigen Augenblicken füllte sich der Behälter. Es war, als ob ich noch nie etwas anderes gemacht hätte.

»Määäääh!«, beschwerte sich die Ziege jetzt erstmals.

»Beeil dich, sie wird schon ganz ungeduldig!«, rief Inan, die immer noch den Kopf festhielt. Lachend ließ ich mich nach hinten in den Sand fallen, Inan ließ die Ziege los und die trottete davon. Ich konnte mich nicht mehr halten vor Lachen und steckte die anderen an, die mit dem Finger auf mich zeigten, weil ich mich anfangs so ungeschickt angestellt hatte.

An einem anderen Tag trafen wir auf Mädchen aus dem Dorf, die aufgeregt tuschelten, aber ich verstand nicht, worüber. »Seynab ist beschnitten worden«, erzählte Muna.

»Wieso Seynab?«, fragte ich in die Runde. Bisher wusste ich nur davon, dass Jungen beschnitten wurden, so wie meine Brüder nach ihrer Geburt.

»Ja, Seynab ist vor ein paar Tagen beschnitten worden«, wiederholte Muna.

»Aber Seynab ist doch ein Mädchen«, sagte ich verständnislos.

»Na und?«, entgegnete sie. »Mädchen werden doch auch beschnitten. Wir sind alle beschnitten. Du etwa nicht?« Ich überlegte kurz, denn ich hatte Angst, dass alle mich wieder auslachen würden.

»Nein, bin ich nicht.« In dem Moment, in dem ich es ausgesprochen hatte, schämte ich mich dafür und fühlte mich minderwertig. Alle Mädchen um mich herum waren beschnitten, nur ich nicht. Es kam mir vor, als ob irgendetwas nicht richtig war an mir. Die anderen Mädchen sahen mich ungläubig an.

»Du bist nicht beschnitten?! Aber du musst doch beschnitten werden, alle Mädchen müssen das!«

Am Abend sprach ich meinen Vater darauf an.

»Papa, warum bin ich noch nicht beschnitten?« Er schaute mich irritiert an, die Frage schien ihm unangenehm zu sein, denn anders als sonst überlegte er erst, bevor er mir antwortete.

»Ihr wart noch zu jung.« Ohne auch nur eine Ahnung zu haben, wovon ich redete, ließ ich nicht locker, denn ich wollte zu den anderen Mädchen gehören.

»Ich will mich aber beschneiden lassen.« Ich war fest davon überzeugt, dass ich das Richtige wollte und dass er stolz auf mich sein würde, wenn ich ihn daran erinnerte. Doch er vertröstete mich.

»Irgendwann mal.« In den folgenden Wochen sprach ich ihn noch einige Male darauf an, doch seine Antwort war immer die gleiche: »Irgendwann mal, Njunja, irgendwann mal.« Nach einiger Zeit vergaß ich zu fragen, wohl auch, weil meine Freundinnen schnell vergessen hatten, dass ich die Einzige war, die nicht beschnitten war. Ich glaube, dass ich ihn damals in Verlegenheit gebracht habe. So religiös er auch war, er muss im Zwiespalt gewesen sein mit einigen Ritualen und Lehren unserer Kultur, um meinen Schwestern und mir diese grausame Entstellung unserer Weiblichkeit zu ersparen. Und noch Jahre später, nach unserer Rückkehr nach Deutschland, hat er es nie wirklich begründet.

»Nee, nee, die Mädchen nicht, das wollte ich nicht«, meinte er nur immer, wenn es zur Sprache kam.

Wir wollten nur vorübergehend in Sheikh Sufi bleiben, wir hatten ja die Hoffnung, bald wieder in unser Haus in Lido zurückkehren zu können, sobald die Aufständischen zurückgedrängt waren. Doch aus Tagen wurden Wochen und aus Wochen wurden Monate und wir waren immer noch hier. Und obwohl der Krieg diese kleine Welt noch nicht mit seinen Grausamkeiten eingefangen hatte, hatten viele Angst, in andere Stadtviertel zu gehen, weil es dort viel zu gefährlich war. Die Nachrichten von blutigen Kämpfen und vielen Toten drangen immer öfter zu uns, auch ich bekam es mit, wenn ich den Gesprächen der Erwachsenen lauschte.

Nach und nach wurden aber bei uns die Lebensmittel knapp, auf den Märkten im Ort bekamen wir fast nichts mehr zu kaufen. Es gab kein Fleisch mehr zu essen, auch keinen Fisch oder Gemüse, nicht mal Gewürze, die den Reis etwas schmackhafter hätten machen können. Einmal fuhren mein Vater und ich mit dem Auto zu einer Familie außerhalb, die ein paar Lebensmittel gelagert hatte und sie zum Verkauf anbot. Papa huschte schnell ins Haus und nach ein paar Minuten kam er mit einem großen Kanister voll Öl in der Hand und einer großen silbernen Büchse unterm Arm raus, mehr gab es nicht mehr. Er lud beides ins Auto und fuhr los. Ich schnappte mir die Büchse, versuchte den Deckel mit den Fingernägeln zu öffnen und nach ein paar Versuchen gelang es mir auch. Sie war randvoll mit braunem Zucker, der goldig glänzte. Ich nahm mir ein wenig heraus und ließ ihn auf meiner Zunge zergehen. Was für ein herrliches Gefühl!

Dann wurde das Wasser im Dorf knapp, auch der Wasserverkäufer kam nicht mehr. Die Frauen mussten deshalb stundenlang bis zum nächsten Brunnen marschieren und das Wasser in Eimern auf dem Kopf nach Hause schleppen. Natürlich half ich mit, denn jede Hand, die einen Eimer tragen konnte, wurde jetzt gebraucht. Ich hatte keine Ahnung, wohin wir laufen mussten, ich folgte einfach den anderen Frauen. Ganz früh morgens machten wir uns auf den Weg, mit den leeren Krügen in der Hand. Während wir so liefen, musste ich an die Frau denken, der ich damals mit dem Wasserschlauch vor meiner Haustür so eine Freude gemacht hatte.

Unsere Füße wühlten beim Laufen den Sand auf und meine Beine waren schon ganz verstaubt und dreckig, als wir nach etwa zwei Stunden Fußmarsch den Brunnen erreichten. Ich hielt mich am Rand fest und schaute hinunter. Es war dunkel da drin und ich konnte nicht erkennen, wie tief er war. Neben dem Brunnen lag ein schwarzer, kleiner Behälter aus Plastik, der an einem braunen Seil hing, das schon ganz zerfleddert war. Ich führte das Seil mit dem Behälter hinab, tiefer und tiefer, bis er aufschlug. Dann bewegte ich das Seil hin und her, damit sich der kleine Eimer mit Wasser füllte. Ganz vorsichtig zog ich ihn wieder rauf, aber er war nur zur Hälfte gefüllt und so dauerte es sehr lange, bis wir uns in der brennenden Sonne wieder auf den Weg zurück machen konnten.

Die Odyssee geht weiter

Das massive schwarze Tor bebte, als mein Vater mit den Fäusten dagegendonnerte. »Macht auf! Macht die Tür auf!«, rief er, und als ich öffnete, stürmte er an mir vorbei. Seine Brille mit dem breiten, schwarzen Gestell hing ihm schief im Gesicht, ein Glas war gesprungen. »Gott sei Dank«, stöhnte Papa und rang nach Luft. »Sie wollten mich umbringen!« Auch meine Mutter war herbeigeeilt, und Papa ließ sich erschöpft auf einen kleinen Holzstuhl fallen.

An diesem Morgen war er vom Präsidenten Siad Barre beauftragt worden, zum Flughafen zu fahren, um einigen Somalis bei der Ausreise zu helfen. Um wen genau es dabei ging und wohin sie ausreisen wollten, weiß ich nicht, aber es müssen Menschen gewesen sein, die gültige Papiere besaßen. Neben einem Ausreisestempel, den sie direkt am Flughafen erhielten, brauchten sie noch die Unterschrift meines Vaters als endgültige Genehmigung. Aber es warteten sehr viel mehr Menschen als erwartet neben der Rollbahn am einzigen Flugzeug, und nicht alle hatten gültige Papiere. Als sie von den Soldaten abgewiesen wurden, hatten sie sich auf meinen Vater gestürzt. Er hatte versucht, ihnen zu erklären, dass seine Unterschrift allein sie nicht zur Ausreise berechtigte, aber sie wollten ihm einfach nicht glauben.

»Und dann sind sie auf mich losgegangen, haben auf mich eingeprügelt.« Zum Glück konnte er ihnen mit der Hilfe eines Kollegen entkommen, der ihn auch zurück nach Sheikh Sufi gebracht hatte. Jetzt erwartete mein Vater nicht mehr, dass wir bald in unser Haus in Lido zurückkehren konnten, deshalb sollte Jassar unsere letzten Habseligkeiten hierherholen. Jamal und ich durften ihn begleiten und, als wäre nie etwas passiert, fuhr ich mit. Wir freuten uns, endlich unser Haus wiederzusehen. In meinem Büro hatte ich in der obersten Schublade des Aktenschranks noch den roten Nagellack liegen gelassen, den eine Schulfreundin mir zum Geburtstag geschenkt hatte. Ich liebte seine kräftige Farbe, die auf den Fingernägeln so schön glänzte. Außerdem wollte ich ein paar Stifte zum Malen mitnehmen.

Als wir unserem ersten Haus, das die italienische Familie bewohnt hatte, immer näher kamen, sahen wir, dass das blaue Tor weit aufgerissen war. »Hattet ihr nicht abgeschlossen?«, fragte Jassar. Doch, das hatten wir! Ich war dabei gewesen, als Papa das Tor verschlossen hatte, und wurde jetzt immer unruhiger.

Plötzlich hörten wir kreischende Kinderstimmen und ein kleiner Junge kam aus dem Haus gerannt. Er hatte einen weißen, durchnässten Stofffetzen über seinen Schultern hängen und lachte laut.

»Ey! Geht mal da rein! Die haben einen riesigen Swimmingpool!«, rief er uns zu. Ich wollte dem Jungen nachlaufen, aber Jassar packte mich am Zipfel meines T-Shirts: »Du bleibst schön hier!«

»Aber die können doch nicht einfach in unser Haus gehen!«

»Khadra, wir können uns jetzt nicht mit denen anlegen. Das ist viel zu gefährlich.«

Er zog mich weiter und wir liefen ein paar Meter zu unserem anderen Haus. Als wir näher kamen, traute ich meinen Augen kaum. Die weißen Wände waren übersät mit Einschusslöchern, so groß wie Tennisbälle. Drinnen war alles leer geräumt, Möbel, Schränke, Stühle, Klamotten, alles war weg. Das, was sich nicht wegtragen ließ, war zerstört worden, aus dem Aktenschrank in meinem Büro waren die Schubladen, die ich sorgfältig abgeschlossen hatte, herausgerissen worden, und mit meinem Nagellack hatte jemand die Wände beschmiert. In meinem Schlafzimmer stand mein Bett nur noch auf einem Bein, die Matratze fehlte. Ich wusste nicht, ob ich weinen oder brüllen sollte vor Wut.

»Iiihhhhhh!«, schrie Jamal plötzlich aus dem Badezimmer meiner Eltern. Die Vandalen hatten überallhin uriniert, Fliegen balgten sich auf den Kothaufen und es stank bestialisch. Jetzt musste ich mich übergeben. Wortlos verließen wir unser Haus, das nie mehr unser Zuhause werden sollte, und fuhren zurück.

Der lange Schatten über meiner Kindheit

Jassars Familie hatte ja oberhalb ihres eigenen Hauses ein weiteres, das sie über Jahre hinweg an den Österreicher vermietet hatten, der alle paar Monate mal gekommen war, aber seit Ausbruch des Bürgerkriegs nicht mehr. Wir kannten das Haus noch aus der Zeit, als wir in Somalia angekommen waren und einige Male heimlich drin gewesen waren, um so interessante Gerätschaften wie Kompasse und Ähnliches zu betrachten.

»Wollt ihr noch mal in das Haus da oben?«, fragte uns Jassar jetzt, und natürlich wollten wir. Das Haus hatte zwei Stockwerke, war mit wenigen, aber modernen Möbeln eingerichtet und an der Wand hingen einige Gemälde. Der Boden war mit einem fliederfarbenen Teppich belegt und im Wohnzimmer lagen zwei Matratzen nebeneinander, auf denen Jamal, Nanna und ich gleich herumtobten und uns mit den Kissen eine wilde Schlacht lieferten. Jassar begann uns zu kitzeln, wir rannten durchs Haus, schreiend und lachend, und hauten uns die Kissen um die Ohren. Ich spielte völlig unbeschwert, denn solange meine Geschwister dabei waren, hatte ich ja nichts zu befürchten. Irgendwann waren wir vom Spielen fix und fertig.

»Kommt, wir legen uns etwas hin und ruhen uns aus«, sagte Jassar. Er legte sich auf die linke Seite der Matratzen, Jamal warf sich neben ihn, Nanna legte sich auch in die Mitte und ich ließ mich auf der rechten Seite fallen. Langsam, ganz langsam fühlte ich mich zunehmend unwohl und ich weiß noch, dass ich auf Jamal und Nanna einredete, um sie wach zu halten, aber sie waren so müde, dass sie nach einigen Minuten einschliefen. Auch ich schloss die Augen, traute mich aber nicht, einzuschlafen. Als Jassar aufstand, blinzelte ich ihn an. Er hatte ein merkwürdiges Grinsen im Gesicht und schaute zu mir rüber. Hier, auf der anderen Seite der Matratzen, hatte ich mich sicher gefühlt, aber er schob Jamal vorsichtig ein Stück nach links, dann Nanna neben ihn und legte sich zu mir. Jetzt war die Erinnerung wieder da, mein schlimmster Albtraum holte mich ein.

Jassars Hand streichelte über meinen Bauch, bis nach unten zwischen meine Beine. Ich wollte etwas sagen, ein Geräusch machen, damit meine Geschwister wach wurden und er damit aufhörte, innerlich schrie ich, aber ich brachte keinen Ton heraus. Als er sich aufrichtete, um meine Hose auszuziehen, schaute ich rüber zu meiner Schwester. Nanna hatte ein Lächeln im Gesicht, auch ihre Lider zuckten ein bisschen. »Bitte, bitte, wach auf!«, flehte ich innerlich. Aber dann bekam ich Angst davor, dass sie die Augen öffnete und alles sah: Keiner sollte es erfahren, so sehr schämte ich mich.

Es vergingen einige Wochen, in denen ich Jassar aus dem Weg ging. Ich hatte viel zu viel Angst, dass es noch mal passieren könnte, und ich wollte ihm nicht die geringste Chance dazu geben. Wenn ich mit seiner Schwester Fatima spielen wollte, wartete ich, bis ich sie im Dorf antraf oder sie mich abholte. Oder ich sah sie gar nicht und spielte mit den anderen Kindern, nur um ihm nicht zu begegnen. Bis eines Tages Jassars Haus für uns Kinder zum Mittelpunkt des Dorfes wurde.

Sein Bruder Mohamed hatte in einem der Häuser, aus dem die Eigentümer geflüchtet waren, eine Tischtennisplatte mit Schlägern und Bällen geplündert. So etwas hatten die meisten Dorfbewohner noch nicht gesehen und alles, was zwei Beine hatte, versammelte sich vorm Haus, um sich die Attraktion anzuschauen. Auch Fatima war aufgeregt und hampelte ungeduldig rum, als sie mich abholte.

»Komm, Khadra, komm, dann kannst du auch mal spielen!« Wir rannten zu ihnen hinüber. Die Tür stand offen, sodass ich die Kinder drinnen jauchzen und jubeln hören konnte, aber ich versteckte mich hinter dem Türrahmen und lugte hinein. Ping, pong, ping, pong, mir gefiel der Ton, wenn der Schläger den kleinen weißen Ball traf und er auf der grünen Platte aufsprang. Dann sah ich die behaarte Hand, die den einen Schläger hielt und die ich kannte. Es war Jassar. Ich drehte mich um und wollte gerade nach Hause gehen, da hörte ich Fatimas kreischende Stimme.

»Khadra! Komm rein und stell dich hier an!« Sie stand mit aufgerissenen Augen in einer Schlange mit Kindern und grinste, denn bald war sie an der Reihe, gegen Jassar zu spielen, der nach ein paar Schlägen seine Gegner auswechselte, damit jeder mal drankam. Ich ging rein und stellte mich zu ihr in die Schlange. Irgendwann war ich dran und stand ihm gegenüber, ich konzentrierte mich aber nur auf den Ball und schaffte die meisten und schnellsten Ballwechsel von allen Kindern.

So spielten wir alle eine Zeit lang, einer nach dem anderen, und als ich wieder mal an der Reihe gewesen war, den Ball aber knapp verpasst hatte, legte ich den Schläger auf die Platte, um mich voller Vorfreude wieder in der Schlange anzustellen. Aber es gab keine mehr und ich hatte es nicht mal gemerkt. Außer uns war nur noch der Nachbarjunge mit den Segelohren da, aber mit einer schnellen Handbewegung schickte Jassar ihn raus und er gehorchte dem Älteren wie üblich ohne Widerworte. Ich war wieder allein mit ihm! Ich war wieder auf ihn reingefallen! Die Tür stand noch offen und ich hätte einfach rausrennen können, dem Jungen nach, aber ich war wie gelähmt. Ich hätte schreien oder weinen können vor Angst, doch ich tat es nicht. Dann schloss er die Tür ab.

»Komm, wir spielen noch 'ne Runde.« Ich fühlte mich so schwach, fast zu schwach, um den Schläger in die Hand zu nehmen, aber ich tat es, denn solange ich mit ihm spielen würde, würde mir nichts passieren. Also begannen wir zu spielen, aber ich traf den Ball kaum noch. Ping, pong, ping, pong, ping, pong, pong, pong, pong … Ich hatte ihn wieder mal verpasst und jetzt sprang er direkt vor mir auf den Boden. Ich wollte ihn schnell auffangen, um weiterspielen zu können, aber er entglitt mir immer wieder. Dann kroch Jassar unter den Tisch und kam auf meiner Seite mit dem Kopf direkt an meinen Beinen wieder hervor.

Ich trug mein dunkelrotes Kleid, das mir bis über die Knie ging, sah meine Beine, die dreckig und verstaubt vom Barfußlaufen im Sand waren. Ich hörte, wie der Tischtennisball immer schneller auf dem Boden aufschlug, bis er schließlich wegrollte. Jassar hockte auf seinen Knien und schob sein grinsendes Gesicht immer näher an meines. Regungslos stand ich vor ihm, dann küsste er mich auf den Mund. Er sagte kein Wort, stand auf, nahm meine Hand und ich folgte ihm wie abwesend in sein Schlafzimmer.

Das Fenster war offen und ich hörte, wie sich zwei Männer, die wohl davor saßen, miteinander unterhielten. Wären sie doch nur aufgestanden, dann hätten sie uns sehen und mir helfen können. Jassar aber schloss das Fenster und setzte mich auf sein Bett. Auf dem Stuhl daneben lag eine leere Streichholzschachtel, die ich in die Hand nahm. Er drückte mich aufs Bett und legte sich neben mich und leckte mir quer über die Wange. Dann zog er mein Kleid hoch und meine Unterhose runter, und ich fing an, die Streichholzschachtel zu zerreißen, Stück für Stück, bis es vorbei war.

Wir sprachen kein Wort. Ich stand auf, strich mein Kleid wieder an meinem Körper herunter und als er die Zimmertür aufschloss, rannte ich los, aus dem Haus, die breiten Betonstufen hinunter und durch den Sand. Ich rannte, als ginge es um mein Leben, hinüber in unser Häuschen, ins kleine Badezimmer. Dort riss ich mir das Kleid vom Leib, scheffelte das kalte Wasser aus dem Tank und schüttete es mir über den Kopf. Ich spürte noch seine klebrige Spucke auf meiner rechten Wange und schrubbte sie mit einem kleinen Stück Seife weg, immer und immer wieder, bis meine Haut brannte. In diesem Augenblick hasste ich mich, ich hasste den Körper, den ich wusch.

Wenn ich heute daran denke, bin ich selbst immer wieder aufs Neue fassungslos und verletzt. Nie zuvor habe ich darüber gesprochen, ich habe alles getan, um es zu verdrängen und zu verheimlichen. Ich wollte mich nicht daran erinnern, weil es einfach zu schmerzlich gewesen wäre.

Ein paar Wochen später holte Fatima mich zum Spielen ab und wir wollten gerade zu den anderen auf den Dorfplatz laufen. Plötzlich sagte sie: »Ich muss kurz nach Hause, hab was vergessen.«

»Dann geh schnell, ich warte hier«, antwortete ich.

»Nein, komm mit, ich beeile mich.« Und obwohl ich mehr als jemals zuvor vermeiden wollte, auf Jassar zu treffen, ging ich mit, denn es würde ja nicht so lange dauern. Unten an der Treppe zum Haus blieb ich stehen. Als Fatima hineinging, warf sie mir noch einen kurzen Blick zu, der mir merkwürdig vorkam, und dann kam Jassar auch schon heraus. Hatte er sie beauftragt, mich zu ihm zu locken? »Ich will mit dir reden«, sagte er. Ich kannte diesen ernsten Ton in seiner Stimme nicht. »Setz dich.« Wir setzten uns auf die Stufen und er sah mich an, ich aber wich seinem Blick aus.

»Als du aus meinem Zimmer gerannt bist, dachte ich: ›Was hab ich bloß angestellt?‹ Ich weiß nicht, was in mich gefahren ist.« Plötzlich klang er ganz sanft. »Ich habe mich so schlecht gefühlt, am liebsten hätte ich mich umgebracht. Aber das wäre Sünde, und ich würde in die Hölle kommen. Vergibst du mir?« Ich fühlte mich unwohl so nah bei ihm und hoffte, dass Fatima kommen würde.

»Ja«, antwortete ich schnell. »Vergibst du mir wirklich?« – »Ja.«

»Dann gib mir einen Kuss auf den Mund.« Jetzt war der Ekel wieder da, ich wollte nur weg. Wo blieb Fatima nur? Sie kam nicht. Ich gab ihm schnell einen Kuss auf den Mund und lief davon.

Gespenstische Gefahr

Eines späten Nachmittags saß ich allein bei unserem Nachbarn vor der Tür, spielte mit dem warmen Sand zwischen meinen Fingern und baute kleine Türme. Papa war beim Nachbarn zum Teetrinken und Plaudern, ihre Stimmen waren so laut, dass ich sie durch die offene Tür bis zu mir nach draußen hören konnte. Papa redete wie immer am meisten, ich glaube, die Leute hörten ihm einfach gern zu, wenn er philosophierte und mit ihnen diskutierte.

Verträumt hockte ich da und lauschte ihren Stimmen, ohne wirklich etwas davon zu verstehen, was sie sprachen. Ich beobachtete die Sandkörner, wie sie immer mehr wurden und die Türme nach oben hin spitz zuliefen. Plötzlich sah ich aus dem Augenwinkel einen Wagen auf mich zufahren. Er hielt vor mir an und bildete eine Staubwolke, die mich einhüllte. Es war ein weißer Toyota mit acht bis zehn Männern auf der Ladefläche. Sie mussten Fremde sein, die von weit her kamen, denn ich hatte sie hier noch nie zuvor gesehen und ihr Auto war völlig verdreckt.

Der Beifahrer blickte mich kurz an, ohne mich wirklich zu beachten. Seine Augen waren rot und fielen ihm immer wieder zu. Dann stiegen die Männer langsam aus und teilten sich in Gruppen auf, die zielstrebig in verschiedene Richtungen ausschwärmten. Ich blickte zweien von ihnen nach und fragte mich noch, wohin sie wohl gehen würden. Dann verschwanden sie aus meinem Blickfeld.

Als ich mich zum Haus umdrehte, kam mein Vater aus der Tür und nahm vorsichtig die Stufen. Er hielt die Hände hoch in die Luft, denn hinter ihm lief der Mann, der eben noch verschlafen im Auto gesessen hatte, und hielt ihm sein Gewehr in den Rücken. Papas Freund, der Nachbar, kam auch aus der Tür, gefolgt von einem weiteren bewaffneten Mann. Dann verschwanden sie hinterm Haus. Keiner hatte ein Wort gesagt und mir war, als würde jedes Geräusch, das diese Stille durchbrechen würde, in Schüssen enden. Ich wollte ihnen nachlaufen, aber ich hatte Angst, die Männer zu erschrecken, also blieb ich im Sand sitzen, wartete und starrte auf die Hausecke, hinter der sie verschwunden waren. Plötzlich hörte ich Schritte, von allen Seiten kamen die Männer zurück und stiegen in den Toyota, auch die zwei, die meinen Vater und den Nachbarn mitgenommen hatten, kamen. Die Fremden verschwanden so plötzlich, wie sie gekommen waren. Zum Glück waren keine Schüsse gefallen, aber sie hatten den ganzen Dorfbewohnern ihr Bargeld abgenommen.

5.

WEITER AUF DER FLUCHT

Es war Zeit, weiterzuziehen. Wir flüchteten vor der Gewalt, vor den Clans, die einander bekämpften, vor dem Chaos, das das ganze Land zu vernichten drohte. Ich weiß nicht mehr, wie viel Elend und Zerstörung ich jetzt schon gesehen hatte, an wie vielen Flüchtlingen wir vorbeigefahren waren. Ich verstand auch nicht, warum das alles passierte, aber ich wusste doch, dass es jeden Tag um unser Leben ging.

Barawe ist eine Stadt 200 Kilometer südlich von Mogadischu, hier ist mein Vater geboren worden. Er wuchs dort in einem winzigen Haus auf, das am Meer lag.

Hier würde uns nichts passieren, glaubte er, denn Barawe war bisher vom Krieg verschont geblieben. Wir waren in Sicherheit und mit dem letzten Tropfen Benzin im Tank hatten wir es bis hierher geschafft.

Vaters Schwester wohnte immer noch im Elternhaus. Sie hatten sich Jahre nicht gesehen und sollten sich stundenlang unterhalten. Meine Tante erzählte gern jedem – auch dem, der es nicht hören wollte – von ihren zahlreichen Krankheiten. Nachdem sich alle begrüßt hatten, ging ich vor die Tür, um zu sehen, wie Papa aufgewachsen war. Ringsherum standen überall die gleichen einfachen, kleinen Häuser und Hütten aus Lehm mit Wellblechdächern. Die Straßen waren nicht befestigt und mit grobem, orangefarbenem Sand bedeckt. Plötzlich schlug ein Stein neben mir auf. Ich zuckte zusammen und schaute mich um, konnte aber niemanden sehen. Während ich noch überlegte, ob ich nicht zurück ins Haus rennen sollte, knallte schon der nächste Stein gegen eine kleine Metalltür am Haus neben mir. Ich hörte Laufschritte und heiseres Lachen. Diese Stimme kannte ich doch! Ich konnte sie aber nicht gleich zuordnen. Ich blickte mich um. Plötzlich sah ich jemanden zwischen zwei Häusern durchhuschen. Er versteckte sich hinter der Wand: Amir! Mein Schulfreund und Schwarm aus Mogadischu kicherte, als ich auf ihn zurannte. Seine Familie war auch hierher geflohen. Jetzt konnte ja gar nichts mehr schiefgehen, mein Freund war da und es waren weit und breit keine Schüsse oder Bombeneinschläge zu hören, die uns nachts aus dem Schlaf gerissen hätten.

Wir schliefen zu sechst in einem kleinen Zimmer. Eines Abends ging mein Vater Freunde besuchen, alle wollten ihn sehen, hofften vielleicht auch, dass er neue Informationen haben würde, die ihnen die Angst nehmen konnten. Als es Zeit zu schlafen war, wollte ich nicht, dass meine Mutter die Petroleumlampe löschte. Ich hatte ohnehin Angst im Dunkeln, ganz besonders aber, wenn Papa nicht da war. Ich wartete auf ihn, doch er kam einfach nicht nach Hause. Ich malte mir in den schlimmsten Bildern aus, was mit ihm passiert sein konnte, und fing an zu weinen, weil ich dachte, sie hätten ihn erschossen.

»Ohhh, Khadra, wein doch nicht wie ein kleines Mädchen. Was hast du denn bloß?« Meine Cousine Seta war ins Zimmer gekommen. Sie hatte sich seit unserer Zeit in Ostberlin sehr verändert. In ihrer Zweizimmerwohnung dort war sie ein kleiner Wirbelwind gewesen, der die pure Unabhängigkeit und Lebensfreude ausstrahlte. Ich hatte zu ihr aufgeschaut, damals. Aber seit ihrer Zwangshochzeit mit dem alten Mann waren ihre Gesichtszüge strenger geworden. Er hatte sie nach Somalia zurückgebracht und dann allein hier bei ihrer Mutter gelassen, während er im Ausland war. Ich wollte mich an diesem Abend nicht von ihr trösten lassen, denn ich war fest davon überzeugt, dass meinem Vater etwas zugestoßen war. Aber dann stand er in der Tür. »Njunja!« Er setzte sich auf meine Matratze, nahm mich in den Arm und ich schluchzte in sein Hemd. Ich hörte die Stimmen im Hintergrund, alle redeten laut durcheinander: »Da ist er ja endlich! Basi, deine Tochter spielt verrückt. Sie hat sich Sorgen gemacht.« Auch Cousine Seta war erleichtert. »Siehst du, Khadra! Da ist dein Vater. Es war doch nicht nötig, dass du so viel weinst.« Aber nur Papas sanfte Stimme konnte mich beruhigen. Er wiegte mich in seinen Armen, und ich fühlte mich sicher.

Die Gefahr wächst weiter

Wir waren einige Wochen bei meiner Tante, als auch Jassar dort auftauchte. Er sah mitgenommen aus, seine Haare waren genauso verstaubt wie seine Kleidung, unter seinen Augen hatte er dunkle Ringe und sein Gesicht war eingefallen, weil er tagelang weder gegessen noch getrunken hatte. Ich hatte ihn noch nie so müde und ernst gesehen. Wir setzten uns um ihn herum vors Haus und er begann zu erzählen. In Sheikh Sufi, wo wir zuvor Zuflucht gesucht hatten, hielten jetzt Soldaten die Stellung. Sie belagerten den gesamten Stadtteil, plünderten die Häuser, vergewaltigten die Frauen und nahmen den Bewohnern das letzte bisschen Essen und Wasser weg, das sie noch hatten.

Jassars Bruder, der liebste und vernünftigste seiner neun Geschwister, war tot. Er war am frühen Morgen auf dem Weg zur Moschee gewesen, um zum Gebet aufzurufen. Oft hatte ich seiner melodischen Stimme gelauscht, die ungewöhnlich weich für einen so jungen Mann klang. Seine Worte schwangen über Lautsprecher durchs ganze Dorf, man spürte seine Ehrfurcht vor Gott und seine Hingabe in den Gebeten. Sie hatten ihn einfach erschossen und im Sand liegen gelassen. Quer durchs Dorf liefen sie und töteten wahllos Menschen, sogar den alten, taubstummen Mann, der immer nachmittags draußen auf der Bank vor seinem Haus gesessen und versucht hatte, uns Kinder mit verrückten Grimassen zum Lachen zu bringen. Das war erst zwei Monate her.

»Ich wollte die Straße überqueren, als plötzlich Schüsse fielen. Ich rannte sofort zurück und ging hinter einem Haus in Deckung. Ein Scharfschütze hatte sich irgendwo am Ende der Straße verschanzt und ballerte auf alles, was sich bewegte.« Jassar musste aber auf die andere Straßenseite kommen, um zu fliehen. »Ich war mir sicher, dass er mich treffen würde, aber ich hatte keine andere Wahl, als zu laufen.« Während er sprach, konnte ich ihn dort hinter der Hausmauer in Deckung sehen. Er lief um sein Leben, ich hörte die Schüsse, die durch die Häuserschlucht hallten. Aber sie verfehlten ihn.

Jassar hörte auf zu erzählen, er schüttelte nur den Kopf, denn er konnte selbst nicht begreifen, wie er überlebt hatte. Ich aber fragte mich, ob das, was er durchgemacht hatte, Gottes Strafe für seine Sünden war. Dann erzählte Jassar weiter. »Vor unserem Haus lagen Leichen tagelang in der prallen Sonne. Sie räumen sie nicht weg, weil es Feinde waren. Dieser Krieg kennt kein Erbarmen.«

Nachdem auch Jassar jetzt hier wohnte, war das Elternhaus meines Vaters zu klein für uns alle. Noch am selben Tag packten wir unsere paar Sachen und zogen in das Haus eines Bekannten, das schönste, das ich seit Langem gesehen hatte. Schon von Weitem sah man es mit seinen zwei Stockwerken aus der Menge der anderen Häuser herausragen. Es war weiß und im mediterranen Stil gebaut. Die Eingangstür hatte zwei große Flügel und war aus dunkelbraunem Holz, und ich erinnere mich noch an den angenehm kühlen Marmorboden im Erdgeschoss. Eine schmale Treppe führte ins obere Stockwerk. Dort war ein großer Raum, von dem ein Badezimmer mit weißen Fliesen abging. Es hatte sogar eine Toilettenschüssel, statt nur ein Loch im Boden, und eine Duschkabine.

Es gab, wie fast überall in Somalia, kein fließendes Wasser, sondern eine Tonne, die mit Brunnenwasser gefüllt wurde. Mit einer Kelle scheffelte man sich Wasser zum Waschen heraus. Seit Ausbruch des Bürgerkriegs war Wasser aber ohnehin knapp, sodass wir uns nicht wie gewohnt ausgiebig waschen konnten. Ich erinnerte mich daran, dass ich zuletzt in unserer Villa in Ostberlin in einer vollen Badewanne gelegen hatte: Wie schön das warme Wasser war und wie gern ich mit meiner kleinen Quietscheente darin geplanscht hatte!

Wir freuten uns alle, endlich wieder ein Haus für uns allein zu haben, denn wir konnten ja nicht ahnen, wie sehr wir diesen Umzug noch bereuen würden.

Papa begann sofort auszupacken. Das war für mich das Signal, auch meinen pinkfarbenen Scout-Ranzen auszuräumen. Ich hatte ihn nicht aus den Augen gelassen, seit Papa ihn mir damals am Flughafen gekauft hatte, um mir die Abreise aus Deutschland zu erleichtern. Der Ranzen hatte schon etwas gelitten, vor allem hatte ich ihn mit römischen Ziffern bekritzelt, um im Mathe-Unterricht drauf spicken zu können. Ich mochte Rechnen nie und war nicht besonders traurig darüber, dass ich schon seit fast einem Jahr nicht mehr zur Schule gehen konnte. Dennoch hatte ich einige Schulbücher und Hefte im Ranzen gelassen und all meine Zeugnisse seit der Zeit in der Schule der Solidarität waren ebenfalls darin verstaut.

Beim Stöbern im Scout fiel mir nun das olivgrüne große Fernglas in die Hände, das ich Papa abgeschwatzt hatte. Ich ging zum Fenster, während ich ihn im Bad mit einer Plastiktüte rascheln hörte. Nachdem ich die Linse richtig eingestellt hatte, war ich begeistert, wie deutlich ich die fernen Berge damit sehen konnte.

»Njunja, geh mal ins Bad! Versuch mal, ob du das Geld findest, das ich versteckt habe.« Papa grinste mich an. Er wusste, dass ich neugierig war und deshalb das Geld unbedingt finden wollte. Ich ging zur Tür und schaute hinein, aber ich konnte es nicht sofort sehen. Es musste in der Tüte sein, also ging ich hinein und schaute mich noch genauer um, aber ich fand es nicht und begann mich zu ärgern: Es musste doch irgendwo sein! »Ich find es nicht!«

»Dann schau mal am Klo.«

Da war es. Er hatte es so geschickt hinter der Toilette versteckt, dass die weiße Tüte kaum zu sehen war. Hier würde das Geld sicher keiner finden!

Ich ging zurück ans Fenster und sah einen weißen Fleck, der sich bewegte. Ich schaute durch mein Fernglas und stellte scharf. Es war ein Toyota, wieder so einer mit einer offenen Ladefläche. Darauf saßen Männer, so viele, dass sie ihre Beine über die Brüstung hängen lassen mussten. Ich zoomte so nah heran, dass ich ihre schwarzen Gesichter sehen konnte und die Gewehre in ihren Händen. »Papa, was sind das für Männer?« Er nahm mir das Fernglas aus der Hand und schaute hinein. Ich starrte ihn dabei an und wartete auf seine Antwort: »Oh, oh, das sieht nicht gut aus.« Er sah mich an und spürte meine Unruhe. »Ach, die kommen schon nicht hierher.«

So begann unsere erste Nacht im neuen Haus. In unserem großen Schlafzimmer gab es ein Doppelbett für meine Eltern und Chuchu, meine Matratze hatte ich rechts daneben gelegt, daneben stand noch ein Hochbett für Jamal und Nanna. Papa zündete eine große Petroleumlampe an und stellte sie ans Fenster. Dann legte er sich zu meiner Mutter. Nur Chuchu schlief schon. Plötzlich hörten wir diese Laute, wie von Tritten oder Stößen gegen eine Holztür. Es musste das Flügeltor am Eingang sein. Dann gab es einen Knall und alle schreckten hoch. Wir hörten dumpfe Töne, immer mehr, immer näher, immer schneller. Es waren Schritte und jeder steigerte die Angst in mir.

»Oben! Oben!« Es war eine tiefe Männerstimme. Es mussten viele sein, sehr viele, die die Treppe raufstürmten. Ich sah rüber zu meinem Vater, der jetzt mit dem Rücken zu mir auf der Bettkante saß. Ich konnte mich nicht bewegen, nur mein Blick zuckte durch den Raum. Auch Jamal und Nanna sagten keinen Ton. Sie starrten zur Tür, die offen stand.

Dann drängten sie ins Zimmer. Das Licht der Petroleumlampe fing an zu flackern. Es waren zehn, vielleicht zwölf Mann in abgewetzten, staubigen Uniformen und schweren Marschstiefeln. Ihre schwarze Haut glänzte im schummrigen Licht. Sie trugen Patronengurte über der Brust und ihre Gewehre im Anschlag.

»Los! Runter in die Ecke!« Meine Mutter rutschte mit Chuchu zu mir auf die Matratze. »Ihr auch!« Mit dem Gewehr deutete der Soldat auf Jamal und Nanna, dann riss er es in meine Richtung. Die beiden tapsten zu uns und warfen sich zu meiner Mutter. Dann hielt der Soldat seine Waffe auf uns gerichtet.

Einer hatte sich vor Papa aufgebaut. Er war auch als Erster durch die Tür gerannt und musste der Anführer sein. Jetzt hielt er Papa die Mündung seines Gewehrs vors Gesicht und die anderen Männer umringten das Bett.

»Geld her! Los!« schrie der Anführer. »Ich hab kein Geld«, antwortete mein Vater. Der Soldat machte noch zwei kleine, schnelle Schritte nach vorn, drückte den Gewehrkolben fest an seine Schulter und machte Anstalten, abzudrücken. Wir schauten ihn an: Mama, Chuchu, Jamal, Nanna und ich.

»Gib mir das Geld!« Papa antwortete: »Ich hab kein Geld! Seht euch doch um!« Meine Gedanken rasten: Warum tat er das? Der würde ihn töten! Bitte, bitte, Papa, gib ihm das Geld … »Papaaaa! Papaaaaaa!« Blitzschnell hatte der Anführer das Gewehr gedreht und zugeschlagen. Der Kolben traf Papa am Hals, seine Brille flog durch den Raum und er fiel seitlich aufs Bett. Ich nahm außer ihm nichts mehr wahr, auch nicht den Soldaten, der uns mit seinem Gewehr bedrohte. Ich sprang vor auf die Bettkante und streckte die Hand nach meinem Vater aus.

»Psssssssst!« Mit dem Zeigefinger an den Lippen hatte der Soldat sich zu mir heruntergebeugt, kam langsam näher, ganz nah an mein Gesicht, dabei drängte er mich zurück in die Ecke. Ich drehte mich zu meiner Mutter um, die immer noch auf der Matratze kauerte. Jamal und Nanna klammerten sich an sie. Dann blickte ich zu Chuchu, die in Mamas Armen lag, und sah meine Todesangst in ihren Augen. »Na gut, schon gut! Ich geb euch das Geld!«, rief Papa.

Endlich! Wenn er ihnen das Geld gab, dann verschwanden sie sicher! Der Anführer wich zurück, Papa stand auf und ging ins Bad, zwei Soldaten folgten ihm. Mit der Tüte kam er wieder. Das weiße Plastik war hauchdünn und durchsichtig, sodass die vielen Geldbündel selbst bei dieser Beleuchtung zu sehen waren.

»Hier, nimm! Das ist alles, was ich habe.« Der Anführer nahm den Beutel, warf noch einen Blick darauf, dann stapften sie davon.

Ich kann mich nicht mehr erinnern, wie wir den Rest dieser Nacht verbrachten. Wieder waren wir knapp dem Tod entkommen. Wieder mussten wir weg, so schnell wie möglich. Wir wussten nicht wohin, aber wir mussten weg, und am Morgen packten wir eilig. Auch ich nahm meinen pinkfarbenen Scout. Aber wo war das Fernglas? Ich konnte es nirgendwo finden, die Soldaten mussten es mitgenommen haben. Oder hatte ich es schon eingepackt? Ich öffnete den Scout und konnte gar nicht fassen, was darin lag: Ein Bündel Geldscheine! Ich habe nie erfahren, wie es in den Ranzen gekommen ist, obwohl es eigentlich nur mein Vater dort versteckt haben konnte.

Wieder nach Mogadischu

Die Wahl fiel auf Mogadischu, ausgerechnet dorthin zurück, von wo wir ursprünglich geflohen waren. Ich weiß nur noch, dass es etwas mit dem Sturz des Präsidenten Siad Barre zu tun gehabt haben muss, und dass mein Vater uns dort in Sicherheit wähnte. Da es für unser Auto kein Benzin mehr gab, zwängten sich Mama, Papa, Chuchu und Nanna auf zwei freie Plätze in einem Wagen von Bekannten. Jamal und ich mussten mit Jassar per Bus folgen. Das Problem war nur, dass das ganze Dorf versuchte, in diesem Bus einen Platz zu ergattern.

Die Sonne knallte mir so hell ins Gesicht, dass ich die Augen zukneifen musste, als ich nach freien Plätzen Ausschau hielt. Die Sitze in den Bussen waren schon längst alle besetzt und der Bus obendrein mit den Habseligkeiten der Flüchtlinge vollgestopft. Auch die Ladeflächen einiger Lastwagen waren überfüllt. Nach und nach zündeten die Fahrzeuge ihre Motoren und tuckerten in einer riesigen Staubwolke davon. Wir liefen umher, langsam wurde ich nervös. Auf keinen Fall wollte ich hier noch eine Nacht verbringen und schon gar nicht mit Jassar. Endlich! Wir sahen einen großen Lastwagen, dessen Fahrer sich aus dem Fenster lehnte.

»Mogadischu? Wollt ihr nach Mogadischu? Steigt ein, hier ist noch Platz!« Jassar drückte ihm etwas Geld in die Hand und wir kletterten hinten an den Seiten hoch. Die Ladefläche war nach kurzer Zeit rappelvoll, eine Frau war so dick, dass sie nur mit der Hilfe von drei Männern aufsteigen konnte, und ausgerechnet sie quetschte sich vor mich, sodass ich meine Beine nicht ausstrecken konnte. Dann fuhren wir los.

Ich überlegte, wie weit vor uns meine Eltern sein konnten, und stellte mir vor, wie schön es wäre, sie noch einzuholen. Die Fahrtluft tat gut in der prallen Sonne. Ich sah Affen, die ausgelassen tobten, und dachte an das Äffchen, das in unserem Haus in Mogadischu regelmäßig an mein Zimmerfenster gekommen war, um sich Tomatenstücke und Bananen bei mir abzuholen. Diese schönen Gedanken und der Ausblick auf die Berge ließen mich für einen Augenblick diese schreckliche Nacht vergessen, die wir hinter uns hatten. So fuhren wir Stunde um Stunde, aber auf den holprigen Straßen kamen wir nur sehr langsam voran und es wurde Abend. Jamal hatte seinen Kopf auf meine Schulter gelegt und schlief. Auch ich schlief ein. Als ich wieder aufwachte, tat mir der Nacken weh, Beine und Po waren eingeschlafen, es war dunkel und der Lastwagen fuhr ohne Licht. Plötzlich gab es einen Ruck, der Motor ging aus und der Fahrer kletterte aus dem Führerhaus.

»Wir müssen bis zur Morgendämmerung hier warten. Die Scheinwerfer sind kaputt, wenn wir so an eine Straßensperre kommen, schießen sie sofort.« Wir stiegen alle langsam ab. Jassar nahm uns an die Hand und wir setzten uns an den Straßenrand. Er hatte einen Plastikkanister dabei, in dem noch ein wenig Wasser für Jamal und mich war, Jassar selbst hatte seit unserer Abfahrt nichts getrunken. Er war der einzige Schutz, den wir hatten, ausgesetzt im Nirgendwo, ohne Essen, ohne eine Decke, nur mit der Kleidung, die wir am Leibe trugen. Dann streckte er seine langen Beine aus und klopfte auf seine Oberschenkel.

»Kommt her, legt euch mit den Köpfen auf meinen Schoß und versucht ein bisschen zu schlafen.« Er trug seine moosgrüne Hose aus grober Baumwolle. Die trug er fast immer. Auch an dem Morgen nach jener Nacht, als er mit sanfter Stimme flüsterte: »So etwas würde ich niemals tun, niemals.«

Wie hat er mir das nur antun können, das Unaussprechliche, Schlimme, von dem keiner wusste, nur er und ich? Eine Antwort darauf habe ich nie gefunden, bis heute nicht. Ich spürte Ekel in mir aufsteigen. Ich wollte nicht jetzt, hier am Straßenrand, diesem Mann in der Nacht wieder so nahe kommen, wollte ihn nicht berühren müssen. Aber mein Wille war durch die Strapazen schon lange gebrochen. Ich legte mich neben Jamal auf Jassars Schoß und schlief ein.

Am Morgen ging's weiter und wir kamen erschöpft in Mogadischu an. Diktator Siad Barre war vor den Revolutionären geflohen und untergetaucht. Papa hatte für uns ein Haus gefunden, das direkt gegenüber der Villa des neuen Präsidenten lag. Mohammed Aidid hatte eine ganze Armee von Soldaten um sich und sein Haus geschart. In der Nacht brannte grelles Licht, das die ganze Straße erhellte. Die Soldaten unterhielten sich und lachten, außer ihnen sah man in diesen Tagen kaum jemanden lachen. Aber mir war es egal, dass sie so laut waren, dass wir nur schwer einschlafen konnten. Ich spürte: Solange sie lachten, waren wir sicher.

Nach ein paar Tagen rief mich mein Vater: »Heute lernst du den Präsidenten kennen!« Ich war sehr aufgeregt und zog das einzige Kleid an, das ich hatte. Ich hatte es mir kurz vorher auf dem Markt gekauft, weil wir auf der Flucht immer weniger Sachen hatten retten können. Es war türkis, mit weißen Knöpfen. Dazu trug ich meine ziemlich abgenutzten, ehemals weißen Flipflops, die einzigen Schuhe, die ich noch besaß. Meine krausen Haare hatte ich mit etwas Wasser angefeuchtet und mit einem Haarreifen nach hinten gesteckt. Nur eine kleine Locke über der Stirn hatte ich herausgefummelt, so wie ich es bei meinem großen Bruder Farid abgeschaut hatte, als er die Thriller-Frisur von Michael Jackson imitierte. Er hatte Gel benutzt, bei mir musste ein bisschen Wasser reichen. Papa nahm mich an der Hand und wir gingen hinüber zum großen, grauen Tor der Präsidentenvilla, das offen stand. Als wir das riesige Büro des Präsidenten betraten, spürte ich den kühlen Windzug der Klimaanlage und bekam eine Gänsehaut. Mohammed Aidid stand von seinem Sessel auf, ging auf uns zu und schüttelte meinem Vater die Hand. Ich stand hinter Papa und beobachtete ihn genau. Er lächelte herzlich und mir fiel sein schneeweißes Gebiss auf. Er sah freundlich aus und ich wünschte mir so sehr, dass er uns unser friedliches Leben zurückgeben würde.

»Darf ich vorstellen? Das ist meine Tochter Khadra.« Der Präsident reichte mir die Hand und beugte sich zu mir herunter: »Salaam Aleikum! Wie geht es dir?«

»Aleikum Salaam, gut!« Bevor ich mehr sagen konnte, hatte er sich auch schon wieder abgewandt und während er sich weiter mit meinem Vater unterhielt, fühlte ich mich überhaupt nicht wahrgenommen. Dabei war ich Papas rechte Hand, da hatte sich der Präsident auch mit mir zu unterhalten! Außerdem hatte ich mich doch nur für ihn so hübsch gemacht …

Wenige Tage später standen Jamal und ich an einem Fenster unseres Hauses im ersten Stock. Von hier aus hatten wir eine gute Aussicht auf den Trubel in der Präsidentenvilla. Soldaten und Offiziere liefen ein und aus, und diesmal stand vor der Villa auf der Straße ein Panzer! Wir hatten noch nie einen gesehen. Er war so groß und mächtig und parkte nur ein paar Meter weiter schräg gegenüber an der Ecke, das Kanonenrohr auf uns gerichtet.

Ein Wachmann kam herüber. Er sah ganz mager aus, als er auf den Panzer kletterte. Oben auf dem Dach gab es einen runden Deckel, den er öffnete und durch den er hineinschlüpfte. Das musste der Fahrer sein! Wir waren gespannt, wie sich die Kettenräder gleich bewegen würden. Ganz langsam fing der Panzer an zu rollen, genau in unsere Richtung, so hatten wir ihn von hier oben noch besser im Blick. Er würde jetzt bestimmt die Straße runterrollen, die steil bergab ging, unter unserem Fenster vorbei. Der Panzer rollte immer schneller. »Jetzt muss er aber abbiegen!«, dachte ich. Plötzlich öffnete sich der Deckel und der Soldat kletterte hastig heraus und sprang ab! Aber der Panzer rollte immer weiter mit dem Kanonenrohr voran auf uns zu. Wir machten unsere Hälse ganz lang und schauten nach unten. Dann gab es einen irrsinnig lauten Knall und eine Staubwolke stieg auf. Der Panzer war durch die Hauswand mitten in unser Wohnzimmer gefahren.

Papa und ich während unserer Zeit im arabischen Sanaa,
der Hauptstadt Jemens

Mit meiner Oma Ayeya, die uns immer auf Reisen begleitete

Mama in Sanaa

Mama in Manhattan im Oktober 1982

Mama und Papa in Manhattan im Oktober 1982

Mama und ich im Restaurant während unserer Zeit in Ostberlin

Die entführte Lufthansa-Maschine »Landshut« auf dem Flughafen in Mogadischu, Somalia, im Oktober 1977

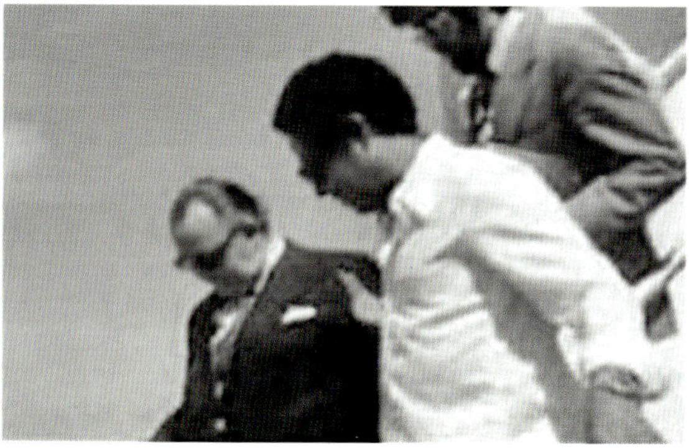

Mein Vater empfängt den damaligen Staatsminister Hans-Jürgen Wischnewski am Flughafen und begleitet ihn zu den Verhandlungsgesprächen, um zu übersetzen.

Zweitausfertigung

VERLEIHUNGSURKUNDE

IN ANERKENNUNG
DER UM DIE BUNDESREPUBLIK DEUTSCHLAND ERWORBENEN
BESONDEREN VERDIENSTE
VERLEIHE ICH

HERRN BASI MOHAMED SUFI
SOMALIA

DAS GROSSE VERDIENSTKREUZ
DES VERDIENSTORDENS DER BUNDESREPUBLIK DEUTSCHLAND

DER BUNDESPRÄSIDENT
gez. Lübke

Beglaubigt:
BUNDESPRÄSIDIALAMT
-Ordenskanzlei-

(Ministerialrätin)

Zweitausfertigung

VERLEIHUNGSURKUNDE

IN ANERKENNUNG DER UM VOLK UND STAAT ERWORBENEN
BESONDEREN VERDIENSTE
VERLEIHE ICH

HERRN BASI MOHAMED SUFI

I. SEKRETÄR AN DER BOTSCHAFT DER SOMALISCHEN REPUBLIK IN BONN

DAS VERDIENSTKREUZ
I. KLASSE
DES VERDIENSTORDENS DER BUNDESREPUBLIK DEUTSCHLAND

DER BUNDESPRÄSIDENT
gez. Lübke

Beglaubigt:
BUNDESPRÄSIDIALAMT
-Ordenskanzlei-

(Ministerialrätin)

Die Verleihungsurkunden für »Das große Verdienstkreuz« und »Das Verdienstkreuz 1. Klasse« für meinen Vater

Bonner Stadtanzeiger

Freitag, 26. Januar 1996

Die Helden von damals leben jetzt von Sozialhilfe

Nach Mogadischu mit Orden geehrt – Somalias Botschaft heute nur noch ein Notbetrieb – Residenz verfällt

Von Marianne Antwerpen und Andreas Kadelke

Vor fast 20 Jahren wurde Somalias Botschafter in Bonn gefeiert. Seinem Einsatz war es entscheidend mit zu verdanken, daß die Geiseln in Mogadischu befreit wurden. Damals, 1977, wurde Yusuf Adan Bokah mit dem höchsten Orden geehrt. Somalia heute: Der Bürgerkrieg hat das Land zerstört, die Botschaft in Bonn hält sich als Ein-Mann-Betrieb über Wasser, die Residenz verkommt, und der amtierende Botschafter existiert quasi nur noch auf dem Papier. Und Yusuf Bokah, dem damals der rote Teppich ausgerollt wurde, lebt heute in Bad Godesberg – von der Sozialhilfe.

Die Residenz des somalischen Botschafters am Venusberghang steht für den Untergang des schwarzafrikanischen Staates: ein Geisterhaus seit drei Jahren. Seit die Somalis für dieses Haus, das ihnen gehört, nicht einmal mehr Strom und Wasser bezahlen können, wurde es seinem Schicksal überlassen. Seither gammelt es vor sich hin, ist unbewohnbar geworden. Botschafter Hassan Abshir Farah ist zwar offiziell noch im Amt, auf dem diplomatischen Parkett in Bonn aber schon lange nicht mehr gesehen worden. Er lebt in Somalia, schaut aber, wie sein einziger übrig gebliebener Statthalter Abdirazak Hersi versichert, alle paar Monate mal nach dem rechten. „Erst gestern", so Hersi, habe er aus Dschibuti angerufen, vor anderthalb Monaten sei er zuletzt in Bonn gewesen.

Aber die diplomatischen Beziehungen zwischen Bonn und Mogadischu sind erloschen, nachdem es in Somalia keine Staatsgewalt mehr gibt, der Staat nicht mehr existiert. Außenminister Klaus Kinkel wollte die Botschaft im vergangenen Sommer schon schließen lassen, verzichtete dann aber doch darauf. Denn die Somalis konnten mit Unterstützung deutscher Freunde wie Manfred Obländer vom Bundespresseamt, Somalia-Kenner und langjähriger Sprecher des Entwicklungshilfeministers, durchsetzen, daß zumindest ein Not-Betrieb aufrecht erhalten wird. So haben die in Deutschland lebenden Somalis noch eine Anlaufstelle.

Nach der Geiselbefreiung von Mogadischu: Schmidt und Genscher danken Yusuf Bokah. Foto: Bundesbildstelle Bonn

Verwahrlost: Vor dem Eingang zur somalischen Residenz liegen unbezahlte Rechnungen umher. Foto: Heinz Engels

Die Residenz, ebenfalls Eigentum der Somalis, verfällt zusehends. Niemand hat einen Rechtstitel, um sie gegebenenfalls zu verkaufen, was letztlich aber auch nicht im Sinne der Diplomaten wäre. Geld zur Instandsetzung ist schon gar nicht vorhanden, das städtische Ordnungsamt, so Hersi, könne nicht helfen, ebensowenig das Auswärtige Amt. Nachbarn wie Bonns Bezirksvorsteher Herbert Spoelgen ist das Haus in exklusiver Hanglage längst ein Dorn im Auge. Spoelgen schrieb an Kinkel, bat ihn, sich der Sache anzunehmen.

Yusuf Bokah, die einstige gefeierte Exzellenz – im Kabinettssaal im Oktober 1977 selbst vom hanseatisch-drögen Bundeskanzler Helmut Schmidt herzlich umarmt und später mit dem Großkreuz des Verdienstordens ausgezeichnet – lebt heute wieder in Bonn. Nicht als Asylant, sondern als Exilant, genauso wie Basi Mohammed Sufi, in den 60er Jahren zweiter Mann an der Botschaft in Bonn, der in Königswinter eine Bleibe gefunden hat. Als somalischer Protokollchef hatte Basi Sufi bei der Befreiung der Geiseln ebenfalls eine maßgebliche Rolle gespielt. Zum Dank bekam er das Große Bundesverdienstkreuz.

Als es allerdings 1991 um den Asylantrag der beiden Diplomaten und ihrer Familien ging, zeigte sich die Bundesrepublik zunächst vergeßlich. Erst als die Freunde von einst, darunter der „Held von Mogadischu", Hans-Jürgen Wischnewski, sich für sie einsetzten, und sich nach Presseberichten auch der Kanzler einschaltete, erhielten beide eine besondere Aufenthaltsbefugnis. Seither leben sie von der Sozialhilfe, zuzüglich einer kleinen finanziellen Unterstützung aus einem Fond des Auswärtigen Amtes. 2 000 Landsleute, sagt Basi Sufi, lebten derzeit noch in der Bundesrepublik als Flüchtlinge, erhielten aber keinen Paß und könnten sich deshalb nicht frei bewegen. Der Diplomat, der sein Land auch als Botschafter in Peking und Ost-Berlin vertrat, wünscht sich, daß die Somalis hier menschenwürdiger leben können.

Der 63jährige hat keine große Hoffnung, daß sich die Situation bald entspannt: „Es wird immer schlimmer in Somalia. Wir haben zwar große Sehnsucht nach unserer Heimat, aber wir werden wohl weiter in Deutschland bleiben müssen."

Der Artikel des Bonner Stadtanzeigers »Die Helden von damals leben jetzt von Sozialhilfe« dokumentiert auch das Schicksal meiner Familie.

Während der Moderation des internationalen Kinderfestes »23 Nisan«
auf der Bühne am Brandenburger Tor in Berlin

Während eines Fotoshootings in Köln im Sommer 2007

und Winter 2007

Empfangsmoderation für Berlins Bürgermeister Klaus Wowereit

Galamoderation für die BMW Motorsport Party in München

Meine Moderation während der Leichtathletik Weltmeisterschaft
am Brandenburger Tor in Berlin

Meine Leidenschaften: das Moderieren, …

… Modeln, …

… und meine Arbeit als Journalistin.

Coverfoto dieses Buches

6.

ITALIENISCHE HILFE, ABER KEIN DOLCE VITA

»Khadraaa! Khadraaa! Komm, schnell! Sofort!« Tante Titas Stimme überschlug sich und hallte durch den Hof, in dem ich mit anderen Kindern spielte. Dann sah ich meine Tante am Eingang stehen, wo sie mir hektisch zuwinkte.

»Was ist denn los?« Ohne etwas zu erklären, nahm sie meine Hand und zog mich mit sich.

»Dein Vater sucht dich schon überall! Ihr geht weg von hier.« Ich verstand überhaupt nicht, was sie damit meinte, und folgte ihr einfach nach Hause, wo meine Familie schon abfahrbereit wartete.

»Wo sind die Pässe?«, rief mein Vater noch, und Tita brachte sie ihm.

»Sie waren unter dem Wäschestapel versteckt.« Papa steckte sie in seine beiden Brusttaschen, dann stiegen wir ins Auto und fuhren los. Ich sah aus der Heckscheibe nur noch meine Oma, die weinte, und Tita, die winkte.

Unsere Fahrt endete am Flughafen, hier, wo vor fünf Jahren alles begonnen hatte. Schon von Weitem konnte ich eine aufgeregte Menschenmenge sehen, und sobald wir die Autotüren öffneten, schwappte der Lärm hinein. Alle schrien durcheinander, die Menge drängte gegen die Absperrung, die das von Soldaten umringte Militärflugzeug schützte. Mein Vater nahm Chuchu auf den Arm und zog Nanna an der Hand, meine Mutter und ich griffen Jamals Hände und hasteten hinter ihm her durch die Menge weiter nach vorn, immer weiter nach vorn, bis uns ein Soldat den Weg versperrte.

Dann sah ich einen Mann in einem grauen Anzug, der unter dem Flügel der Maschine stand. Seine Haare flogen wild durch die Luft, weil die Propeller sich hinter ihm schon drehten, und als er uns erblickte, winkte er dem Soldaten zu, sodass wir passieren durften und ins Flugzeug rannten.

In so einer Maschine hatte ich noch nie gesessen. Es gab keine Sitze, sondern nur eine große Ladefläche, auf der Kisten transportiert wurden, die mit Netzen gesichert waren. Außer uns saßen auch nicht viele Menschen drin, nur ein paar Soldaten noch und der Mann im grauen Anzug war eingestiegen und hatte hinter sich die Tür geschlossen.

Wir hockten uns auf den Boden und ich schaute aus einem kleinen Fenster auf die Menschenmenge, die immer noch tobte. Alle wollten raus aus Mogadischu und in diesen Flieger, egal, wohin der flog, aber nur wir durften mit. Es sollte das letzte Bild sein, das ich bis zum heutigen Tag von meinem Land gesehen habe.

Wie sich später herausstellte, war der Mann im grauen Anzug der italienische Botschafter, der mit dem Militärflugzeug einige Hilfsgüter nach Somalia transportiert hatte. Mein Vater kannte ihn gut, hatte aber nur zufällig von diesem Hilfstransport gehört und von einer Sekunde auf die andere die Gelegenheit zur Flucht ergriffen. »Francesco, nimm uns mit, bitte nimm uns mit!«, hatte er ihn angefleht, und der Italiener half uns. Er hat uns so wahrscheinlich das Leben gerettet, denn in Somalia tobt seit nunmehr 20 Jahren der Bürgerkrieg mit Hunderttausenden Toten.

Schräg über meinem Kopf waren Matten befestigt, die aufgeklappt werden konnten, und auf einer lag schon ein weiterer Passagier, es war eine alte Frau, die eine Schusswunde hatte. Sie war in eine braune Filzdecke eingewickelt, die in der Bauchgegend einen großen, roten Fleck hatte. Immer wieder sickerte neues Blut aus ihrer Wunde hervor. Ab und zu stöhnte sie leise, es hörte sich qualvoll an, und ich war sicher, dass sie mit dem Tod rang.

Als wir in der Luft waren, wurde es im Flieger kalt, ich begann zu frieren. Ich trug nur die verstaubten Klamotten, in denen ich vor zwei Stunden noch gespielt hatte. Mein Bruder saß sogar mit freiem Oberkörper neben mir. Ich sah meinen Vater, wie er da in der Ecke an die Wand gelehnt hockte, seinen Kopf auf die Hände stützte und grübelte. Ich weiß nicht, ob er erleichtert war, dass wir es geschafft hatten zu entfliehen, oder ob ihm bewusst wurde, dass wir jetzt völlig auf uns allein gestellt ein neues Leben beginnen mussten.

Ich musste an Ayeya denken. Wir mussten sie und Tita diesmal zurücklassen, weil nicht genug Platz für sie im Flieger war, und ich wusste, dass sie sich für uns gefreut hatte, aber auch tieftraurig sein musste, weil sie von nun an allein war. Seitdem ich denken konnte, hatte Ayeya immer bei uns gewohnt und war überallhin mitgereist. In jedem Land, in dem wir lebten, hatte sie ihr eigenes Zimmer gehabt, und es gab zwei Sachen, die meine Oma über alles liebte: uns Enkelkinder und das Geld. Als sie mal Zahnschmerzen hatte und vor lauter Schmerz regungslos im Bett lag, tat sie mir so leid, dass ich es Papa erzählte.

»Hier, gib ihr das, das heitert sie bestimmt wieder auf.« Er hatte mir einige somalische Banknoten gegeben und als ich ihr diese hinhielt, strahlte sie plötzlich so sehr, dass ich ihre kurzen, bräunlich verfärbten Vorderzähne sehen konnte. Sie rollte das Geld zu einem Bündel und versteckte es unter dem Knoten, mit dem sie ihr Gewand über der Schulter band. Sie besaß traditionelle Gewänder in allen erdenklichen Farben und verkaufte die Stoffe, die in kleine, durchsichtige Plastikfolien verpackt waren. Damit zog sie über die Dörfer, um sie den Frauen vorzuführen. Einmal durfte ich sie bei ihrer Verkaufstour begleiten. Das Verkaufsgespräch bestand daraus, zu tratschen, Tee zu trinken … und nach Stunden wurden schließlich mal ein paar Gewänder aus den Verpackungen geholt und angeschaut. Mal kauften sie ihr etwas davon ab, wenn zum Beispiel eine Hochzeit oder ein ähnliches Fest bevorstand, mal nicht. Reich wurde Oma nicht davon, aber zumindest hatte sie etwas zu tun und kam an ein bisschen Geld.

Warten im »Dazwischen«

Unser Flug sollte via Kenia nach Ägypten gehen. Als wir in Nairobi zum Zwischenstopp landeten, verabschiedete sich unser Retter Francesco ins Hotel, während wir den Flughafen nicht verlassen durften und auf den Weiterflug warten mussten. Ich weiß nicht, wohin die alte, schwer verletzte Frau gebracht wurde, nur, dass zwei Männer sie auf einer Trage wegtrugen und dass sie keinen Ton mehr von sich gab und sich auch nicht mehr bewegte.

Schon im Flughafengebäude wurde ersichtlich, dass es den Menschen im Nachbarland Kenia besser gehen musste als denen in Somalia. Der Airport war groß, hell erleuchtet, klimatisiert und voller Duty-free-Shops. Als ich umherschlenderte, sah ich erstmals seit Jahren wieder so viele schöne Sachen, wie ich sie zuletzt in Berlin gesehen hatte. Vor einem Shop stand eine Sicherheitsfrau in beigefarbener Uniform. Ihr musste man beim Hineingehen sein Handgepäck abgeben. Beim Verlassen des Geschäfts tastete sie die Kunden mit einem kleinen Gerät ab, das sie in der Hand hielt. Wenn es piepste, musste man seine Taschen leeren. Drinnen gab es alles, was ich begehrte: Cola, Vollmilchschokolade mit Haselnüssen und Rosinen, Nougat, Bonbons, Kaugummi. Allein der Anblick der bunten Süßigkeiten, die mir früher so vertraut gewesen waren, machte mich überglücklich, denn ich begann zu verstehen, dass wir nicht mehr auf der Flucht und hier sicher waren, obwohl die Zeichen des Krieges mich schon ein paar Meter weiter einholten. Auf dem Fußboden und auf den Sitzbänken vor den Schaltern saßen überall Flüchtlinge, die an ihrer Sprache und ihrem Aussehen zu erkennen waren, so wie wir auch. Einige schliefen auf einem Fetzen Stoff, den sie hatten retten können, andere starrten geistesabwesend vor sich hin, wie diese Frau mit ihren drei Töchtern, die mir auffiel.

»Hier, mein Kind, das ist unser letztes Geld, hol uns noch etwas zu essen davon«, sagte sie zu ihrer Ältesten, die den zerknüllten Schein mit ihren dünnen, langen Fingern nahm und dann zu überlegen schien, was sie davon als letzte Mahlzeit für sich und ihre Familie kaufen sollte. Sie taten mir leid und ich rannte zu meinen Eltern, die auf einer Sitzbank Platz gefunden hatten, während meine Geschwister umherliefen.

»Papa, da drüben sitzt eine arme Frau«, sprudelte es aus mir heraus und ich erzählte ihm die ganze Geschichte. »Das ist ja traurig, wir sollten ihnen helfen«, sagte er, griff sich in die Hosentasche und zückte zwanzig amerikanische Dollar. »Bring ihnen das!« Als ich der Frau, die sich eben auf den Fußboden hingelegt hatte, den Schein hinhielt, sprang sie auf.

»Hier, das soll ich Ihnen von meinem Vater geben.« Zögerlich griff sie nach dem Geld, so, als ob sie es nicht glauben konnte und noch nach Worten suchte, aber noch bevor sie etwas sagen konnte, rannte ich auch schon wieder davon.

»Heute gehen wir in ein Restaurant!«, verkündete mein Vater, der immer noch auf der Bank saß, und wie aus einer Kehle schrien Nanna, Jamal und ich: »Ja, ja, jaaaaaa!« Auch meine Mutter strahlte übers ganze Gesicht und schaukelte aufgeregt Chuchu auf ihrem Schoß. Früher in Berlin waren wir oft essen gegangen, ich mochte am liebsten Kartoffelsuppe, Tintenfisch und Kaviar, den ich meinem Vater vom Teller mopste, und das Restaurant auf dem Fernsehturm, weil es sich drehte und uns der Blick hoch über der Stadt faszinierte. Daran musste ich denken, als mein Vater mit uns ins Flughafenrestaurant ging, das im obersten Stock war.

Wir saßen direkt am Fenster, sodass wir die Lichter Nairobis sehen konnten. Wir bestellten eine gemischte Platte aus den Nationalgerichten mit Ugali, ein Brei aus gekochtem Maismehl, Nyama Chomo, gegrillte Fleischsorten, und Sukuma Wiki, ein kohlartiges Gemüse, dessen Name so viel bedeutet wie »die Woche herumbringen«, sowie Samosas, knusprig gefüllte Teigtaschen. Als der Kellner die Teller abräumte, hatten wir uns seit Langem erstmals wieder die Bäuche richtig vollgeschlagen.

Und es war ein ausgelassener Abend, an dem wir viel lachten und nicht ein einziges Wort über unsere Flucht oder unsere ungewisse Zukunft verloren. Zurück am Terminal suchten wir uns ein Plätzchen auf dem Boden und schliefen schnell ein, denn so kurios es klingen mag, es war ein richtig schöner Tag gewesen.

Am nächsten Morgen warteten wir vergeblich auf den Weiterflug nach Ägypten. Wir konnten das Militärflugzeug vom Fenster aus sehen, aber die Crew und der italienische Botschafter tauchten nicht auf. Vor allem meinem Vater merkte man jetzt die Strapazen der letzten Monate an. Seine Beine schwollen im Laufe des Tages an und er bekam Fieber. Immer wieder schauten wir nach, wann der Flieger weiter nach Ägypten gehen würde, aber er stand nicht auf der Abflugtafel. Drei Tage und drei Nächte ging das so und meinem Vater ging es immer schlechter, bis er schließlich einen Schwächeanfall bekam und wir das Personal um Hilfe bitten mussten. Ins Krankenhaus wollte er nicht, weil er fürchtete, den Abflug zu verpassen, aber er durfte sich in einem separaten Aufenthaltsraum hinlegen.

»Lieber Gott, bitte nimm mich erst zu dir, wenn meine Kinder in Sicherheit sind«, hörte ich ihn leise beten, und dieser Satz traf mich mitten ins Herz. Ich hatte ihn noch nie so schwach, so leidend gesehen und ich war sicher, dass er nun sterben würde. Die ganze Nacht tat ich kein Auge zu, aus Angst, er würde mich verlassen. Aber am nächsten Morgen ging es ihm etwas besser und Francesco kam, um uns mit in den Flieger zu nehmen. Endlich ging es nach Ägypten.

7.

UND PLÖTZLICH ARM

Unser neues Leben begann mit einer Busfahrt in Kairo Richtung Zentrum. Keiner sagte etwas. Wir hatten nichts, außer unseren Pässen und der Kleidung, die wir trugen. Mein Vater war immer noch erschöpft, saß aber aufrecht auf seinem Platz. Er hatte eine so stolze Körperhaltung, dass man ihn daran von Weitem erkennen konnte. Sein Kinn war leicht angehoben, die Schultern gestrafft, die Brust vorgestreckt, der Rücken gerade und der Blick nach vorn gerichtet. So saß er in Gedanken versunken und ich konnte seine Gedanken förmlich hören, denn seit Ausbruch des Krieges hatte er mir mehr und mehr seine Entscheidungen und die Hintergründe dafür erklärt. Heute denke ich, dass ich die Einzige war, die sich für all das interessierte, und dass er gespürt hat, dass ich mit nicht mal zwölf Jahren auch die Einzige war, die ihn verstand. Wie geht es jetzt weiter? Wo soll ich meine Familie unterbringen? Wie komme ich schnellstmöglich an Geld für etwas zu essen? All diese Fragen schossen ihm durch den Kopf. Das, was ihn beruhigte, war ein Konto mit seinen gesamten Ersparnissen bei einer Bank in England. Das sollte unseren Start erleichtern und unsere Zukunft sichern – dachte er.

Er kannte auch eine somalische Familie, die mit uns über mehrere Ecken verwandt war und in Kairo lebte. Aber er wusste weder, ob sie noch lebten, noch, wo sie genau wohnten oder wie ihre Telefonnummer war. Er kannte nur den Namen und wusste, dass es im Stadtzentrum sein musste. Also fuhren wir dorthin in der Hoffnung, in ihnen einen ersten Kontakt zu finden. Als wir aus dem Bus stiegen, liefen wir in irgendeine Richtung, einfach geradeaus. Noch immer sagte keiner etwas. Was hätten wir auch sagen sollen? Alles lag in Gottes Hand.

Irgendwann liefen wir an einem kleinwüchsigen Ägypter in einem schwarzen Anzug mit weißem Hemd und abgetragenen Lackschuhen vorbei. Die oberen Knöpfe seines Hemdes waren geöffnet, sodass man seine starke Behaarung sehen konnte, und sein Bauch war leicht vorgewölbt. Er war Goldhändler, stand gerade vor seinem Laden und blickte in unsere Richtung. Papa schaute ins Schaufenster, wo Uhren, Schmuck und Gold ausgelegt waren. »Hast du die kleine Tüte bei dir, die mit dem Schmuck?« Mama kramte in ihrer Tasche, wo unsere Pässe und eine kleine Plastiktüte waren, in die sie alle Wertsachen gestopft hatte. Der spitze Schmuck hatte die Tüte schon völlig durchlöchert. Papa nahm sie und ging mit ihr in den Laden. Der Verkäufer folgte ihm eilig, als wittere er ein gutes Geschäft. Es verging eine Weile, und durchs Schaufenster sah ich, dass der Verkäufer auf einem Hocker hinter seinem Tresen saß und Papa davor. Mit großen Augen und offenem Mund lauschte der Mann Papas Worten. Dann schaute er sich wieder das nächste Schmuckstück an, das auf seinem Glastisch lag. Irgendwann kam mein Vater raus und sah erleichtert aus. Auch der Verkäufer nickte uns grinsend von seinem Hocker aus zu.

»Wir haben eine Wohnung!« Wir blickten Papa verwirrt an. »Ich habe ihm gerade unser Gold verkauft. Er hat mir erzählt, dass er im Stockwerk über seiner eigenen Wohnung eine Wohnung leer stehen hat. Wir könnten sofort einziehen.« Der Verkäufer nickte uns immer eifriger zu. Papa hatte ihm von unserer Flucht erzählt und dass wir eine Bleibe brauchten. Jetzt kam der Ägypter raus aus seinem Laden und lächelte wie jemand, der weiß, dass er gerade etwas Gutes getan hat. Mit dem Großteil des Geldes, das Papa für das Gold bekommen hatte, zahlte er die Miete für ein ganzes Jahr vorsorglich im Voraus. Unsere Ankunft in Ägypten war ein Glückstreffer, das Schicksal hatte es gut mit uns gemeint, endlich wieder mal. Sogar bei Mama wich die Sorge, obwohl man auch ihr die Strapazen ansehen konnte. Woher sollten wir auch ahnen, dass unser Kampf ums Überleben noch längst nicht beendet war!

Die neue Wohnung lag im 17. Stock, und wir mussten den Aufzug benutzen.

»Ich hoffe, er funktioniert. Normalerweise bleibt er mehrmals am Tag stecken«, berichtete der Ägypter. »Neulich waren Leute stundenlang hier drin gefangen, weil er einfach nicht mehr fuhr.« Dann lachte er laut auf. In diesem Moment hätte er mir so ziemlich alles erzählen können, ich war durch nichts mehr zu erschüttern. Ich war so glücklich, dass wir alle noch am Leben waren, jeder von uns hätte bereits tot sein können, so wie viele unserer Verwandten und Landsleute. Und der Fahrstuhl funktionierte, der nette Ägypter schloss uns die Wohnung auf und breitete seine Arme aus.

»Willkommen!« Er trat als Erster ein, wir folgten ihm ins Wohnzimmer. Es war spärlich eingerichtet, nur mit einem dunklen Teppich, auf dem ein schwarzer Esstisch und eine kleine Couch standen. Eine schwache Glühbirne erhellte den Raum. Der Ägypter guckte uns erwartungsfroh an und genoss offenbar seine Rolle als Wohltäter. Papa klatschte in die Hände und umarmte ihn: »Danke! Ich danke dir so sehr!« Der Ägypter klopfte ihm auf die Schulter: »Oh, gerne, gerne! Wenn ihr noch irgendwas braucht, wir wohnen genau ein Stockwerk unter euch.«

Am nächsten Tag machte mein Vater erste Pläne. Er nahm sein kleines Adressbuch und blätterte darin herum. Er wollte ein paar Sachen beginnen, die unsere Situation verbessern sollten. Da waren die Verwandten hier in Kairo, die ausfindig gemacht werden mussten, alle Kontakte im Ausland, die uns irgendwie weiterhelfen konnten, Geld musste her, und zwar möglichst schnell. Ein bisschen Bargeld hatte er von dem Schmuckverkauf übrig, aber das würde nicht lange für eine sechsköpfige Familie reichen.

Seit vielen Jahren hatte er regelmäßig auf einem Konto bei der BCCI-Bank Geld zur Seite gelegt, so viel, dass es uns ein normales Leben ermöglichen würde, egal, was auch passieren sollte. Aber es war nicht einfach, von Kairo aus an sein Konto zu kommen, zumal ihm viele Bankpapiere fehlten. Es war so schade um die Häuser, um das große Grundstück und die ganzen Besitztümer, die wir in Somalia aufgeben mussten, aber in diesem Moment musste mein Vater darüber nachdenken, welches Leben wir gewonnen hatten und wie wir daraus etwas machen konnten, auch wenn das bedeutete, dass wir von ganz unten anfangen mussten. Es gab kein Zurück mehr.

Er telefonierte immer aus der Telefonzelle auf der anderen Straßenseite und eines Tages hatte er unsere Verwandten ausfindig gemacht, die tatsächlich nur einige Häuserblocks entfernt wohnten. Als wir sie besuchten, war die Freude groß und es sprach sich unter allen Landsleuten hier schnell herum, dass auch meinem Vater die Flucht nach Kairo gelungen war. In der Notlage, in der wir uns befanden, halfen die Verwandten so gut es ging. Sie zeigten uns alles, was wir in Ägypten benötigten, führten uns durch die Stadt und nahmen uns überallhin mit, damit wir uns einleben konnten.

Ich wollte wieder in die Schule gehen, aber für die Privatschulen in Kairo hatten wir kein Geld. Also musste ich zunächst Arabisch lernen, und das ging ganz fix. Die Melodie der Sprache war mir schon aus Somalia bekannt, außerdem lauschte ich meinem Vater immer, wenn er mit anderen Leuten arabisch sprach, und las ihm die Wörter von den Lippen ab. Meist konnte ich es mir selbst übersetzen, und wenn ich dennoch einmal nichts verstand, fragte ich ihn.

Damit ich im Rechnen und Schreiben die Übung nicht verlor, stellte er mir jeden Tag Aufgaben, für die es eine Belohnung gab, bis zu fünf ägyptische Pfund. Damit konnte ich mir ab und an Süßigkeiten kaufen.

Auch im Haushalt hatte ich einige Verpflichtungen übernommen, ich lernte, wo der Markt war, um Lebensmittel zu kaufen, sogar das Feilschen mit den Marktschreiern beherrschte ich. Mit den vollen Einkaufstüten musste ich oft die 17 Stockwerke hoch zur Wohnung laufen, weil der Fahrstuhl mal wieder kaputt war, aber ich konnte schleppen wie ein Esel. Wenn ich das Gefühl bekam, dass meine Arme gleich abfallen würden, legte ich eine Pause ein, damit wieder Blut durch meine Finger lief, dann ging ich weiter.

Mama war gesundheitlich so angeschlagen, dass sie ohne die Hilfe von Ayeya und Tita nicht für uns sorgen konnte, sie konnte nicht mal mehr für sich selbst sorgen, also übernahm ich ihre Aufgaben. Mein Vater wusste, dass ich mit dem Geld haushalten konnte und der Familie etwas zu essen damit kaufen würde, egal, wie viel er mir in die Hand drückte. Und während ich mich um den Haushalt kümmerte, versuchte er uns von Ägypten aus nach Deutschland zu bringen. Er hatte Freunde dort, und mein Stiefbruder Karim wohnte in Frankfurt. Aber es war nicht einfach und die ganze Bürokratie verzögerte es zusätzlich.

Nur sehr selten gönnten wir uns etwas. Eines Tages nahm mein Vater mich mit zu einem Friseur in die Nachbarschaft. Der Mann war Ende 30, trug einen buschigen Bart und während er mir das Haar glättete, versuchte er mit mir ins Gespräch zu kommen:

»Woher kommst du?« Ich antwortete nur knapp, denn ich wollte nicht reden, aber auch nicht unhöflich sein. Ich fühlte mich bei diesem Mann nicht wohl, denn der Salon war menschenleer und die Fummelei an meinen Haaren dauerte mir schon viel zu lange. Ich saß da und tröstete mich, dass ich gleich mit einer wunderschönen Frisur nach Hause gehen würde. Dann war es endlich Zeit, die Lockenwickler rauszunehmen. »Steh mal auf.« Ich stand auf, war mir aber nicht sicher, was er wollte. »Komm mal näher.« Er packte mich an den Schultern und drehte mich um. Ich stand nun mit dem Rücken zu ihm. Dann fing er an, die Lockenwickler einzeln aus den Haaren zu nehmen … »Noch näher.« Ich tat wie mir geheißen, aber nun war nicht mehr viel Platz zwischen uns. Plötzlich spürte ich erst seinen Körper an meinem Rücken, dann seine Erregung. Ich ekelte mich so sehr, denn ich wusste genau, was gerade zwischen seinen Beinen passierte. Ich bekam Angst und verkrampfte, aber diesmal wollte ich es nicht über mich ergehen lassen. »Mach den Mund auf, Khadra!«, dachte ich. Ich wusste, dass dieser Mann kein Recht hatte, das zu tun, und wie beiläufig zupfte er währenddessen weiter an meinen Haaren rum. Jetzt wurde ich wütend, ich konnte es richtig spüren, wie die Wut in mir aufstieg. Und dann brach es endlich aus mir heraus.

»WAS WILLST DU DENN? WARUM DRÜCKST DU DICH AN MICH?« Der Friseur erschrak und ging einen Schritt zurück, aber er versuchte, sich nichts anmerken zu lassen: »Ähhhh, ich komme sonst so schlecht an die Wickler ran.«

»ICH WILL ABER NICHT STEHEN!«, schrie ich und war selbst erschrocken, als ich mein Gesicht im Spiegel sah, das war kein kleines Mädchen mehr, das mich so wütend anstarrte. Jetzt wurde auch der Friseur unruhig.

»Ähhh, ja gut, setz dich wieder, wenn du willst.« Ich setzte mich und er zupfte die restlichen Wickler aus meinem Haar. Dann kam mein Vater durch die Tür und ich war so glücklich, ihn zu sehen, auch seine Augen glänzten, während er mich anlächelte.

»Wow, Njunja! Schau dich an, wie schön du bist!« Ich konnte ihm nicht erzählen, was passiert war, nicht jetzt und niemals, nicht mal darüber nachgedacht habe ich in diesem Augenblick und nie danach, dafür schämte ich mich einfach zu sehr. Papa nahm meine Hand und wir gingen. Auf der Straße sah ich unsere beiden Schatten vor uns her spazieren, ein Mann, der die Hand eines Mädchens hielt, das herumhüpfte und ihre schönen Haare im Wind wehen ließ.

Kleine Freuden – und große Nöte

Im Fernsehen schaute ich mir alle möglichen Serien an, vor allem *Roots* und *Fackeln im Sturm* liebte ich. In Somalia hatten wir nur alte Videofilme gesehen, die Geschichte von *Rocky Balboa* kannte ich in- und auswendig. In Kairo sehnte ich den Dienstagabend herbei, denn dann gab es immer die Geschichte meines neuen Helden zu sehen: Kunta Kinte, der aus Afrika mit dem Schiff nach Amerika verschleppt worden war, um als Sklave seinem Herrn und Massa zu dienen. Aber er widersetzte sich jeder Demütigung, die ihm und seinen Landsleuten angetan wurde, und behielt immer seine Würde.

An einem Vormittag, nachdem ich gerade vom Markt gekommen war und meine Mutter uns in der Küche das Essen zubereitete, sah ich fern. Es war eine Kindersendung, die ich auch besonders gern mochte, denn dort wurde vorgeführt, wie man Spielzeug selbst basteln konnte, und an diesem Tag war es eine Puppe aus Schaumstoff. Es war ganz einfach: Zunächst wurde aus dem Schaumstoff mit einer Schere eine Kugel herausgeschnitten, die später der Puppenkopf werden sollte. Dann wurde ein dünner Stock hineingesteckt und um den Kopf ein großes Stück Stoff gebunden, sodass die Zipfel wie ein Kleidchen herunterhingen. Zuletzt bekam die Puppe noch Knopfaugen, Nase und Mund angenäht. Ich war Feuer und Flamme! Ein paar Pfund hatte ich noch, aber ich hatte keine Ahnung, wo ich den Schaumstoff kaufen konnte. Zwei Stunden lang rannte ich über den Markt und von Geschäft zu Geschäft und gerade als ich aufgeben und mit dem Bus nach Hause fahren wollte, weil es schon dunkel wurde, wurde ich fündig. In einem kleinen Laden an der Haltestelle hatte der Händler in der Ecke hinter der Kasse ein altes Kissen aus Schaumstoff, das ich ihm abkaufte. Einen Namen hatte ich für meine Puppe schon, Trixy, und am nächsten Tag frühmorgens fing ich auf dem Wohnzimmerboden an zu basteln. Außer den Augen, die in der Höhe leicht versetzt waren, gelang sie mir auch, der Aufwand hatte sich gelohnt und ich hatte wieder eine Puppe, die mich beim Spielen vieles vergessen ließ.

Es war Abend, der Fernseher lief im Hintergrund und ich saß auf dem Boden im Wohnzimmer und versuchte mich an meinem neuesten Hobby: dem Nähen. Es war nervenaufreibend, denn ich kämpfte damit, die dünne Schnur durch die winzige Nadelöffnung zu bekommen. Die Schlafzimmertür hinter mir war geöffnet, mein Vater lag auf dem Bett und als er das Radio lauter stellte, drehte ich mich zu ihm um. Er hörte einen englischen Sender und es musste etwas Wichtiges sein, was gerade berichtete wurde, denn er wirkte nicht nur konzentriert, sondern angespannt. Er hatte seine Augenbrauen zusammengezogen, sodass sich drei tiefe Falten auf seiner Stirn bildeten, die immer dann zu sehen waren, wenn er besorgt war. Ich wollte ihn jetzt lieber nicht stören und drehte mich zum Nähen wieder um. Als ich das Endstück der Schnur im Mund angefeuchtet hatte, glitt es endlich durch das winzige Nadelloch.

Es war kein Schrei, der mich aufschrecken ließ, eher ein tiefes, lautes Stöhnen, das ich noch nie zuvor gehört hatte, begleitet von einem undeutlichen »Oh mein Gott, lieber Gott, bitte nicht, bitte nicht«. Mit ausgestreckten Armen flehte mein Vater erst zur Decke, dann verdeckte er mit den Handflächen sein Gesicht, wodurch das Stöhnen etwas leiser und noch dumpfer wurde. Dann holte er tief Luft und dabei zitterte sein ganzer Körper. Während ich langsam zu ihm schlich, versuchte ich zu begreifen, was geschehen war. Mein Vater bekam nicht mehr mit, was um ihn herum geschah, und ich verstand seine Körpersprache nicht, weil ich ihn noch nie so gesehen hatte.

»Papa, was ist denn los?« Als ich an seinem Bett stand, sprach ich so leise, dass ich mich selbst kaum hören konnte, und die Laute, die mein Vater von sich gab, hätten ohnehin alles übertönt. Als er zu weinen begann, ahnte ich, wie schlimm das war, das passiert sein musste.

»Papa, was ist denn los?«, fragte ich wieder zögerlich. Endlich drehte er seinen Kopf zu mir und blickte mich für eine Sekunde an wie ein Mann, der Hilfe sucht. Dann flüsterte er: »Wir haben unser Geld verloren. Alles ist weg.« Das Vermögen, das er auf der Bank in England angehäuft hatte, war weg, die Bank war nach einem Korruptionsskandal pleite, das war die Nachricht, die er im Radio gehört hatte. Wir hatten alles verloren, einfach alles, es gab kein Gold mehr, das wir verkaufen konnten, keinen Schmuck, nichts, wir waren arm. Noch am Abend wurde das Geld, das wir hatten, abgezählt und am Ende hielt er mir einen zerknüllten Schein vors Gesicht: »Mit fünf Pfund müssen wir jetzt jeden Tag auskommen«, sagte er. Es war die Summe, die ich bisher fürs erfolgreiche Lernen von ihm bekommen hatte, jetzt sollte ich damit die ganze Familie ernähren, aber ich wusste, dass ich es irgendwie schaffen würde.

Am nächsten Morgen lief ich runter, um auf dem Markt fürs Essen einzukaufen, und trotz geschickten Feilschens mit den Händlern hatte ich mit nur fünf Pfund nicht viel Auswahl, sodass wir uns in den folgenden Wochen meist von ein paar Tomaten und Nudeln oder Reis ernähren mussten, bis wir nur noch ein paar Münzen hatten. Wir hatten zwar die Miete im Voraus bezahlt und somit noch einige Monate ein Dach über dem Kopf, aber wovon sollten wir leben? Mein Vater schnappte sich sein kleines Adressbuch und wir gingen hinunter zur Telefonzelle.

»Ich werde jetzt für die nächsten Tage ein paar Termine machen«, sagte er nur und wählte. »Hier ist Basi Mohamed Sufi«, sprach er in den Hörer. »Ja, ja, genau der. Ich würde mich gerne mit Ihnen treffen.« So ging das, Telefonnummer für Telefonnummer, bis er mehrere Verabredungen getroffen hatte und keine Münzen mehr besaß.

Am nächsten Morgen zogen wir los und an einer belebten Straße sah ich Papas Bekannten schon von Weitem warten, weil er in der Menschenmasse auffiel. Er war Somalier und groß gewachsen, sah gepflegt aus in seiner beigefarbenen Stoffhose und dem Jeanshemd und hatte die Arme hinter dem Rücken verschränkt. Sie gaben sich kurz die Hand, aber es war keine herzliche Begrüßung wie sonst üblich, wenn mein Vater Verwandte oder gute Freunde wiedersah. Diesen Mann kannte er offenbar nicht besonders gut. Wir gingen ein paar Schritte und ich hielt mich hinter ihnen, sodass ich im Trubel auf der Straße nur ein paar Wortfetzen mitbekam, aber verstehen konnte, dass sie englisch sprachen.

»… und deshalb sind wir jetzt in einer Notlage … wir sind auf jeden Penny angewiesen …« Mein Vater bat diesen Mann um Geld, ausgerechnet er, der immer so stolz und großzügig gewesen war, der so vielen geholfen hatte, brauchte jetzt selbst Hilfe. Aber er schien sich nicht dafür zu schämen, er bettelte auch nicht, es wirkte eher wie ein Gespräch unter Geschäftsleuten, so wie ich ihn schon so oft gesehen hatte. Doch je länger es dauerte, desto zurückhaltender wurde der andere Mann, und plötzlich blieben sie stehen. Dann ging alles ganz schnell. Der Fremde griff in seine Hosentasche, drückte ihm etwas in die Hand, sie verabschiedeten sich noch schneller, als sie sich begrüßt hatten, der Mann eilte davon und mein Vater hielt mir einen grünen Geldschein entgegen.

»20 Pfund!«, sagte er und lächelte mich an. »Hier, steck das ein.« Ich knüllte den Schein zusammen und steckte ihn in meine

Hose. So oder so ähnlich verliefen alle Verabredungen an diesem und den nächsten Tagen, mal gaben die Männer etwas mehr Geld, mal etwas weniger. Ich schaute ihn immer erwartungsvoll an und er hielt entweder den Daumen hoch, wenn er eine hohe Summe geschenkt bekam, oder er wippte mit seiner Hand hin und her, dann würde das Geld vielleicht zwei, drei Tage reichen. Abends legten wir dann alles zusammen und wussten, für wie lange wir uns etwas zu essen kaufen konnten. Ich war stolz, dass wir zwei so ein starkes Team waren.

Wenn ich mich heute erinnere, wie meine Familie und ich all das durchgestanden haben, dann gibt es nur eine Antwort: Das Einzige, was wir hatten, das Letzte, woran wir uns festhalten konnten, war der Glaube an Gott. Uns war bewusst, dass jeder Einzelne von uns längst hätte tot sein können, aber wir waren alle sechs davongekommen, wir lebten noch, und das war das größte Geschenk und ein Zeichen Gottes, dass unsere Zeit noch nicht vorbei war.

Ich selbst konnte nur noch daran denken, wie wir an Geld kommen und etwas zu essen bekommen konnten. Wenn ich mit den Tüten in der Hand die 17 Stockwerke hinauflief, schaute ich weder nach links noch nach rechts. »Geh weiter, Khadra, geh weiter, weiter, weiter …«, redete ich mir selbst zu. Ich beschwerte mich nicht, kannte keine Müdigkeit, keine Schmerzen, keine Tränen. Ich war zwölf Jahre alt und die Zeit der Gutenachtgeschichten, die ich früher so geliebt hatte, war vorbei, denn keine Geschichte der Welt hätte mich aus dieser Realität entführen können. Stattdessen bekam ich Albträume. Ängste und Sorgen verfolgten mich in der Nacht, bis unsere Gebete erhört wurden.

All die Monate in Ägypten hatte mein Vater versucht, seine Kontakte in Deutschland für unsere Rückkehr zu nutzen und durch seine langjährigen Freunde Frauke und Manfred Obländer, die mit ihm vor einem Vierteljahrhundert die Deutsch-Somalische Gesellschaft gegründet hatten, sollten wir endlich Besuchsvisa bekommen. Zurück ins einzige Land, an das ich positive Erinnerungen hatte, es war zu schön, um wahr zu sein, deshalb dachte ich nicht so oft daran, denn meine Enttäuschung wäre zu groß gewesen, wenn es nicht geklappt hätte. Aber dann wurde es schließlich doch wahr: Wir knapsten unser letztes Geld zusammen, um am Fotoautomat die Bilder zu machen – wir hatten die Tickets ins neue Leben!

8.

EIN NEUES DEUTSCHLAND

Ich starrte auf die Anzeige an der Wand, an der gerade die letzte Zahl mit einem Klack wechselte und aus der 5 eine 6 wurde. In hellem Grün leuchtete jetzt die 156 auf. Ich knüllte unseren Nummernbon auseinander, der in meinen verschwitzten Händen schon ganz durchgeweicht war, weil ich ihn verkrampft festhielt.

»Pass gut auf den Bon auf. Wenn diese Nummer dort oben angezeigt wird, dann sind wir dran«, hatte Papa bei unserer Ankunft gesagt. Das war jetzt schon drei Stunden her und es würde noch einige Stunden dauern, bis wir an der Reihe waren, denn auf unserem Bon stand die Nummer 321.

Wir waren jetzt schon einige Wochen in Deutschland und bei Freunden untergekommen, aber nun waren unsere Touristenvisa abgelaufen und wir mussten Asyl beantragen. Ich war immer noch so aufgeregt, weil alles um mich herum deutsch war, es war so spannend, die Straßenschilder zu lesen, die Plakate an den Wänden zu sehen und die Sprache um mich herum zu hören, dass ich mich manchmal einfach neben Menschen stellte, um ihrem Gespräch zu lauschen.

Jetzt waren wir in einer großen Halle, etwa so groß wie eine Sporthalle, in die alle Flüchtlinge in Bonn erst einmal verfrachtet wurden. Sie kamen von überall her, was ich an den vielen verschiedenen Sprachen erkennen konnte. Afrikaner, Osteuropäer und Asiaten hockten auf Stühlen, Bänken oder dem kalten Linoleumboden, und nur eine Handvoll Mitarbeiter kümmerte sich um ihre Anträge, was auch deshalb sehr langsam voranging, weil kaum einer der Asylanten Deutsch oder Englisch sprechen konnte und oft wilde Gesten zur Erklärung ausreichen mussten.

Die Beamten an den Schaltern wirkten angestrengt, aber sie waren nicht unfreundlich, sondern versuchten, jeden Fall ordnungsgemäß zu bearbeiten und die Gründe für das Asylbegehren herauszufinden. Hier hatte alles seine Ordnung, so wie ich es als Kind in der DDR kennengelernt hatte, und nach dem ganzen Chaos, das wir hinter uns hatten, war ich trotz der Warterei glücklich darüber, dass alles seinen Weg ging. Und obwohl ich überhaupt nicht sicher sein konnte, wohin uns das Schicksal diesmal wieder führen würde, spürte ich irgendwie, dass es hier nur besser werden konnte, und ich konnte es kaum erwarten, endlich da hinauszugehen und meine neue, alte Heimat wiederzuentdecken. Ich war wieder in Deutschland! Wie oft hatte ich mir das seit unserer Abreise aus Ostberlin gewünscht.

Mittlerweile saßen Papa, Mama und meine Geschwister zusammengedrängt auf einer Sitzbank inmitten der ganzen Flüchtlinge, die hier zu Hunderten mit uns in der Halle versammelt waren. Meine Mutter blickte verunsichert umher und saß ganz dicht neben meinem Vater, während sie die schlafende Chuchu nervös im Arm hin und her schaukelte. So sah meine Mutter immer aus, wenn sie einer unbekannten Situation ausgesetzt wurde. Beide sagten keinen Ton, aber ich merkte meinem Vater genau an, dass sein Kopf brummte, weil er so in Gedanken war und sich überlegte, ob er seine Familie jetzt wohl endgültig in Sicherheit gebracht hatte. Manchmal sprach er seine Gedanken und Sorgen laut aus, manchmal behielt er sie für sich, aber seinem Gesicht konnte man die Last ansehen, die er in sich trug. Er sah sehr erschöpft aus und es kam mir vor, als hätte er jetzt deutlich mehr graue Haare als noch vor wenigen Wochen. Sein Gesicht war viel zu braun gebrannt von der prallen ägyptischen Sonne und seit unserer Flucht aus Somalia hatte er wie ein Löwe pausenlos gekämpft, um uns in Sicherheit zu bringen. Ich wünschte mir so sehr, dass er wieder glücklich werden würde, so wie noch vor nicht allzu langer Zeit, als er mich mit offenen Armen in seinem Armani-Anzug an der Tür empfangen hatte, sobald er von der Arbeit nach Hause kam.

Nachdem wir registriert waren, wurden wir zusammen mit den anderen Flüchtlingen gruppenweise in Bussen platziert, die uns in Unterkünfte brachten. Wir landeten mit unserem bisschen Hab und Gut, das wir in Plastiktüten mit uns trugen, in einem Asylantenheim in Bad Godesberg, das drei Stockwerke hatte. Wir wohnten im zweiten Stock. Vom Treppenhaus aus führten lange Flure nach links und nach rechts, auf denen jeweils vier Zimmer, eine Gemeinschaftsküche mit einem Herd und vier Kühlschränken sowie ein Gemeinschaftsbad lagen. Für jede Flüchtlingsfamilie gab es eigentlich nur ein Zimmer, aber weil wir zu sechst waren, bekamen wir zwei kleinere Zimmer: eins für meine Eltern und Chuchu, das andere für Nanna, Jamal und mich.

In jedem Zimmer standen die gleichen Möbel: ein Tisch mit zwei Holzstühlen, ein brauner Holzschrank und zwei Hochbetten aus silbernem Metall. Die Wände waren weiß gestrichen, sodass das Ganze ein bisschen wie ein einfaches Schullandheim wirkte. In einem der vier Kühlschränke in unserer Gemeinschaftsküche bewahrten wir unsere Lebensmittel auf. Wenn man die Lebensmittel darin nicht selbst schnell genug aufgebraucht hatte, dann nahm es ein anderer weg. Milch, Brot, Spülmittel, eigentlich alles, was man in der Küche liegen ließ, verschwand irgendwann, was nicht verwunderlich war, denn jeder konnte hier ein- und ausgehen. Deshalb horteten die Bewohner das Essen am liebsten in ihrem Zimmer, wenn es irgendwie ging.

Es gab auf jedem Flur nur ein Badezimmer, das man sich mit den anderen Familien teilen musste. Morgens war das ganz besonders chaotisch, wenn alle Kinder zur Schule mussten und sich vorm Bad eine lange Schlange bildete. Der eine stand mit einem Handtuch über der Schulter und einem Stück Seife in der Hand vor der Tür und wartete ungeduldig, während ein anderer gerade auf dem Klo saß oder sich die Zähne putzte und wieder ein anderer unruhig von einem aufs andere Bein hüpfte, weil er auf die Toilette musste und es kaum noch aushalten konnte. Der Tag begann mit Hetzerei, jeder Tag.

Das anfänglich größte Problem war aber, dass wir keine geeignete Kleidung hatten. Der Winter begann und wir hatten nur unsere Lumpen, die wir aus Ägypten mitgebracht hatten und aus denen wir Kinder längst herausgewachsen waren, was jeder unschwer daran erkennen konnte, dass unsere Hosen »Hochwasser« anzeigten.

In der Altkleidersammlung, die in einer Art Garage untergebracht war, durften wir uns neu einkleiden, wobei für meine Geschwister und mich vor allem richtige Schuhe wichtig waren, weil unsere schon ziemlich drückten. Der Geruch in dem mit Kleidung und Spielzeug vollgestopften Raum war eine muffige Mischung aus Mottenpulver und Waschmittel und steckte in allen Klamotten, die wir uns wahllos griffen. Pullis, Hosen, Hemden und Schuhe: Obwohl die Sachen gewaschen oder gereinigt waren, rochen sie doch nach ihren alten Besitzern. Manche Teile musterte ich genau und stellte mir vor, wer sie wohl vorher getragen haben könnte. Meist waren uns Kindern die Sachen zu groß, trotzdem trugen wir sie, weil wir noch reinwachsen sollten. Aber auch mein Vater schwamm in den Anzügen, weil es keine in seiner Größe gab, aber das schien ihm egal zu sein, er band die Hosen später mit einem Gürtel fest oder hielt sie mit Hosenträgern hoch.

Für Damen gab es Kleider mit Blümchenmuster, die aussahen wie alte Gardinen, und in den wildesten Farben, quer und längs gestreift, mit großen und kleinen Motiven. Aber es beschwerte sich keiner, Hauptsache, die Klamotten erfüllten ihren Zweck und waren warm. In großen blauen Mülltüten trugen wir sie in unsere Zimmer ins Asylantenheim und packten alles in den Holzschrank. Bevor ich aber die neuen Pullover und Hosen faltete, probierte ich noch aus, was am besten zueinander passte, denn ich wollte mich doch möglichst schick machen, da ich wieder in die Schule gehen durfte.

Später bekamen wir alle sechs Monate ein wenig Kleidergeld, das gerade reichte, um für jedes von uns Kindern eine Hose, ein Paar Schuhe und ein Oberteil zu bekommen. Meiner Mutter kaufte Papa auch eine Kleinigkeit, wenn etwas übrig blieb, aber meist trugen meine Eltern die Sachen aus der Altkleidersammlung und ich habe sie nie darüber klagen gehört.

In der Nähe des Asylantenheims gab es eine Schule und in diesem Gebäude gab es sowohl ein Gymnasium als auch eine Realschule. Mehr als zwei Jahre lang hatten Nanna, Jamal und ich durch die Kriegswirren und unsere Flucht keinen Unterricht mehr besucht. Wir hatten zwar viel darüber gelernt, wie man ums Überleben kämpft, aber Schulbücher hatten wir alle seit unserer Zeit in der English Private School in Mogadischu nicht mehr in der Hand gehabt.

Zunächst mussten wir einen Test absolvieren, bevor ich dem Gymnasium, Nanna und Jamal der Realschule zugeteilt wurden. Aber es war sehr schwierig für uns, im Unterricht dem Stoff zu folgen, obwohl unsere Lehrer viel Verständnis zeigten und nicht erwarteten, dass wir problemlos mitmachen konnten, sondern uns über die anfänglichen Schwierigkeiten hinweghalfen, bis wir uns angepasst hatten.

Leider half nicht alles, was gut gemeint war. Als ich in die Klasse kam, stellte mich meine Lehrerin so vor: »Das ist Khadra, unsere neue Mitschülerin. Khadra ist mit ihrer Familie aus einem Land geflohen, in dem es einen ganz schrecklichen Krieg gibt und wo die Menschen hungern müssen. Deshalb ist sie hier in

Deutschland.« Sie schielte ein bisschen und lächelte mich an, als ob sie mir gerade einen riesigen Gefallen getan hätte, ich aber schämte mich fürchterlich, weil mich alle in der Klasse anstarrten und ich mir blöd vorkam. Ich lief in die allerletzte Reihe, wo noch ein Platz frei war, und wollte am liebsten nur meine Ruhe haben.

In der Pause ging es jedoch weiter. Ein paar Kinder hatten sich um mich herum versammelt und stellten mir Fragen: »Woher kommst du? Warum ist bei euch Krieg? Wieso seid ihr nach Deutschland gekommen? Hattet ihr auch nichts zu essen?« Alle redeten hektisch durcheinander und ich versuchte die Fragen zu beantworten.

Ein Stück entfernt von der Gruppe stand ein Mädchen mit ihren Freundinnen und ihrer jüngeren Schwester. Sie hieß Valeria, ging in meine Klasse und erinnerte mich mit ihrem geflochtenen Zopf und dem Pony-Schnitt an eine Ballerina, obwohl sie eine Brille trug. Wie sich herausstellte, war sie sehr schlau, ein Ass in Mathe und konnte wunderbar zeichnen. Ich aber bewunderte sie vor allem, weil sie sich so elegant bewegte und immer süß gekleidet war.

Ich beobachtete, wie Valeria ihrer jüngeren Schwester etwas ins Ohr flüsterte und mit dem Finger auf mich zeigte. Dann hielten beide sich die Hand vor den Mund und kicherten. Die anderen in der Gruppe sahen mich auch an und lachten lauthals mit. Ich schaute an mir herunter und nahm meine viel zu großen Klamotten wahr. Jetzt fiel mir erstmals auf, wie schrecklich ich wirklich aussah. Ich sah mich unter den anderen Kindern auf dem Schulhof um und die Einzigen, die außer mir auf dieselbe Weise optisch aus dem schönen Bild herausfielen, waren meine Geschwister, die gerade miteinander spielten. Wir sahen erbärmlich aus, und so fühlte ich mich auch. Die Tränen liefen mir übers Gesicht, als es zur Stunde läutete und wir wieder in die Klassen mussten. Ich versuchte mich zusammenzureißen, aber es ging einfach nicht. Ich schnappte nach Luft und weinte und konnte gar nicht mehr aufhören. Ich setzte mich nach hinten in die letzte Reihe auf meinen Platz, und die Lehrerin sah mich an: »Was ist denn los?«, rief sie.

»Nichts«, ich schüttelte den Kopf und blickte nach unten, damit sie mein Gesicht nicht sah, während ich mir die Tränen wegwischte. Aber mittlerweile schnappte ich schon laut nach Luft und kriegte es nicht mehr unter Kontrolle.

»Khadra, ich muss ja gleich mitweinen, jetzt sag doch, was los ist«, hakte die Lehrerin nach.

»Die lachen mich wegen meiner Klamotten aus«, schluchzte ich.

»Wer lacht dich aus?«, fragte sie. Ich konnte ihr nicht antworten, ich wollte es auch nicht und heulte nur. So schrecklich hatte ich in den ganzen letzten Jahren nicht geweint, aber jetzt brach alles aus mir raus, während meine Lehrerin auf die anderen Kinder einredete.

»Ihr dürft nicht so gemein sein!«, begann sie. »Es gibt Familien, die nicht so viel Geld haben, um sich teure Anziehsachen zu kaufen, deshalb darf man sie nicht auslachen.« Es dauerte eine Weile, bis ich mich wieder beruhigt hatte, denn an diesem Tag spürte ich erstmals, wie tief wir gesunken waren, und als der Unterricht zu Ende war, lief ich nach Hause, kletterte auf mein Hochbett und wollte nur allein sein.

Ich musste an die Schuluniformen denken, die wir früher getragen hatten, und dass mein Vater mir damals erklärt hatte, warum wir sie tragen sollten: Weil wir Schulkinder auf diese Art alle gleich waren und niemand an der Kleidung erkennen konnte, ob man arm war oder reich. Ich fühlte mich so wertlos und konnte einfach nicht begreifen, warum unser Leben sich so radikal ändern musste. All die Jahre, die wir in Somalia waren, hatte ich mir nichts sehnlicher gewünscht, als endlich wieder nach Deutschland zurückzukehren. In meiner kindlichen Fantasie hatte ich nur Positives aus unserer Zeit in Ostberlin mit der Rückkehr in Verbindung gebracht. Aber jetzt fürchtete ich, dass unser Leben nie mehr so werden würde wie vor dem Krieg. Obwohl wir hier sicher waren, wussten wir nicht, wie unsere Zukunft aussehen würde. Waren diese beiden Räume im Asylantenheim unser Zuhause? Wie würde es weitergehen? Zumindest in der Schule ließen sie mich von diesem Tag an in Ruhe, zumal ich mich zurückzog, um auf keinen Fall aufzufallen.

Je länger wir in Bad Godesberg waren, desto mehr kamen auch die Erinnerungen an das Erlebte hoch, die jeder von uns auf seine Weise verdrängt hatte, mit denen jeder selbst fertig werden musste. Bisher hatte keiner von uns die Gelegenheit gehabt, die schlimmen Eindrücke zu verarbeiten, weil es immer wieder neue Probleme gegeben hatte. Sicher, ab und an erinnerten wir uns gemeinsam an Vorfälle, aber es wurde in der Familie nie ausführlicher darüber gesprochen, vielleicht, weil es für alle zu schmerzhaft gewesen wäre, sich unseren Absturz vor Augen zu führen. Auch mein Bruder Farid, der durch das Auswandern nach Kanada von all diesem Leid verschont geblieben war, erfuhr in den Telefonaten mit uns nie, wie schlimm es uns wirklich ergangen war.

Die ganze Situation führte dazu, dass wir die meiste Zeit schweigend in uns gekehrt vor uns hin lebten. Ich sah auch meinen Eltern an, dass sie litten. Meiner Mutter ging es besonders schlecht, sie war oft teilnahmslos und müde, bekam Tabletten gegen ihre Albträume und Depressionen. In ihrem Gesicht war ständig die Furcht vor dem nächsten Schicksalsschlag erkennbar, und mein Vater, der sie immer aufgeheitert und mitgezogen hatte, wurde selbst von den Problemen fast erdrückt.

Um dieser Stimmung zu entfliehen, hielt ich mich immer so lange wie möglich in der Schule auf; nach meinem Unterricht in AGs, in denen wir Theater spielten – meine erste Rolle war eine Ziege – oder einander bei den »Leseratten« Bücher vorlasen. Gegen 16 Uhr musste ich dann gehen, ich fuhr die drei Stationen aber nicht mit der Bahn, sondern trödelte den Weg nach Hause zu Fuß. In dieser Zeit dachte ich viel nach, am meisten bedrückte mich, dass ich Papa und meiner ganzen Familie nicht weiterhelfen konnte.

Marie, eine der wenigen Klassenkameradinnen, mit denen ich außerhalb der Schule Kontakt hatte, lebte im Kinderheim und lud mich eines Tages zu ihrer Geburtstagsfeier ein. Das Heim war ein großes Haus mit einer Holztreppe, die hoch zur Tür führte, hinter der die Eingangshalle lag, die von dicken Holzbalken umrahmt wurde. Von hier aus ging es zum Esszimmer mit einem riesigen Tisch, zur Küche, aus der eine Dampfwolke den leckeren Geruch von Hühnerfrikassee verbreitete, das die Erzieherinnen gerade kochten, und schräg gegenüber gab es eine Art Spielecke mit Lego-Bausteinen, Bällen, Puppen und einer kleinen Tafel, auf die jemand mit bunter Kreide Blumen gemalt hatte. Den Flur entlang waren die Zimmer verteilt, aus manchen Türen drang Musik, andere waren verschlossen. Auf die Flurwand waren große bunte Tiere aufgemalt, Delfine, Giraffen oder Enten. Jedes Kind hatte sein eigenes Zimmer, das mit Postern und Kuscheltieren dekoriert war. Marie war sehr klein für eine 13-Jährige, trug noch dazu eine Brille mit besonders dicken Gläsern und mit ihrer piepsigen Stimme erklärte sie mir alles, während sie mich umherführte. Es gab sogar eine mit Smarties verzierte Torte für sie zum Geburtstag und ich hatte so viel Spaß hier, dass ich erstmals wieder ein Gefühl von Zuhause bekam und es mit meiner Familie teilen wollte.

»Meinst du, ich könnte mit meiner Familie auch zu euch ziehen?«, fragte ich Marie.

»Ja, klar!«, rief sie, und wir rannten zu ihrer Erzieherin, die eine Zeit lang brauchte, um uns klarzumachen, dass das nicht ging.

Im Asylantenheim wohnte eine vietnamesische Familie namens Chang über uns. Das war ihr Nachname, aber sie stellten sich alle nur mit Chang vor, egal, ob es die Eltern waren, die beiden Töchter oder die drei Jungs. Die beiden jüngsten Changs freundeten sich schnell mit Nanna und der kleinen Chuchu an. Mein Kumpel war der mittlere Chang, ein sehr ruhiger, aber schlauer Junge, der mit mir ins Gymnasium ging. Vor dem Asylantenheim gab es eine kleine Wiese, auf der wir uns austoben konnten. Handstand war unser Lieblingsspiel und Nanna war darin die Beste, denn sie konnte sich einige Sekunden lang über Kopf in der Luft halten, bevor sie zurück auf die Beine kam. Der älteste Chang ging nachts manchmal joggen und ich bewunderte ihn für seinen Mut, denn ich konnte mir damals nicht vorstellen, im Dunkeln auch nur einen Fuß vor die Tür zu setzen. Es dauerte eine Zeit lang, bis ich mich in Deutschland sicher fühlte und keine Angst mehr hatte, nachts auf der Straße erschossen zu werden, obwohl ich natürlich wusste, dass es mir hier nicht passieren würde.

Eines Abends sah ich meinen Freund Chang mit seinem Bruder, dem größeren Chang, vom Fenster aus und rief ihnen zu:

»Hey, wohin geht ihr?«

»Wir gehen joggen, komm mit!« Ich zögerte ein bisschen, schnappte mir dann aber das einzige Paar Schuhe, das ich hatte, und rannte runter.

»Ihr müsst aber langsam laufen. Ich bin nicht so schnell«, sagte ich ihnen und wir liefen gemütlich um den Block. Die Straßen waren leer, nicht mal ein Auto fuhr vorbei, alle Wege waren beleuchtet und meine Angst wich mit jedem Schritt einem Gefühl von Sicherheit, das ich gar nicht mehr gekannt hatte und das mich erleben ließ, wie schön die Dunkelheit der Nacht sein konnte. Wir quatschten beim Laufen und scherzten herum. Nach ungefähr einer Stunde kamen wir zurück ins Asylantenheim und ich war so froh, dass ich den Mut gehabt hatte, mit ihnen laufen zu gehen, denn was für sie selbstverständlich gewesen war, war für mich ein Erlebnis.

Zwei Jahre später kam ich morgens in die Schule, alle Schüler und Lehrer standen auf dem Hof, einige weinten und der Unterricht fiel aus. Mein Freund Chang war tot. Er hatte sich von einem

Baugerüst auf der Rückseite der Realschule gestürzt. Es gab viele Gerüchte, warum er es getan hatte, aber den wahren Grund erfuhr ich nie. Ich fühlte mich elend, denn nur ein paar Tage zuvor hatte er mich um ein Markstück gebeten, aber ich hatte ihn nur kurz abgewimmelt. Erst nach seinem Tod fiel mir auf, dass er schon da einen sehr verwirrten und verlorenen Eindruck gemacht hatte. Warum nur hatte ich mir keine Zeit für ihn genommen?

Eines Morgens wurden wir durch einen fürchterlichen Lärm aus dem Tiefschlaf gerissen und richteten uns blitzschnell im Bett auf. An den Augen meiner Geschwister konnte ich erkennen, dass sie genauso ängstlich waren wie ich. Wir kannten diese Geräusche nur zu gut und auch diese Angst. Kein Zweifel, draußen fielen Schüsse. Für einen Moment war ich nicht sicher, wo wir waren, ob es nur ein schlimmer Traum war. Aber ich saß oben auf meinem Hochbett und die Gewehrsalven drangen durchs Fenster ins Zimmer. Ich kroch herunter und lugte hinaus. Der Morgen dämmerte, aber ich konnte nichts erkennen und die Schüsse verhallten. Ich kletterte wieder auf mein Bett und als ich meinen Kopf auf das Kissen legte, pochte mein Herz so stark, dass ich nicht einschlafen konnte. »Ganz ruhig, es ist nichts, ganz ruhig«, redete ich mir selbst zu. Dann riss mein Vater die Tür auf.

»Kommt raus, schnell, schnell, raus!« Wir sprangen von unseren Betten und rannten mit ihm die Treppe hinunter bis zur Eingangstür, wo meine Mutter mit Chuchu bereits wartete, und dann alle vors Haus auf die Straße. Aber es war nichts, gar nichts, keine Schüsse, keine Soldaten, kein Krieg, nur ein Plakat hing schräg an der Laterne und darauf stand: Schützenfest.

Seit unserer Ankunft in Deutschland hatten wir beim Schlafen in unserem Zimmer ein Licht angelassen. Geräusche wie eine Tür, die zugeknallt wurde, laute Stimmen, Klopfen oder eine andere Art von Lärm rissen uns leicht aus dem Schlaf. Und noch heute zuckt mein Körper und rast mein Herz, wenn mir jemand zum Spaß im Dunkeln auflauert, um mich zu erschrecken.

Mein Vater bekam Besuch von einem langjährigen somalischen Freund, der bei uns auf dem Weg nach Berlin Zwischenstopp einlegte. Da er kaum deutsch sprechen konnte, begleitete mein Vater ihn im Zug weiter bis in die Hauptstadt und man merkte ihm an, dass er froh war, wieder eine Aufgabe zu haben. Aber schon am Tag nach seiner Abreise wurde Chuchu sehr krank. Als ich nachmittags von der Schule nach Hause kam, hatte sie hohes Fieber, war ganz schwach und weinte. Meine Mutter wusste nicht, was sie tun sollte, und ich nahm Chuchu in die Arme und wiegte sie hin und her, um sie zu beruhigen. Aber sie hörte nicht auf zu weinen, und ich sang ihr ein Lied, während ich sie in die Gemeinschaftsküche trug. In unserem Kühlschrank war nur eine angebrochene Packung H-Milch und in den Wandschränken waren lediglich ein paar Scheiben Toast übrig geblieben, die ich nahm, obwohl ich nicht wusste, ob sie uns gehörten, aber das war mir in dem Augenblick egal. Ich war mir sicher, dass die Kleine bestimmt noch nichts gegessen hatte, und bröselte den Toast in eine kleine Schale mit der Milch, gab noch etwas Zucker hinzu und begann sie mit dem Brei zu füttern. Dann strich ich ihr noch ein bisschen über das Gesicht und die Haare. Ihre Augen wurden schwer und sie schlief ein. Ich legte sie auf Papas Bettseite und ging in mein Zimmer. Als ich in meinem Hochbett lag, musste ich daran denken, wie ich so klein gewesen war. Chuchu war auch ein Papakind, so wie ich, und ich glaubte, dass sie krank geworden war, weil er verreist war. Ich hatte immer versucht, ihr die Mutter zu ersetzen und ihr all die Zuneigung und Liebe zu geben, die ich selbst von meiner Mutter nie bekommen habe, aber erst die Rückkehr meines Vater machte sie wieder glücklich.

Es gab einen Tag im Jahr, den wir Kinder herbeisehnten: Es war der Tag, an dem mein Stiefbruder Karim und seine deutsche Frau Isabell uns an Weihnachten zu sich nach Hause einluden. An

Heiligabend holte Karim uns mittags mit dem Auto ab, während Isabell die Wohnung festlich schmückte. Wir zählten die Stunden, bis wir seinen Wagen im Hof hörten. Nach unserer Ankunft dort durften wir erst um 18 Uhr das große Wohnzimmer betreten, in dem ein leuchtender Tannenbaum stand und der ganze Boden voller Geschenke war.

Dieses Weihnachten war noch schöner als die Festtage, die ich aus der DDR kannte, denn jetzt feierten wir selbst auch Bescherung. Jedes Geschenk war liebevoll mit einem Namensschildchen versehen, wir verschlangen das leckere Essen, das Isabell zubereitet hatte, und am nächsten Tag durften wir Videos gucken, bevor wir wieder nach Hause fuhren. Am liebsten schaute ich Pippi Langstrumpf, denn sie fürchtete sich vor niemandem und nahm es mit jedem auf, der ihr gegen den Strich ging.

Zu Weihnachten fielen alle Sorgen von uns ab, und wir waren einfach eine glückliche Familie, sogar meine Mutter saß freudig erregt neben meinem Vater auf der gemütlichen Couch, während er sich stundenlang mit Karim und Isabell unterhielt. An der Wand über ihnen hing ein wunderschönes Gemälde von einer afrikanischen Frau, die einen weißen Umhang trug und vor einer Bananenplantage saß. Papa hatte es in unserer Ostberliner Zeit gemalt, in der er sich zum Malen zurückgezogen hatte, wann immer ihm die Zeit dafür blieb. Er war ein großartiger Maler und ich hatte mir damals vorgenommen, ihm eine Staffelei zu schenken, damit er wieder mit dem Malen anfangen konnte.

Auf meine Schule ging noch ein anderes somalisches Mädchen. Sie hieß Nima und wohnte in Bad Godesberg, in einem sehr alten Haus direkt am Rhein. Wenn man in den Hof kam, sah man zwei Garagen, vor denen ein alter Jaguar stand, der dem Vermieter gehörte. Das Haus hatte drei Stockwerke, in denen es nur einzelne Zimmer gab, die mit Nummern beschildert waren, weil es früher mal ein Hotel gewesen war. Im Erdgeschoss gab es eine große Küche und einige Zimmer. Auf der quietschenden Holztreppe war die braune Farbe abgewetzt und die Tapete an den Wänden war teilweise abgerissen. In der ersten Etage gab es fünf einzelne Zimmer, auf denen schon seit sieben Jahren eine kenianische Familie verteilt wohnte. Es war eine Frau mit drei Söhnen. Der älteste hieß Hassar, dann kamen Fasim und Kerim. In ihrer Etage befand sich auch das einzige Badezimmer, das es im ganzen Haus gab. Im zweiten Stock wohnten Nima, ihre Mutter und ihre beiden Schwestern. Ihre Etage sah eher nach einer Wohnung aus, denn hier war ein Zimmer zu einer Küche umgebaut worden und es gab ein WC, das so klein war, dass nur das Klo hineingepasst hat.

Der Vermieter war Herr Reimann. Er trug immer einen Blaumann und arbeitete eigentlich als Mechaniker. Nach der Arbeit kam er dann zum Haus, wo er die Garagen im Hof zu Werkstätten umgebaut hatte. Das Haus hatte er einst gekauft und an die Stadt vermietet, um Flüchtlinge unterzubringen. Herr Reimann war Jaguar-Fan, hatte hier drei von diesen Oldtimern untergestellt und in dem Haus, in dem er selbst wohnte, auch noch drei. Einmal im Jahr fuhr er zum Jaguar-Treffen. Er war ein sehr netter Mann, der jeden Tag arbeitete, außer sonntags, da lief er im Anzug umher.

Die drei Brüder halfen ihm jeden Tag nach der Schule bei seinen Arbeiten. Es gab immer etwas zu tun, in der großen Werkstatt wurde gewerkelt, geschraubt und gebohrt. Den Hof baute Herr Reimann aus, um noch mehr Wohnungen vermieten zu können, und die Jungs halfen ihm dabei und wurden für ihre Arbeit belohnt. Der eine bekam ein Mofa und den Führerschein, der andere eine teure Stereoanlage, dann neue Turnschuhe oder einfach Taschengeld. Aber auch sonst war Herr Reimann sehr spendabel und für die Kinder im Haus eine Art Ziehvater. Er brachte ihnen alles bei und versorgte sie mit Snickers, Twix und Cola.

Als ich das erste Mal bei Nima zu Besuch war, erzählte sie mir, dass sie und ihre Familie wegziehen würden. Wir standen gerade in dem Zimmer, das sie als Wohnzimmer nutzten, und ihre Schwester kehrte mit einem alten Besen den Boden, der aus einem grünen Kunststoffbelag bestand und an manchen Stellen so zerfledert war, dass das morsche Parkett darunter zum Vorschein kam. In diesem Haus hatte seit Ewigkeiten keiner mehr etwas repariert und keiner würde freiwillig hier leben, außer den Asylanten, die keine andere Wahl hatten. Deshalb freute ich mich für Nima, dass sie bald wegziehen würde.

Als wir in den Hof hinuntergingen, war Herr Reimann gerade da und stellte ein verstaubtes Radio in der Werkstatt leiser. »Hallo Nima«, grüßte er. »Hast du eine Freundin mitgebracht?«

»Das ist Khadra. Sie kommt auch aus Somalia.« Er lächelte, griff sich in die Brusttasche seines Blaumanns und holte ein braunes Portemonnaie raus, aus dem er einen Zehnmarkschein kramte und ihn ihr gab.

»Hier, geht mal eine Pizza essen.« Wir waren beide völlig verdutzt, bedankten uns eilig und rannten los zur Pizzeria.

»Wer ist dieser Mann?«, fragte ich auf dem Weg.

»Das ist der Hausmeister und Vermieter. Er gibt uns oft Geld oder Süßigkeiten. Aber manchmal schimpft er auch mit uns, wenn er schlechte Laune hat.« Und dann lachten wir. Wir teilten uns eine Pizza Bolognese für 7 Mark und kauften uns von dem Rest noch zwei Cola. Es war Jahre her, dass ich eine Pizza gegessen hatte.

Als ich abends wieder bei uns im Asylantenheim war, erzählte ich Papa von meinem Tag, auch, dass Nima und ihre Familie bald wegziehen würden aus dem hässlichen Haus. »Wo ist das?«, fragte er mich mit ernster Miene. »Unten am Rhein. Warum?« – »Weil wir dort vielleicht einziehen können«, antwortete er.

»Papa!«, entgegnete ich ihm entsetzt. Hatte er mir nicht richtig zugehört? »Das Haus ist alt und verfallen! Weißt du, wie schlimm die Wohnung aussieht? Dort kann keiner leben.« Aber mein Vater war von seiner Idee nicht abzubringen und kurz nach der Besichtigung zogen wir um. Ich tröstete mich damit, dass wir nun wenigstens eine ganze Etage mit vier Zimmern, einer kleinen, eigenen Küche und einem winzigen WC für uns hatten, nur das Badezimmer in der ersten Etage mussten wir weiterhin mit den anderen Hausbewohnern teilen. Meine Eltern bezogen mit Chuchu ein Zimmer, Jamal bekam ein eigenes und Nanna und ich teilten uns eins, das vierte Zimmer nutzten wir als gemeinsamen Wohnraum.

Jedes Zimmer hatte noch aus früherer Zeit ein Waschbecken, so konnten wir uns dort die Zähne putzen, wenn das Bad unten besetzt war. In die Küche stellten wir einen alten Gasherd, den wir im Gebrauchtwarenladen gekauft hatten, sowie alle Möbel, die wir auf dem Sperrmüll fanden und mit einem Rollwagen zum Haus transportieren konnten.

Unser neues Heim war zwar alt und hässlich, aber dafür war die Umgebung schöner als rund ums Asylantenheim, denn unsere Straße führte direkt hinunter zum Rhein. Als ich mit meinen Geschwistern das erste Mal auf der Promenade stand, waren wir alle begeistert von der Fähre, die die kurze Strecke über den Rhein hin- und herfuhr. Später liebte ich es, mit meinem Vater mit dem Schiff zu fahren, um seinen Freund Sabir auf der anderen Seite zu besuchen.

Als mein Bruder den großen, mächtigen Fluss sah, riss er sich noch auf dem Weg die Kleider bis auf die Unterhose herunter und sprang lachend ins Wasser, so wie er es früher in Somalia am Strand getan hatte. Er schwamm umher und tauchte, obwohl die Fähre und die Schiffe nicht weit weg waren und die Strömung ihn hätte mitreißen können, was wohl auch die Schaulustigen fürchteten, die sich nach und nach am Ufer versammelten. Aber er war einfach eine richtige Wasserratte.

Mit dem wenigen Geld, das wir von der Sozialhilfe bekamen, konnten wir uns nicht viel leisten, aber Papa kaufte meist für jeden von uns einen Schokopudding, den wir so liebten, vor allem Chuchu. Sie war das Nesthäkchen der Familie und ich wünschte mir nichts sehnlicher, als dass ihre Kindheit so unbeschwert wie möglich ablaufen sollte. Seit sie denken konnte, hatte sie nur die schlechten Seiten des Lebens mitbekommen und keine schönen Erinnerungen, an denen sie sich festhalten konnte. Ich wollte, dass die Kleine glücklich war, und half ihr, wo es nur ging. Jeden Tag nach der Schule machte ich mit ihr Hausaufgaben, ich sorgte dafür, dass sie sich regelmäßig die Zähne putzte, kämmte ihr Haar, badete sie, und bevor wir schlafen gingen, erzählte ich ihr eine schöne Geschichte oder sie erzählte mir, was sie einmal werden wollte, wenn sie groß war; ich hab selten so gelacht wie an dem Abend, als Chuchu mir sagte, dass sie später Putzfrau werden will. Sie war mein Ein und Alles und sogar Jahre später, als sie schon längst ein Teenager war, griff ich beim Überqueren der Straße noch ihre Hand, weil dieser Wunsch, sie unbedingt zu beschützen, einfach in mir drin steckte.

Immer wieder Ärger und Frust

Wir hatten zu der Zeit eine Aufenthaltserlaubnis, die alle zwei Jahre verlängert werden musste. Jedes Mal mussten wir beim Ausländeramt einen neuen Antrag stellen, für den dann geprüft wurde, ob wir weiterhin in Deutschland bleiben durften und sozialhilfeberechtigt waren. Und jedes Mal bangten wir wochenlang, bis uns die Bestätigung für die nächsten zwei Jahre endlich zugestellt wurde.

Die Termine, die wir beim Sozialamt hatten, wurden uns per Post mitgeteilt und die Briefe landeten im einzigen Briefkasten fürs ganze Haus, der im Hof an der Wand befestigt war. Haufenweise Post und Werbung wurden hier jeden Tag reingeworfen, sodass man alles herausnehmen und durchblättern musste, um die eigenen Briefe zu finden, den Rest legte man wieder hinein – oder auch nicht, und so ging schon mal Post verloren.

Meist begleitete ich meinen Vater zu den Behörden, manchmal schwänzte ich auch die Schule dafür, denn ich war die Einzige, mit der er über all diese Sachen reden konnte. Einmal bekam er mitgeteilt, dass er sich Arbeit suchen sollte, und einen Zettel, auf dem die angefragten Arbeitgeber seine Anfrage quittieren mussten. Obwohl es für einen körperlich angeschlagenen 60-jährigen Asylanten aussichtslos war, einen Job zu bekommen, gingen wir auf Arbeitssuche, damit uns die Sozialhilfe nicht gekürzt wurde. In der einen Hand hielt er den Zettel, in der anderen meine Hand, so klapperten wir alles ab, was auf unserem Weg lag, auch in einem edlen Hotel fragten wir nach. Draußen war ein roter Teppich ausgerollt, ein Pförtner in Uniform öffnete die Türen der Autos, um den Gästen das Aussteigen zu erleichtern. Wir aber liefen hinein zur Rezeption. Ein junger Mann stand hinter dem Tresen und musterte uns schon beim Reinkommen, denn man sah uns wohl an, dass wir hier nicht übernachten wollten.

»Was kann ich für Sie tun?«, fragte er und hob seine Nase ein Stück in die Luft und die Augenbrauen hoch. Mit leiser, aber bestimmter Stimme antwortete mein Vater ihm: »Ich suche Arbeit. Haben Sie eine Stelle frei? Irgendeine, egal was?« Der junge Mann schaute erst ihn an, dann mich. Ich ahnte, was er dachte, als er uns musterte, und mein Vater sicher auch. Er hatte jahrelang in den besten Hotels logiert, war höflich und zuvorkommend bedient worden – jetzt musste er sich mit erlernter Freundlichkeit abwimmeln lassen. »Nein, tut mir leid, ich kann Ihnen da nicht weiterhelfen.« Aber mein Vater nickte nur und lächelte.

»Würden Sie mir bitte diesen Zettel abstempeln?« Er schob ihm das Blatt über die polierte Marmorplatte und der Mann an der Rezeption las ihn kurz durch, kreuzte *Nein* an und knallte den Hotelstempel drauf. »Danke für die Mühe«, verabschiedete sich mein Vater und wir verschwanden wieder. So ging es die ganze Tour über, in Supermärkten, Tankstellen und Restaurants, überall das gleiche Spiel. Wer würde ihm schon eine Arbeit geben?

In meine Parallelklasse ging ein Mädchen, das Kathrin hieß. Ihre Eltern waren wohlhabend, sie besaßen eines der Passagierschiffe auf dem Rhein. Das Schiff war groß, hatte drei Decks, ein Restaurant mit Bar und eine Terrasse. Kathrin wohnte mit ihrer Familie in einem schönen Haus, an dem ich einmal auf dem Weg vom Einkaufen nach Hause vorbeikam. Aus dem Garten hörte ich jauchzende Kinderstimmen und durch eine Glaswand konnte ich sie im Swimmingpool planschen sehen, auch Kathrin war dabei. Ich schaute ihnen eine Weile zu und beneidete sie um den Spaß, den sie hatten, fürchtete aber erwischt zu werden und lief mit meinen Einkaufstüten nach Hause.

Ein paar Tage später teilte uns unsere Lehrerin mit, dass wir einen Schulausflug machen würden, und zwar auf dem Schiff von Kathrins Eltern. Ich freute mich so auf diesen Tag, den ich mir wunderschön vorstellte. Der Ausflug sollte für jedes Kind 10 Mark kosten und weil ich wusste, wie wenig Geld meine Eltern hatten, sagte ich meinem Vater sofort Bescheid, damit er etwas zurücklegen konnte. Irgendwann begann die Lehrerin das Geld einzusammeln.

»Khadra, mir fehlen noch deine zehn Mark«, erinnerte sie mich jeden Tag, und ich log sie an. »Ich weiß, aber ich habe sie vergessen.« Ich war sicher, dass Papa mir das Geld noch rechtzeitig geben würde, und am Abend vor dem Ausflug fragte ich ihn erneut: »Morgen ist der Schiffsausflug, kannst du mir bitte das Geld geben?« Er sah mich mitleidig an, versuchte aber hart zu bleiben. »Hab ich nicht«, sagte er nur und sah weiter fern. Zunächst war ich traurig und wütend, aber dann redete ich mir ein: »Was hat man schon von so einer blöden Schiffsfahrt? Ist doch sowieso alles Scheiße.«

Am nächsten Morgen blieb ich im Bett liegen, als ich plötzlich Lachen und Kinderstimmen hörte und Lehrer, die versuchten, für Ordnung zu sorgen.

»Bleibt in Gruppen zusammen!«, und: »Geht nicht auf die Straße!«, riefen sie. Ich krabbelte vom Bett und streckte meinen Kopf ein bisschen aus dem geöffneten Fenster. Die ganze Schule lief unten auf der Straße zum Rhein runter, mitten unter ihnen die schöne Kathrin. Dieses Mädchen war für mich der glücklichste Mensch der Welt und in diesem Moment hasste ich mein Leben.

Meine Mama fehlt mir

Mein Vater tat wirklich sein Bestes, um uns die Situation so erträglich wie möglich zu machen. Er hatte Nannys und Hausangestellte gehabt, die sich um uns kümmerten, Fahrer und Köche, die die Einkäufe erledigten, Putzfrauen und Gärtner, die dafür sorgten, dass unser Haus schön und sauber war. Jetzt musste er sich um alles selbst kümmern, denn meine Mutter bekamen wir erst zu Gesicht, wenn wir von der Schule kamen und sie in der Küche stand und kochte. Danach verschwand sie wieder in ihrem Zimmer. Oft hatte sie vergessen, den Herd auszumachen, oder der Wasserhahn lief noch. Das machte mich rasend, aber meinem Vater tat Mama nur leid, weil sie krank war. Einmal fiel Chuchu beim Spielen im Hof auf den Kopf und zog sich eine Gehirnerschütterung zu, eine Woche lang musste sie im Krankenhaus bleiben. Ich schwänzte die Schule, um Tag und Nacht bei ihr sein zu können, bekam sogar ein Klappbett in ihrem Krankenzimmer, in dem mehrere Mütter sich um ihre Kinder kümmerten. Meine Eltern und Geschwister kamen sie zwar besuchen, aber für Chuchu war ich ihre Mama.

Es gab einige Dinge, die ich mir selbst beibringen und in die ich schnell hineinwachsen musste. Denn je älter ich wurde, desto mehr verlor ich die Bindung zu meiner Mutter, und sie fehlte mir auch nicht, denn ich hatte nie das Gefühl gehabt, überhaupt eine Mutter gehabt zu haben. Mitschülerinnen oder Freundinnen erzählten mir ab und an, dass ihre Mamas sie morgens weckten, ihnen Frühstück machten oder ihnen ein Schulbrot mit ihrem Lieblingsbelag mitgaben: »Meine Mama packt mir auch Obst ein. Ich mag Apfelsinen, und sie schneidet mit einem Messer die Schale ein bisschen an, sodass ich sie später einfacher abschälen kann«, berichtete ein Mädchen mal, und da konnte ich mir vorstellen, wie es sein musste, eine Mutter zu haben.

Und es gab Situationen, in denen ich sie wirklich gebraucht hätte, wie an jenem Tag, als ich von der Schule kam und gar nicht schnell genug laufen konnte, weil ich so dringend auf die Toilette musste. So sehr ich unser winziges Klo hasste, so sehr sehnte ich es mir in diesem Moment herbei. Ich rannte um mein Leben, nahm die Treppenstufen im Sprung, schmiss meinen Rucksack in die Ecke und schloss mich ein. Aber als ich fertig war und aufstand, schrie ich. Da war Blut! Überall Blut auf meiner Unterhose! Hatte ich mich irgendwo verletzt? Was sollte ich bloß tun?! Ich hatte mich nicht verletzt, es tat auch nicht weh, aber ich blutete zwischen den Beinen und ich dachte, es würde schon wieder aufhören. Vielleicht war es auch das, von dem ich in der *Bravo* gelesen hatte, dass es Frauen irgendwann bekommen. Ich sah mich um und über der Toilette war ein Regal angeschraubt, auf dem Damenbinden lagen, die meiner Mutter gehörten. Ich legte mir eine davon in mein Höschen, obwohl ich nur ahnte, dass sie genau dafür bestimmt waren. Eine Weile blieb ich noch auf der Toilette, bis ich mich beruhigt hatte. Ich schaute mich um, ob irgendwer etwas mitbekommen hatte, und sprach mit niemandem darüber. Als die Blutungen im nächsten Monat wiederkamen, wusste ich, dass ich meine Periode hatte, und mit dem Geld, das auch ich jetzt bei Herrn Reimann verdiente, kaufte ich mir Tampons, die ich in meiner Schultasche versteckte. Beim Lesen der Gebrauchsanweisung machte ich mir Gedanken: »Suchen Sie sich einen Raum, in den Sie sich ungestört zurückziehen können, und nehmen Sie sich beim ersten Mal viel Zeit dafür.« Wo sollte ich so einen Raum finden? Nicht mal hier im Badezimmer hatte ich meine Ruhe …

Unter uns in der ersten Etage wohnte die kenianische Familie mit den drei Brüdern und ihrer Schwester. Fasim war der mittlere und hing mit Jungs rum, die auf die Erde spuckten, sich prügelten, in Autos und Häuser einbrachen und hinterher vor den anderen Kindern damit prahlten. Er ging zur Hauptschule, die einen sehr schlechten Ruf hatte, und einmal brachte ihn unser Direktor mit in unsere Klasse, weil eine Mitschülerin, deren Fahrrad seine Clique geklaut hatte, ihn identifizieren sollte. Ich machte lieber einen Bogen um ihn, aber das war gar nicht so einfach, da das Haus nur Zimmertüren hatte, die nicht abzuschließen waren, und jeder rauf und runter, rein und raus laufen konnte. Manchmal begegnete ich ihm auch vor dem Badezimmer, wenn er nur in Shorts bekleidet war, was ihm offenbar nichts ausmachte, mir aber sehr unangenehm war.

Er hatte auch schon eine Freundin, Susi, die so oft bei ihm zu Hause war, dass sie fast schon bei ihm wohnte. Susi spielte gerne ihre Weiblichkeit aus, wenn Jungs in der Nähe waren. Sie trug ihre blonden Haare in langen Rastazöpfen mit bunten Perlen, wie eine Afrikanerin, und dazu knallroten Lippenstift. So stöckelte sie in hohen Schuhen, engen Jeans und ihrem roten Lieblingshemd durch die Straße. Sie war ein heißes Mädel, und wenn die Jungs ihr nachpfiffen, wackelte sie noch mehr mit den Hüften und streckte ihren großen Busen raus. Sie besaß nicht viele Klamotten, aber was sie hatte, stand ihr sehr gut. Herr Reimann gab ihr immer mal ein bisschen Geld, wenn sie das Treppenhaus geputzt oder den Hof gekehrt hatte oder ihm einfach nur schöne Augen machte. Er versorgte so ziemlich alle mit Geld, aber wir mussten auch etwas dafür tun. Einerseits tat er uns mit den kleinen Jobs einen Gefallen, andererseits kam er mit der Hilfe der Brüder mit seinen Bauten ziemlich gut voran. Weil ich jünger war als Susi, versuchte sie mich herumzukommandieren.

»Khadra, lauf mal zum Supermarkt und hol mir einen Fruchtjoghurt, den für 34 Pfennig, in Erdbeere!« Dann drückte sie mir ihr verschwitztes, abgezähltes Geld in die Hand und ich lief los. Auf dem Weg ärgerte ich mich über mich selbst, aber letztendlich hatte ich nie den Mut, mich dagegen zu wehren. Ich war es gewohnt, alle möglichen Dinge zu ertragen, egal wie unangenehm sie mir waren.

Manchmal platzte sie auch ohne zu fragen in mein Zimmer und dann wusste ich, dass sie etwas von mir wollte: »Ich habe mir aus dem Katalog eine Creme bestellt, von der kriegt man einen größeren Busen«, erzählte sie mal und hatte meinen Namen und meine Adresse angegeben, damit sie es nicht zu ihrer Mutter geliefert bekam. »Spinnst du?!«, entfuhr es mir, aber es war sowieso zu spät und zumindest hatte sie die Creme vorab bezahlt. Ihre Art nervte mich, aber in diesem Haus, wo es für niemanden von uns eine wirkliche Privatsphäre gab, war es schwer, ihr aus dem Weg zu gehen.

Nach einiger Zeit bekamen wir unseren ersten Telefonanschluss! Das Telefon selbst kauften wir beim Gebrauchtwarenhändler um die Ecke, es war beige mit schwarzen Tasten. Ich kannte zwar keinen, der mich anrufen wollte, aber unsere Nummer lernte ich trotzdem sofort auswendig und kann sie heute noch aufsagen. Bisher hatten wir manchmal aus der Telefonzelle direkt gegenüber an der Straße meinen Stiefbruder Karim oder ganz selten meinen Bruder Farid in Kanada angerufen, beim Postamt gab es dazu Telefonkarten. Alle Flüchtlinge aus unserem Haus telefonierten so.

Fasims Freundin Susi hatte heimlich noch einen Freund und ich war die Einzige, mit der sie darüber sprach. Der Typ hieß Detlef, trug einen Schnurbart, längere graue Haare und war bestimmt 20 Jahre älter als sie. Ich kannte ihn, weil er auf der Rheinfähre die Tickets für 1,50 Mark verkaufte, Susi durfte natürlich kostenlos mitfahren.

Einmal kam sie von einer Verabredung mit ihm zu mir, um mir vorzuschwärmen, wie nett er zu ihr war und welche Komplimente er ihr gemacht hatte, dabei fand ich ihn eher abstoßend, sagte es aber nicht.

Am schlimmsten aber war, dass sie sich heimlich in unsere Zimmer schlich, wenn wir nicht da waren, um mit ihm zu telefonieren. Ich erfuhr es, weil ich einmal etwas eher als sonst von der Schule nach Hause kam und sie mit dem Telefon auf meinem Bett erwischte. Mit ihren kleinen Füßen strich sie über meine Mariah-Carey-Poster an der Wand, die ich mir im Haus der Jugend aus der *Bravo* herausgerissen hatte. »Ach, hey, Khadra«, warf sie den Hörer auf die Gabel und tat überrascht. »Ich suche nur meinen Haargummi.« Sie tat noch so, als ob sie sich im Raum umschaute, dann verschwand sie. Diese Frau war an Dreistigkeit kaum zu überbieten.

Bei Herrn Reimann konnte ich in der Werkstatt helfen, wenn mir langweilig war. Die Abduls verlegten Elektrokabel, bereiteten Zement zu und verputzten die Wände. Mir gab Herr Reimann auch einen Blaumann, der mir viel zu groß war, in dem ich mir aber total wichtig vorkam. Er zeigte mir, wie man mit einem Bunsenbrenner löten kann, ich durfte Regale verschrauben oder kleine Holzstücke mit der Handsäge in passende Teilstücke sägen. Ansonsten kehrte ich den Hof oder putzte die Fenster im Haus, die so alt waren, dass ich Angst hatte, sie würden auseinanderfallen. Damit verdiente ich mir ein paar Mark und kaufte mir davon oft Süßigkeiten beim Bäcker, bevor ich morgens in die Schule ging.

Im Sommer fuhr Herr Reimann mit uns manchmal an den See, worauf wir uns schon Tage vorher freuten. Er nahm Essen, Getränke und Decken mit, wir tobten im Wasser und auf dem Heimweg fuhr er mit uns in ein Restaurant, das einem seiner Freunde gehörte. Ich konnte mich oft bei so viel Auswahl auf der Karte gar nicht entscheiden. Nudeln mit Soße oder Bratkartoffeln? Oder doch lieber Pizza? Wenn es ihm zu lange dauerte, weil die anderen schon quengelten, bestellte er für mich »noch ein Hähnchenschnitzel mit Pommes, bitte«. Noch heute kann ich mich im Restaurant nur schwer entscheiden und bestelle dann auf den letzten Drücker – meist das Falsche …

Leben ohne Rechte

Eines späten Abends hämmerte jemand im Haus an die Türen und einige Männerstimmen brüllten: »Aufmachen! Sofort aufmachen!« Nanna und ich rannten auf den Flur und sahen sie im ersten Stock. Abdul Hassar, der Älteste der Jungs unter uns, öffnete, und sie stürmten hinein.

»Was ist das denn hier? Eine Stereoanlage! Die sieht aber sehr teuer aus …«, drang es nach draußen. »Die ist nicht geklaut! Außerdem geht Sie das einen Scheißdreck an!«, schrie Abdul Hassar.

»Das werden wir schon feststellen.«

»Ich habe dafür beim Hausmeister gearbeitet, sechs Monate lang!«, wehrte sich Abdul Hassar in seiner Not.

»Aha! Dann können wir Ihnen das Geld ja von der Sozialhilfe abziehen.« Die Stimme des Mannes klang jetzt drohend.

Seine Mutter und seine Geschwister hatten sich verängstigt im Flur vor seinem Zimmer versammelt. Während sie unten weiter diskutierten, kam einer der Männer die Treppe hoch und Nanna und ich liefen zurück in unser Zimmer, aber der Mann kam ohne anzuklopfen hinterher, machte das Licht an und stellte sich zwischen unsere Betten, in denen wir uns unter der Decke verkrochen hatten. Er sagte nichts, starrte uns nur an.

»Was machen Sie hier mitten in der Nacht?«, rief plötzlich mein Vater. Er stand im Türrahmen, hinter ihm war ein weiterer Mann nach oben gekommen. »Wir kontrollieren, ob sich illegale Flüchtlinge hier versteckt halten«, antwortete der und grinste. »Haben

Sie auch so eine teure Stereoanlage wie der Kollege unten?«, fragte der im Zimmer und stöberte ziellos herum, aber natürlich fand er nichts Kostbares. Und jetzt rastete mein Vater aus. »Was soll das überhaupt?«, schrie er.

»Sie bleiben jetzt mal ganz ruhig, Herr Sufi!«, konterte der Mann hinter ihm, aber es war zu spät. »Wissen Sie eigentlich, mit wem Sie es zu tun haben? Wissen Sie, wer vor Ihnen steht? Wissen Sie das?!« So wütend hatte ich Papa noch nie erlebt. »Wir haben Ihnen nichts getan! Lassen Sie meine Familie in Ruhe! Das dürfen Sie gar nicht!« Aber die Männer beeindruckte das nicht: »Wir dürfen alles, wir bezahlen Ihnen die Wohnung ja auch«, sagten sie.

»Mein Name ist Basi Mohamed Sufi! Ich war hier jahrelang Botschafter! Ich habe das Deutsche Verdienstkreuz! So können Sie mit mir nicht reden! Ich habe das Deutsche Verdienstkreuz! Wissen Sie, was das bedeutet?« Er war so in Rage, dass seine Augen hervortraten und sich Speichel vorm Mund bildete. Jetzt wurde einer der Männer langsam nervös und versuchte ihn zu beruhigen.

»Herr Sufi, wir wollten Sie nicht beleidigen, wir haben einen Auftrag …«

»Wissen Sie, wer ich bin?«, unterbrach ihn mein Vater wieder. Mittlerweile waren alle fünf fremden Männer auf unserem Flur und zum Glück rief ein sechster die anderen herunter. »Kommt, hier ist nichts, wir gehen.«

Am nächsten Tag stellte sich heraus, dass es Männer vom Sozialamt gewesen waren. Wir haben nie erfahren, ob sie unsere Wohnung einfach durchsuchen durften, ein Dokument, das sie dazu ermächtigt hätte, legten sie jedenfalls nicht vor und ausgewiesen hatten sie sich auch nicht. Einige Monate später sahen wir im Sozialamt den Mann wieder, der in mein Zimmer gekommen war. Er drehte sich weg und ging wortlos an uns vorbei.

Halima, die Mutter der drei Brüder unter uns, kam einmal ganz langsam die Treppe zu uns hoch. Sie war eine ältere kranke Frau, der jede Bewegung schwerfiel, und Sorgenfalten hatten sich über die Jahre tief in ihrem Gesicht eingekerbt.

»Was ist denn los, Halima?«, fragte mein Vater besorgt, denn sie war noch nie zu uns gekommen und verließ nur selten ihr Zimmer. Mein Vater und sie gingen in unser Wohnzimmer und setzten sich. Halima hielt einen Brief in der Hand, den sie Papa wortlos gab, der ihn aufmerksam las. Ich kannte dieses Bild, denn früher hatten sich oft Freunde, Nachbarn oder das Hauspersonal an ihn gewandt, damit er ihnen half, und er erklärte ihnen, was in den Briefen stand oder wie sie ihre Probleme lösen konnten. Während sich mein Vater den Brief durchlas, krallte sie sich an den Lehnen des alten, grauen Sessels fest, der auf dem Sitzkissen einen großen dunklen Fleck hatte, weil er so abgewetzt war. Wir hatten insgesamt zwei Sessel und eine Couch im Wohnzimmer, die weder farblich noch von der Form zusammenpassten.

Ich lehnte mich an das Waschbecken, das neben der Eingangstür unter einem Spiegel hing. Als Papa den Brief zu Ende gelesen hatte, hob er seinen Blick und richtete ihn auf Mutter Halima: »Tja, sie wollen dir kein Geld mehr auszahlen, nur noch Essensgutscheine.« Sie nickte kurz und Tränen liefen langsam ihre Wangen runter. Ab sofort würde ihre Familie, die hier seit sieben Jahren lebte, keinen Pfennig Geld mehr sehen und Lebensmittel nur noch gegen Gutscheine in wenigen ausgewählten Supermärkten eintauschen können. Einen Augenblick war es still im Raum.

»Das ist doch kein Leben hier, das ist doch kein Leben«, stammelte Halima und es klang wie eine traurige Melodie.

»Ich mache dir einen Vorschlag«, sagte mein Vater plötzlich. »Wenn ihr in den Supermarkt geht, dann kauft ihr von den Gutscheinen auch unsere Lebensmittel und ich gebe dir dann Bargeld dafür.«

Es war unfassbar, wie Papa es immer wieder schaffte, trotz eigener Not anderen zu helfen, und er hatte mir auch in diesem Moment wieder gezeigt, dass wir unser Leben schätzen mussten, denn es gab immer noch Menschen, denen es schlechter ging, obwohl ich so etwas damals auch schnell wieder vergaß. So brachte er mir kurze Zeit später einmal aus dem Gebrauchtwarenladen ein orangefarbenes Klappfahrrad mit: »Hier«, sagte er ganz stolz. »Damit kannst du jetzt morgens zur Schule fahren.« Ich schaute mir das Ding genauer an und war froh, dass er meine Gedanken in diesem Moment nicht lesen konnte. Das Fahrrad hatte zwei winzige Räder, aber dafür ein umso höheres Gestell. Es war das hässlichste Fahrrad, das ich jemals gesehen hatte. »Damit lass ich mich nicht in der Schule blicken«, platzte es dann doch aus mir heraus.

»Warum denn nicht?«, antwortete er mir, und am Tonfall merkte ich, dass er das überhaupt nicht nachvollziehen konnte. Ich wusste, dass es wieder eine lange Diskussion geben würde, denn wenn er sich im Recht sah, war es kaum möglich, ihn von einer anderen Meinung zu überzeugen.

»Das Ding ist bestimmt zwanzig Jahre alt, zumindest sieht es so aus«, versuchte ich es ihm zu erklären. »Da gehe ich lieber zu Fuß zur Schule.«

»Das Fahrrad sieht spitzenmäßig aus! Da ist nichts dran. Ich verstehe nicht, warum du dich so anstellst. Aber wenn du nicht willst, dann eben nicht!«

Einige Tage später fand ich meinen Vater am Nachmittag auf der Rheinpromenade. Die Sonne schien rötlich am Himmel und ich sah ihn von Weitem auf dem Klapprad, mit einem Fuß hielt er den Kontakt zum Boden, der andere war auf der Pedale. Dann versuchte er mit beiden Füßen vom Boden loszukommen, geriet aber immer wieder aus dem Gleichgewicht und es sah aus, als würde er gleich hinfallen.

»Was machst du denn da?«

»Ich will lernen, wie man Fahrrad fährt«, antwortete er mir und war sehr konzentriert. Ich hielt mit der einen Hand den Sattel fest und mit der anderen den Lenker. »Versuch's noch mal«, forderte ich ihn auf.

»Das kann doch nicht so schwer sein, geradeaus zu fahren«, murmelte er ein wenig verärgert. So übten wir eine Zeit lang, aber er hatte schlicht zu viel Angst und wackelte viel zu sehr mit dem Lenker hin und her, als dass er hätte geradeaus fahren können. »Komm, mach du es mir mal vor«, meinte er dann. Ich fuhr mit dem klapprigen Rad langsam um ihn herum, damit er es sich ansehen konnte. »Es sieht bei dir so einfach aus. Lass mich noch mal.« Wieder hielt ich das Rad fest, denn ich hatte viel zu große Sorge, dass er sich die Knochen brach, doch nach einigen weiteren Versuchen gab er schließlich auf. »Fahrradfahren ist nichts für mich«, sagte er nur und stellte es letztlich im Hof ab, von wo es irgendwann verschwand.

Ich entdecke neue Lebensräume

In Bad Godesberg gab es das Haus der Jugend. Es war ein Club, der Jugendlichen ein abwechslungsreiches Programm anbot, an jedem Tag der Woche gab es etwas anderes: Montags wurde der Aufenthaltsraum in ein Kino verwandelt, dienstags war Basteltag und mittwochs gab es Kicker- oder Tischtennisturniere. Dort konnte der Erstplatzierte einen Gutschein im Wert von 10 Mark gewinnen. Ich habe die Tischtennisturniere oft gewonnen und dann gleich ein kleines Vermögen in Süßigkeiten, Cola und Club-Sandwiches angelegt, die man sich bei Gaby an der Theke kaufen konnte. Sie war die Betreuerin im Haus der Jugend und ich mochte ihre lässige Art, die sie auch bei schwierigen Kindern nicht verlor, denn viele Jugendliche hier kamen aus Problemfamilien und waren aggressiv und schon polizeilich aufgefallen. Einige absolvierten auch ihre vom Gericht verhängten Sozialstunden im Haus der Jugend und Gaby diskutierte immer ruhig und sachlich mit ihnen. Ich hörte sie nie herumschreien.

Ich ging schließlich fast jeden Tag nach der Schule ins Haus der Jugend, blieb immer länger dort und testete so aus, wann es meinen Eltern zu viel wurde. Eines Abends kam ich so gegen 20.30 Uhr nach Hause, weil Discoabend gewesen war.

»Wo warst du so lange?«, fauchte mein Vater verärgert. »Im Haus der Jugend«, antwortete ich vorsichtig.

»Das geht nicht! Du kannst nicht so spät nach Hause kommen!« Ich war etwa 14 Jahre alt und ihm passte nicht, dass seine Tochter so viel allein unterwegs war, und es passte ihm noch weniger, dass es einen Jungen namens Tim gab, der mich öfter besuchte, weil er aus der Nachbarschaft kam. Als Tim immer mehr Zeit mit mir verbrachte, reagierte mein Vater ungewohnt giftig. »Ich möchte nicht, dass du so viel Zeit mit diesem Jungen verbringst. Das gehört sich nicht!« Er war nicht mehr so locker wie früher, als ich noch ein kleines Mädchen war, also begann ich mehr und mehr zu verheimlichen, was ich tat. Ich lud Tim nicht mehr zu mir ein, sondern traf mich draußen mit ihm oder auf dem Sportplatz, der bei uns in der Nähe war, um mit ihm Basketball zu spielen. Ich mochte ihn ganz gern und war froh, dass ich einen Kumpel hatte, mit dem ich was unternehmen konnte, aber kurze Zeit später zog Tim in eine andere Stadt und der Kontakt brach ab.

Im Haus der Jugend lernte ich Anika, Marvin und Torsten kennen. Die beiden Jungs waren von Kindheit an schon beste Freunde gewesen und trafen sich jeden Tag vor dem Haus, in dem Torsten wohnte. Sie waren groß und hatten die gleiche Statur. Marvin hatte ein Babygesicht; blaue Augen, einen roten Mund und rote Wangen, Torsten dunkelbraunes Haar und dunkle Augen. Beide rauchten und spuckten manchmal gelangweilt auf die Straße.

Einmal hatten die beiden Anika und mich angesprochen, seitdem ging ich immer in Torstens Straße, um die beiden zu treffen, und nahm Anika mit, weil ich nicht allein hingehen wollte. Mit der Zeit stellte sich aber heraus, dass die Jungs sie nicht mochten und sie hänselten, also wollte sie irgendwann nicht mehr mit. Ich war dagegen gern gesehen, wohl auch, weil ich ihnen öfter Zigaretten kaufte, irgendwann rauchte ich dann mit. Ich hing gern mit ihnen ab, weil ich mich total in Marvin verknallt hatte, was ich ihm aber niemals gesagt hätte, dafür war ich viel zu schüchtern. Auch zu Hause durfte niemand von meiner Clique wissen, mein Vater hätte mir den Kontakt zu den Kids sofort verboten.

Eines Tages feierte Jonas, der gegenüber von Torsten mit seiner Oma lebte, seinen Geburtstag. Zunächst lud er uns zu sich ein, danach wollten alle noch zum Dartspielen gehen. Ich war noch nie abends so lange außer Haus gewesen und mir war klar, dass ich das nicht durfte. Also ließ ich mir eine Ausrede einfallen, die Jungs nicht begleiten zu können, denn ich wollte es auf keinen Fall zugeben, das wäre ja uncool gewesen.

»Ach, nö, Khadra! Du musst mitkommen«, drängten sie mich, deshalb begleitete ich sie zumindest noch bis zum Lokal: »Ich komme später nach.«

»Wirf dich in Schale!«, rief Torsten noch, der – im Gegensatz zu Marvin – schon länger ein Auge auf mich geworfen hatte. Ich aber wollte unbedingt ein Teil von ihnen und vor allem in der Nähe von Marvin sein. Als ich zu Hause ankam, war es schon fast 21 Uhr. »Warum kommst du so spät?«, fragte mein Vater.

»Ich war noch mit Anika im Haus der Jugend«, log ich. »Die haben dort eine Feier. Ich hab mich gefragt, ob ich noch etwas länger …« Aber er war schon zornig.

»Nein, nein! Auf keinen Fall«, unterbrach er mich. »Zu dieser Zeit gehst du nirgendwo hin! Ich will, dass du ab jetzt immer spätestens um 19 Uhr zu Hause bist!« Es war zwecklos, mit ihm zu diskutieren. Und die Wahrheit sagen wäre noch schlimmer gewesen. Na toll, das hatte ich nun davon: Es hatte bisher keine festen Uhrzeiten gegeben, zu denen ich zu Hause sein musste, und 19 Uhr war viel zu früh. Aber ich hielt mich dran und verabschiedete mich fortan immer kurz vor 19 Uhr von meiner Clique, um rechtzeitig zu Hause zu sein und keinen Ärger zu bekommen, obwohl ich die Einzige war, die so früh gehen musste.

Wenn ich dann zu Hause in meinem Zimmer, das ich ja mit meiner Schwester teilen musste, auf dem Bett lag, träumte ich zur Musik von Mariah Carey vor mich hin. Eine Klassenkameradin hatte mir die Lieder auf Kassette aufgenommen, damit ich sie auf meinem alten Rekorder, der nicht mal mehr eine Klappe hatte, abspielen konnte. Nanna hatte gerade ihre rebellische Phase und wir zankten uns permanent über alles Mögliche, sogar über die Musik, die ich hörte. Ihr Idol war Whitney Houston, und unser Zimmer wurde zum Krisengebiet. Auf meiner Seite des Zimmers hingen die Poster von Mariah an der Wand, und Nanna hängte immer wieder neue Bilder von Whitney auf, schon gab es Zoff. Nanna war auch sauer, weil sie tagsüber oft mit mir kommen wollte, ich sie aber nicht mitnahm, weil ich fürchtete, sie würde meinem Vater von der Clique erzählen. Deshalb huschte ich immer heimlich aus dem Haus, wenn Nanna gerade beschäftigt war.

Hinter Torstens Häuserblock gab es ein kleines Waldstück, in das wir irgendwann ganz weit hineingingen und dabei eine kleine Hütte entdeckten, die irgendjemand aus Holz zusammengebaut hatte. Wir stellten uns Holzstücke als Hocker hin und befestigten von außen noch Äste und Blätter um die Hütte, damit keiner reinschauen konnte. Das war unser neuer Treffpunkt: Nur Marvin, Torsten, Jonas und ich durften rein, kein anderer durfte von diesem Versteck wissen. Hier konnten die Jungs auch ungestört rauchen, ohne erwischt zu werden. Ich hatte allerdings nicht geahnt, dass meine Schwester mir in den letzten Wochen öfter heimlich gefolgt war, um zu sehen, was ich treibe. Als wir uns wieder einmal wegen irgendeiner Lappalie zu zanken begannen, schrie ich sie an:

»Geh mir nicht auf die Nerven, sonst reiß ich dir die Poster von der Wand!« Prompt rannte sie zu meinem Vater, um zu petzen, und ich lief ihr hinterher, um das Schlimmste zu verhindern, aber es war zu spät.

»Papa, die Khadra trifft sich jeden Tag mit Jungs im Wald. Die haben dort ein Versteck und sie ist das einzige Mädchen«, rief sie ihm entgegen.

»Was? Das darf doch nicht wahr sein!« Er war empört. Verzweifelt rang ich um Worte und versuchte ihn zu beschwichtigen.

»Das ist nur eine kleine Hütte, die wir dort entdeckt haben.«

»Geh in dein Zimmer! Du hast Hausarrest«, schrie er mich an und machte nur eine Handbewegung, die alles sagte. Er war zutiefst enttäuscht von mir und zeigte es mir auch, indem er mich in den folgenden Tagen kaum beachtete.

Ein faszinierendes Erlebnis

Meine Stieftante Niha, die denselben Vater, aber nicht dieselbe Mutter wie Mama hatte, kam uns besuchen. Sie war im Krieg nach Kenia geflüchtet, wo sie einige Jahre gelebt und auch geheiratet hatte. Jetzt erwartete sie ein Baby und ihr Mann war zunächst dort geblieben, sollte aber vor der Geburt des Kindes noch nach Deutschland nachkommen.

Ich erwartete Niha schon ganz hibbelig am Bahnhof, als sie ankam. Sie war so schön und strahlte mich mit ihren braunen Augen an. Sie hat einen ganz hellen, karamellfarbenen Teint und eine schmale, lange Nase, die sich an der Spitze leicht nach oben biegt. Ihre Lippen sind rosafarben und wenn sie lacht, bilden sich kleine Grübchen in ihren Wangen. Niha hat eine Zwillingsschwester, die nur durch ein Muttermal am Mundwinkel von ihr zu unterscheiden ist und die sie in Somalia zurücklassen musste, als sie mit ihrem Mann in völlig überfüllten Fischerbooten nach

Kenia geflohen war. Als ich mit ihr nach Hause lief, trafen wir zufällig einen Bekannten, der gerade die Straße überquerte.

»Guck mal, das ist meine Tante!«, rief ich ihm ganz stolz zu, denn ich freute mich, dem Kerl, der immer über Ausländer schimpfte, so eine entzückende somalische Frau vorstellen zu können. Sie lächelte ihn an, er lief rot an und grüßte überfreundlich zurück. Ohne weiter mit ihm zu sprechen, liefen wir nach Hause, Tante Niha stöckelte dabei etwas unbeholfen auf ihren Absätzen herum, weil sie es offenbar nicht gewohnt war, in hohen Schuhen zu laufen. Ich nahm ihr die schwere Tasche ab und schaute sie mir etwas genauer an.

Es war eigenartig, sie in europäischer Kleidung zu sehen. Ihre Haare waren nicht von einem seidenen Tuch bedeckt, sondern zu einer schönen Frisur hochgesteckt. Sie trug auch kein Gewand, sondern eine knallenge, lachsfarbene Röhrenhose, in der sie ein bisschen gequetscht aussah, weil ihre üppigen, weiblichen, typisch afrikanischen Rundungen nicht in die schmale, europäisch geschnittene Hose passten. Auch ich ärgere mich bis heute immer wieder darüber, dass diese Schnitte nicht wirklich für meine Figur gemacht sind.

Meine Tante mietete sich ein Zimmer, das eine Etage unter unserer Wohnung lag und gerade frei geworden war, weil Abdul Hassar, der älteste Sohn unserer Nachbarn, ausgezogen war. Meine Tante wusste nicht, wie lange sie hier bleiben würde, denn es war nicht sicher, wann ihr Ehemann aus Kenia ausreisen konnte. Damit sie Gesellschaft hatte, nahm ich meine paar Klamotten und den kaputten Kassettenrekorder und zog zu ihr nach unten. Hier hatte ich meine Ruhe vor meiner nervigen Schwester und ich fühlte mich auch ein Stück unabhängiger und erwachsener. Außerdem dachte ich, könnte ich mir dadurch mehr Freiheiten erlauben, wenn es darum ging, wann ich zu Hause zu sein hatte. Das klappte auch ganz gut, weil mein Vater nun nicht mehr so streng über mich wachte.

Die Schwangerschaft meiner Tante so hautnah mitzuerleben war sehr spannend. Ab und zu, wenn sie das Baby spürte, rief sie mich zu sich.

»Khadra, fühl mal, sie strampelt wieder!« Wenn ich dann meine Hand auf ihren Bauch legte, konnte ich mir kaum vorstellen, wie so ein kleines Wesen ein solches Theater machen konnte.

Einige Monate später, als ich gerade schlafen gehen wollte, sprang meine Tante plötzlich aus ihrem Bett und rannte zum Waschbecken neben der Tür. Sie übergab sich, dann fasste sie sich an den Bauch und hatte plötzlich heftige Schmerzen.

»Ruf einen Krankenwagen!«, stöhnte sie mit verzerrtem Gesicht. Ich rannte schnell nach oben, schnappte mir das Telefon und schon nach wenigen Minuten stand ein junger Mann vom Rettungsdienst vor unserer Tür.

»Meine Tante ist schwanger und hat auf einmal heftige Schmerzen«, platzte es aus mir heraus. »Sie hat sich gerade übergeben.«

»Oh, ja, die Fruchtblase ist geplatzt und die Wehen haben schon eingesetzt«, meinte der Sanitäter seelenruhig, stützte sie und ging mit ihr die Treppen runter. Ich lief hinterher zum Krankenwagen. »Geht's?«, fragte der Sanitäter meine Tante. »Was hat er gesagt?«, fragte mich Niha. »Versteht sie kein Deutsch?«, fragte der Sanitäter und ich schüttelte den Kopf. »Dann kommst du mit!«

Ehe ich mich versah, saß ich im Krankenwagen, und in der Klinik angekommen, standen schon Hebammen bereit, meine Tante wurde auf eine Liege gelegt und in den Kreißsaal gefahren. Sie schrie vor Schmerzen und griff meine Hand.

»Ganz ruhig, ganz ruhig, tief Luft holen«, versuchte die Hebamme auf sie einzureden, als sie sich die Handschuhe überzog.

»Tartib, Niha, tartib, neefso!«, übersetzte ich und so lief es dann auch weiter: Die Hebamme gab Anweisungen und ich gab sie in Somali weiter.

Dann kletterte die Hebamme auf die untere Kante des Bettes und fühlte nach dem Baby.

»Und jetzt mal kräftig pressen, pressen, pressen … ja, gut«, sagte sie und Niha schrie nicht mehr nur, sondern presste mit aufgerissenen Augen, allerdings nicht nur ihren Unterleib, sondern auch meine Hand. Ich war ziemlich aufgeregt, und dann konnte ich das Köpfchen sehen, Stück für Stück kam die Kleine aus meiner Tante heraus. Ich schätze, es hat ungefähr eine halbe Stunde gedauert, bis wir Solah schreien hörten. Ich sah, wie der Bauch meiner Tante, der eben noch so groß war, langsam in sich zusammenfiel, als ob aus einem Ballon die Luft herausgelassen würde. Sie schnitten die Nabelschnur ab und wuschen das Baby, um es dann der erschöpften, aber strahlenden Niha in den Arm zu legen. Noch Tage nach diesem Erlebnis war ich wie benommen von den Eindrücken, ich war ja gerade 14 Jahre alt und wusste noch nicht so lange, wie Kinder überhaupt entstehen und dann geboren werden. Als Solah zu uns ins Zimmer zog, wiegte ich sie oft im Arm und wechselte ihr die Windeln. Unsere kleine Mitbewohnerin brauchte aber so viel Aufmerksamkeit, dass ich nachts kaum schlafen konnte und am Morgen nur sehr schwer aus dem Bett kam, um zur Schule zu gehen, deshalb musste ich wieder nach oben zu meiner Schwester ziehen.

Ein paar Wochen später kam dann auch endlich Nihas Mann aus Kenia, wo er viel Geld damit verdient hatte, Afrikanern mit von ihm gefälschten Visa zur Flucht zu verhelfen. Nur mit einem dünnen Filzstift konnte er freihändig die Stempel nachzeichnen, und so gelang Niha und ihrem Mann auch zuerst die Einreise nach Deutschland und später nach England, als sie uns verließen.

Leben aus der Perspektive von unten

Durch seinen Freund Sabir fand mein Vater zumindest vorübergehend eine Beschäftigung, die ihm ein paar Mark extra einbrachte. Mit Sabirs beigefarbenem Mitsubishi-Bus chauffierte

Papa eine arabische Diplomatenfamilie durch die Gegend, den Botschafter zu Geschäftsterminen, die Nannys oder Angestellten zu Einkäufen, die Familie zu Ausflügen. Er fuhr sie irgendwohin und wartete im Auto, bis sie wieder einstiegen. Er wusste nie, wie lange sie wegbleiben würden, und nahm mich einige Male mit. Manchmal dauerte es Stunden, bis sie wiederkamen und zum nächsten Ort gefahren werden wollten. Ich saß dann hinten im Auto und beobachtete meinen Vater, den die Fahrerei zu erschöpfen schien, manchmal fielen ihm sogar die Augen zu. Außerdem wusste ich, wie ängstlich er beim Autofahren war, seit wir diesen schlimmen Unfall in Somalia gehabt hatten, den wir nur knapp überlebt haben und von dem ich eine immer noch sichtbare Narbe davongetragen habe.

Und ich hasste es, wenn die Araber ihm Befehle gaben oder wenn sie sich über unsere Köpfe hinweg über uns unterhielten, so, als wären wir gar nicht da oder könnten sie nicht verstehen. Papa aber blieb immer freundlich, egal, wie unfreundlich er angesprochen wurde.

Einmal fuhr er die Familie ins Phantasialand in der Nähe von Brühl, einen Freizeitpark, der alles bietet, was ein Kinderherz begehrt. Leider fehlte uns das Geld, deshalb war ich noch nie da gewesen, obwohl ich es Chuchu immer wieder versprochen hatte. Wenn wir einen Ausflug gemacht hatten, dann mit der Straßenbahnlinie 18 und einem Familientageticket nach Köln, um nach einer Stunde Fahrt auf dem Roncalliplatz am Dom eine Kugel Eis zu schlecken. Danach ging's zurück.

Aber diesmal konnte ich mit ins Phantasialand hinein, denn ich sollte die Gruppe Araber durch den Vergnügungspark führen. Als wir am Eingang ausstiegen, rief mich Papa zurück zum Mini-Bus und holte sein orangefarbenes Stoff-Portemonnaie mit grünen Turtles und Klettverschluss aus der Hosentasche. Es war mal meine Geldbörse gewesen und als ich sie wegwerfen wollte, weil ich sie kindisch fand, nahm er sie.

»Warum benutzt du sie nicht? Es ist doch alles in Ordnung damit. Und sie erfüllt ihren Zweck.« Jetzt holte er seine Sparkassen-Geldkarte heraus und gab sie mir.

»Hier, meine Prinzessin! Ich möchte, dass du heute Spaß hast!« Natürlich freute ich mich wahnsinnig, aber ich wusste auch, wie schwer es für ihn war, ein paar Mark beiseitezulegen. Doch für ihn war ich noch seine Diplomatentochter und ich sollte den reichen Botschafterkindern in nichts nachstehen. All das spürte ich schon damals und es berührte mich sehr, so sehr, dass mir Tränen die Wangen hinunterliefen, als er zum Parkplatz fuhr.

Es waren Frauen und Kinder, die ich zu Achterbahn, Wildwasserbahn, Geisterbahn und all den schönen, spannenden Fahrgeschäften begleiten sollte. Als Familienoberhaupt, das für die Organisation zuständig war und das Geld bei sich trug, spielte sich ein etwa 14 Jahre alter Junge namens Mohamed auf, der mir gerade mal bis zum Kinn reichte. Dafür wusste er aber genau, wie er den Ton anzugeben hatte. Er war ein kleiner Tyrann, der Befehle erteilte, denen alle gehorchten, ich auch. Wenn er sagte: »Trinken!«, huschte eine der Frauen los zum Stand und besorgte gekühlte Getränke, das Restgeld gab sie ihm unaufgefordert zurück. Auch mir befahl er ständig, wohin ich die Gruppe bringen sollte, und wenn es ihm nicht spannend genug war, motzte er mich an.

»No, no! This no good!«, herrschte er mich in seinem eigenwilligen Englisch an. Kein Bitte, kein Danke, nur Befehle kamen aus seinem Mund. Beim Gehen griff er sich ab und zu in den Schritt, kratzte sich oder rückte seine Männlichkeit demonstrativ zurecht. In der Hand hielt er ein großes Programmheft vom Freizeitpark, das er zusammengerollt hatte. Wenn ihm die Fahrgeschäfte zu lahm waren, zu denen ich sie gebracht hatte, dann blieb er stehen, blätterte in seinem Programm herum, klopfte hektisch mit dem Finger auf ein Bild und sagte: »This! Here! Bring us here!«

Als wir nach Stunden die Wildwasserbahn erblickten, schien er endlich zufrieden zu sein und hüpfte freudig erregt in die Luft.

»Here! Hold this!«, rief er und wollte mir sein zerknittertes Programmheft in die Hand drücken, ich aber zog beide Hände weg und es fiel auf den Boden.

»No!«, sagte ich scharf. Alle sahen mich an, nur Mohamed starrte auf den Boden und richtete dann seinen Blick langsam auf mich. Für einige Sekunden wusste keiner so recht, wie er reagieren sollte, bis eine der Frauen sich bückte, eilig das Heft aufhob und dann begann, mit ihm auf Arabisch zu schimpfen. Ich verstand nur so viel, dass sie wohl seine Mutter war und ihn ermahnte, mit mir nicht so umzuspringen. Ich wunderte mich darüber, dass die Frau nicht schon viel früher etwas gesagt hatte, denn er kommandierte uns alle schon seit Stunden herum und behandelte uns wie Diener. Aber ihre eindringlichen Worte wirkten und der Junge gab sich fortan Mühe, netter zu sein.

Langsam erwachsen werden

Im »Haus der Jugend« gab es eine Clique mit den hübschesten Mädchen der Stadt, die zwei, drei Jahre älter waren als ich und von allen angehimmelt wurden, weil sie tolle Klamotten trugen und hübsch zurechtgemacht waren. Sie wurden von den coolsten, aber auch gefürchtetsten Jungs der Gegend umgarnt, die allesamt Mofas fuhren und die Mädels damit überallhin chauffierten. Ich bewunderte diese Mädchen, wenn sie auf ihren hohen Schuhen herumstöckelten und ihre langen Haare schüttelten. Ich besaß weder das nötige Selbstbewusstsein noch schöne Kleidung, und ich wusste auch nicht, wie frau sich schminkt.

Nach und nach erfuhr ich auch, woher sie das alles hatten: Sie klauten! Mit einer kleinen Zange, die sie in der Handtasche versteckten, entfernten sie in den Kabinen der Geschäfte die Sicherheitsanhänger und nahmen die Klamotten mit. Sie machten kein großes Geheimnis daraus, aber ich hätte so etwas nie gewagt.

Einige hatten aber auch Jobs in den angesagtesten Boutiquen der Bonner Altstadt, wo ich sie durch das Schaufenster gesehen hatte. Auch ich träumte davon, irgendwann hier zu arbeiten, zwischen all den schönen Markensachen und bei fetziger Musik.

Diese Welt reizte mich so sehr, dass ich fast jeden Nachmittag nach der Schule bei Herrn Reimann jobbte, um noch mehr Geld zu verdienen und mir schöne Klamotten leisten zu können. Die erste Bluejeans, die ich mir von meinem eigenen Geld kaufte, war schmal geschnitten und passte mir wie angegossen. Sie reichte sogar bis zum Boden, was bei meinen langen Beinen nicht selbstverständlich war. Ich liebte diese Jeans und sogar als sie schon völlig verschlissen war, zog ich sie noch gerne an. Dazu kaufte ich mir ein weißes Top, das im Nacken gebunden wurde, eine Strickjacke und weiße Turnschuhe. Mein Outfit war komplett, endlich sah ich so aus, dass ich mir selbst gefiel und begann, mich wohlzufühlen.

Kurz darauf ging ich in den Drogeriemarkt, kaufte mir meinen ersten Eyeliner, einen Kajalstift und Wimperntusche, um mich zu schminken. Zu Hause stellte ich mich vor den Spiegel, zog mit dem Eyeliner einen dünnen Strich auf meinen Augenlidern und tuschte meine Wimpern, sodass meine Augen richtig groß wirkten und einen intensiven Ausdruck bekamen. Ich kam mir auf einmal so erwachsen vor, gar nicht mehr wie ein Teenie, aber es dauerte noch, bis ich mich so auf die Straße traute, denn ich war mir unsicher, wie die anderen auf mein neues Aussehen reagieren würden. Doch irgendwann ging ich in meinem neuen Look ins Haus der Jugend.

»Wow, sieht das gut aus, sexy-hexy!«, jubelte Gaby, die Betreuerin, und von da an bekam ich immer mehr Lust, mein Aussehen zu verändern, und experimentierte weiter herum. So lernte ich allmählich, meine Schokoladenseiten hervorzuheben und zu betonen. Mit meinem neuen Aussehen stieg auch mein Selbstbewusstsein und plötzlich interessierten sich auch die Jungs für mich.

Eines Tages bummelte ich durch die Altstadt. An der Jeans-Boutique, die ich so cool fand, sah ich ein kleines Schild an der Tür: Aushilfe gesucht. Das war meine Chance! Ich war richtig aufgeregt und lief erst ein paarmal an dem Laden vorbei, weil ich nicht wusste, was ich sagen sollte, schließlich hatte ich mich noch nie zuvor beworben, und ich fürchtete, eine Absage zu bekommen. Dann nahm ich all meinen Mut zusammen und ging hinein, als der Chef gerade Kunden bediente. Er war Anfang 30, hieß Lukas und musterte mich kurz, als ich hereinkam.

»Kann ich dir weiterhelfen?«

»Äh, ja. Ich hab eine Frage, das Schild da draußen, ich wollte fragen, ob ich, äh, ich würde hier gern arbeiten.« Ich kam mir so blöd vor!

»Hast du schon einmal in einer Boutique gearbeitet?«

»Äh, nein, noch nie, aber ich putz bei Herrn Reimann und helf auch in der Werkstatt!« Oh, nein! Hatte ich das wirklich gesagt?! Aber er grinste nur.

»Komm morgen Nachmittag mal zur Probe, danach sehen wir weiter.« Ich war so hoffnungsfroh und wollte mir alle Mühe der Welt geben, um diesen Job zu bekommen. Und das tat ich auch. Einige Zeit später, als ich den Job längst hatte, haben Lukas und ich uns noch darüber kaputtgelacht, wie ich mich vorgestellt hatte. Lukas erzählte mir, dass meine ganze Aufregung völlig umsonst gewesen war, denn er hätte mir den Job ohnehin gegeben.

Als ich bei ihm anfing, musste ich mich erst einmal mit den Klamotten aus seinem Laden einkleiden, das Geld dafür zog er mir von meinen ersten Auszahlungen ab, aber das war mir egal, denn ich arbeitete im coolsten Laden der Stadt und trug die schönsten Klamotten. Nach und nach entwickelte ich meinen eigenen Stil und oft fragten Kundinnen, wo ich die Sachen gekauft hätte und ob sie ihnen auch stehen würden. Auch wenn ich nicht arbeiten musste, hielt ich mich gern im Laden auf, einfach um kurz vorbeizuschauen und ein wenig mit Lukas oder seinen Freunden zu quatschen, die ihn besuchten. Alle waren sehr nett und lustig und strahlten Lebensfreude aus. Sie lebten in ihren eigenen Wohnungen, fuhren Autos und an den Wochenenden gingen sie gemeinsam aus. Mir imponierte das und ich träumte davon, irgendwann auch mal auf eigenen Beinen zu stehen. Durch den neuen Job wurde ich viel selbstbewusster, offener, gesprächiger, ging sogar auf Leute zu. Ich merkte, wie ich plötzlich auf Jungs wirkte, denn Lukas' Freunde waren nicht immer nur zufällig da, sondern weil ich so ein »Schuss« war, wie Lukas meinte. Das verwirrte mich: »Was meinst du denn mit ›Schuss‹?«, fragte ich ihn damals. Er konnte ja nicht wissen, dass dieses Wort bei mir Erinnerungen an die schlimmste Zeit meines Lebens auslöste. In der Arbeit lernte ich sehr schnell und nach kurzer Zeit übernahm ich schon so viel Verantwortung, dass er mir die Schlüssel gab und mir immer öfter den Laden allein anvertraute. Ich kümmerte mich um die telefonischen Bestellungen, machte die Abrechnung und schloss abends ab.

Kurze erste Liebe

In der Schule zählte ich in dieser Zeit die Stunden, bis der Unterricht endlich vorbei war und ich in meine neue Welt konnte. Aber eines Morgens stellte die Oberstufe in der Aula ein Theaterstück vor und einer der Schauspieler stand gerade auf der Bühne am Pult und erzählte irgendetwas. Sein Name war Stefan und er gehörte zu den besten Schülern – und so ziemlich alle Mädchen flogen auf ihn.

»Ist der nicht total süß?«, himmelte auch Nadja, ein Mädchen aus der Parallelklasse, ihn an. »Hmm, geht so«, meinte ich nur. Aber in der Pause, als wir wie so oft zusammen vor der Eingangstür standen und uns unterhielten, kam er aus der Aula und sah mich an. »Coole Jacke«, sprach er mich auf meine neueste Errungenschaft an. »Ist das eine Surfjacke?« – »Keine Ahnung, ich glaub nicht«, antwortete ich ihm. »Du bist bei meiner Schwester in der Klasse, stimmt's?« Ja, das war ich, und wir kamen ins Gespräch. Als der Pausengong läutete, verabschiedeten wir uns und Nadja meinte nur augenzwinkernd: »Aha, du findest ihn also nicht süß? Der steht auf dich.«

»Ach, Quatsch, der wollte sich einfach nur unterhalten«, wehrte ich ab. Aber von diesem Tag an trafen wir uns in jeder großen Pause auf dem Schulhof. Manchmal taten wir so, als würden wir uns zufällig über den Weg laufen, und manchmal war es offensichtlich, dass der eine auf den anderen wartete. Wir tauschten CDs aus und unterhielten uns über alles Mögliche, und plötzlich freute ich mich morgens auf die Schule, auch wenn ich anfangs Stefan gegenüber aus Unsicherheit noch die Coole spielte, während er mir Aufmerksamkeit schenkte. Die Art, wie er mit mir redete, schmeichelte mir und gab mir das Gefühl, etwas Besonderes zu sein. Ich war verliebt!

Der Haken war, dass ich genau wusste, dass meine Eltern mir niemals erlauben würden, einen Freund zu haben. Mir war klar, dass ich nur heimlich etwas für ihn empfinden durfte, und deshalb versuchte ich, es erst gar nicht richtig an mich heranzulassen. Doch Stefan war hartnäckig und tat alles, um mein Herz zu erobern.

»Ich würde dich gern mal zum Essen einladen«, sagte er eines Tages zu mir.

»Was? Nein, nein, ich, ähm, ich kann nicht«, versuchte ich ihn abzuwimmeln.

»Wieso nicht?«

»Einfach so«, versuchte ich ihm auszuweichen. Mir fiel keine bessere Antwort ein und ich wollte ihm nicht die Wahrheit erzählen, er sollte mich in Ruhe lassen, damit ich meine Verliebtheit schnell überwinden konnte und wir dann Freunde bleiben konnten. Doch er ließ nicht locker, und ich konnte ihm nicht widerstehen. Ich hatte mein erstes Date und bald darauf meinen ersten festen Freund.

Stefan war groß, athletisch, mit schwarzen Haaren, ein Mulatte mit braunen Augen und hellbrauner Haut, weil sein Vater Afrikaner war. Er war intelligent, vernünftig, gut erzogen, witzig und tat mir sehr gut, ohne dass er sich dessen bewusst war. Wenn ich mit ihm zusammen war, konnte ich abschalten und alles um mich herum vergessen, weil er mich auf ganz andere Gedanken brachte.

Ich war noch nicht mal 15 Jahre alt und die Probleme daheim drohten mich zu erdrücken, weil mein Vater immer unzufriedener mit unserem Leben wurde, aber machtlos war, etwas dagegen zu tun. Er ging morgens aus dem Haus, um Lebensmittel einzukaufen, und saß dann für den Rest des Tages daheim herum, weil er keine Arbeit fand.

Hinzu kam, dass ich mir meine Freiheit oft durch Lügen erkämpfen musste: Nach wie vor durfte ich nicht lange ausgehen und musste nach der Arbeit im Jeansladen sofort nach Hause kommen. Diese ganze Situation frustrierte mich und ich hatte keinen, dem ich mich anvertrauen konnte. Auch Stefan erzählte ich nichts, denn ich kannte es bis dahin gar nicht, offen über meine Probleme zu sprechen, es war mir unangenehm und ich fraß alles in mich hinein. Ich wünschte mir so sehr, meinem Vater sagen zu können, dass ich einen Freund hatte, in den ich verliebt war, aber ich traute mich einfach nicht.

Und Stefan wusste nur, dass er mich um 19 Uhr nach Hause bringen musste, und das tat er auch. Wenn er mich abends anrief, ging auch mein Vater mal ans Telefon und Stefan muss sehr freundlich gewesen sein, denn Papa fragte mich dann irgendwann nach ihm: »Sag mal, dieser Sankt Stefanus …«

»Papa! Er heißt STEFAN.«

»… der begrüßt mich immer sehr nett am Telefon. Wer ist das eigentlich?«

»Ach, der geht auf meine Schule und gibt mir ab und zu Nachhilfe in Mathe«, antwortete ich betont beiläufig – und ich hatte ihn noch nicht mal angelogen. Stefan half seiner Schwester und mir tatsächlich bei der Vorbereitung auf Klassenarbeiten. Ich hatte zwar an diesem Abend die Gelegenheit, die ganze Wahrheit zu sagen, aber ich war mir sicher, dass er sie nicht hören wollte, und ich wollte nicht riskieren, dass er mir den Kontakt verbot und ich noch früher zu Hause sein musste. Wir konnten ja nicht mal abends ins Kino gehen oder in die Disco.

Doch ich erzählte Stefan, dass mein Vater ihn am Telefon nett fand, und er war ganz stolz, dass er so einen guten Eindruck hinterlassen hatte. Anfangs kamen wir auch damit klar, dass wir unsere Beziehung verheimlichen mussten. Nach der Schule trafen wir uns in der Stadt und gingen spazieren oder besuchten Freunde. Doch dann überraschte Stefan mich.

»Meine Eltern wollen dich kennenlernen.« Ich war zunächst etwas verunsichert, aber dann freute ich mich darüber, dass wir zumindest vor seinen Eltern zu unserer Beziehung stehen konnten. Als ich das erste Mal bei ihm zu Hause war, war ich sehr nervös und eingeschüchtert, ich antwortete nur knapp auf die Fragen, die seine Mutter mir stellte, als wir mit seiner Familie am Esstisch saßen. Stefan saß neben mir und sagte nicht viel, genauso wie sein Vater und seine Geschwister, die ruhig aßen. Seine Mutter löcherte mich dafür umso mehr. Sie interessierte sich für meine Herkunft und wollte wissen, wie lange meine Eltern schon in Deutschland lebten. »Kennen deine Eltern den Stefan?«, fragte sie. »Ja«, antwortete Stefan. »Ich habe schon ein paarmal mit ihrem Vater telefoniert.« – »Was sagen sie denn dazu, dass ihr zusammen seid?« Diese Frage hatte ich befürchtet. »Sie wissen es noch nicht«, antwortete ich zögerlich. »Ach so«, sagte sie nur.

Als ich nach Hause musste, brachte mich Stefan noch zur Bushaltestelle. »Na? War doch halb so schlimm, oder?«, fragte er mich. »Ja, ich war nur etwas aufgeregt. Meinst du, deine Eltern mögen mich?«, fragte ich, während ich in Gedanken die letzten Stunden noch einmal durchging. »Natürlich mögen sie dich. Wieso sollten sie es nicht?« Bevor ich in den Bus stieg, umarmte mich Stefan ganz fest und schaute mir tief in die Augen. Wir hatten einen wichtigen Schritt getan.

Am nächsten Tag erwartete er mich schon auf dem Pausenhof, und ich war gespannt, was seine Eltern am Abend noch gesagt hatten. Ich strahlte ihn an und versuchte ein Lächeln von ihm zu erhaschen, das ich normalerweise immer bekam, wenn er mich morgens sah, aber er wich meinem Blick aus. Ich gab ihm einen Begrüßungskuss. »Alles in Ordnung?« Er zog mich zur Seite und ich wurde unruhig. Mit seiner festen Stimme fing er an zu sprechen. »Meine Mutter will nicht, dass wir zusammen sind.« Mein Herz pochte. »Was? Warum?«

»Sie sagt, solange deine Eltern nichts wissen, will sie es auch nicht unterstützen.«

Seine Worte trafen mich wie ein Faustschlag ins Gesicht, alles zog sich in mir zusammen. Sollte es das gewesen sein? Ich konnte nicht zu meinen Eltern gehen und ihnen sagen, dass ich einen Freund hatte, das war unmöglich und er wusste das. Regungslos stand ich auf dem Schulhof und als Stefan mich umarmte, konnte ich mich nicht rühren und die Umarmung nicht erwidern. Ich war blockiert und gefühllos, eine Art Selbstschutz, der sich bei mir auch heute noch manchmal einstellt, wenn ich Angst habe, verletzt zu werden.

»Wir schaffen das schon, glaub mir«, sagte er, aber es gab keine tröstenden Worte, die verhindern konnten, dass meine Traurigkeit mich innerlich von ihm weg, zurück in mich selbst zog. Ich ließ ihn nicht an mich ran und konnte auch nicht über meine Gefühle sprechen.

Diese Angst vor Verletzung war auch der Grund, warum ich seinen Zärtlichkeiten bisher ausgewichen war. Auf der Rheinpromenade hatte er mich zum ersten Mal geküsst und ich hatte mich danach gesehnt, ihm weiterhin auch körperlich nahe zu sein, mir war schwindlig geworden vor Glück in seinen Armen. Wenn wir in seinem Zimmer mal allein gewesen waren, hatten wir auf dem Bett gelegen, Musik gehört, uns geküsst und er hatte begonnen, mich überall zu streicheln, fast überall. Ich hatte seine liebevolle Nähe genossen, mich an ihn geschmiegt und mich sicher gefühlt. aber es hatte lange Zeit einen Punkt gegeben, an dem ich abblockte und weinte, an dem unsere Intimität mir Angst gemacht hatte, weil es uns verboten war – und weil meine Erinnerung an Jassar wieder hochgekommen war.

Wir wussten also jetzt, dass unsere Eltern unsere Liebe nicht wollten, und es dauerte ein paar Tage, bis ich mich Stefan gegenüber wieder öffnen konnte. Wir trafen uns seltener, heimlich und bei ihm zu Hause sahen wir uns nur, wenn seine Familie nicht da war oder er mir offiziell Nachhilfe gab. Seine Mutter machte dann wie zufällig die Terrasse vor seinem Fenster sauber, um uns beobachten zu können, aber wir nutzten jede Gelegenheit, uns näherzukommen. Und obwohl ich ihm nie gesagt hatte, was mich blockierte, drängte Stefan mich nie, sodass auch ich mich irgendwann nach unserem ersten Mal sehnte und wir darüber gesprochen hatten, bis es dann passierte. Aber es sollte noch Jahre dauern, bis ich es genießen konnte.

Die Beziehung mit Stefan scheiterte nach wenigen Monaten, weil mich die Heimlichtuerei immer mehr frustrierte, hinzu kamen die Sorgen daheim. Es war eine schwere Zeit für mich, in der ich nicht daran glaubte, jemals in meinem Leben glücklich sein zu dürfen. Tausend schlimme Erinnerungen rumorten in mir, die ich über all die Jahre verdrängt hatte und die mich immer dann wieder nach unten zogen, wenn es gerade so aussah, als hätte auch ich eine Chance auf Glück. Vor diesem Hintergrund hatte es Stefan sehr schwer mit mir, er konnte ja nicht ahnen, was in mir vorging. Ich versank immer tiefer in Trauer und konnte irgendwann nicht mehr verbergen, dass es mir schlecht ging. Ich wollte allein sein und niemandem zur Last fallen, weil ich das Gefühl hatte, dass mir sowieso keiner hätte helfen können. Ich musste selbst mit all dem fertig werden, und so trennte ich mich von Stefan.

Ein böses Déjà-vu

Es war nicht ungewöhnlich, dass viele laute Stimmen aus dem Wohnzimmer drangen, denn mein Vater bekam oft Besuch von Landsleuten, mit denen er sich angeregt unterhielt. Als ich eines Tages am späten Nachmittag nach Hause kam, wunderte ich mich trotzdem über die äußerst gute Stimmung, sogar meine Geschwister lachten und kreischten, und das war ungewöhnlich, denn normalerweise waren ihnen die Gespräche der Erwachsenen zu langweilig. Neugierig lugte ich durch den Türspalt hinein, ich kannte kaum einen der Besucher und alle hatten sich um einen versammelt, der gerade lauthals lachend seinen Kopf in den Nacken warf. Jassar war da. Ich grüßte nur beiläufig in den Raum und nickte ihnen zu.

Es war so lange her, dass wir uns gesehen hatten, damals war ich noch ein kleines Mädchen gewesen, aber er hatte sich überhaupt nicht verändert, das Dreitagebärtchen über seiner Oberlippe, immer noch dieselbe Art, in der er mit den anderen herumflachste und lachte. Aber ich war nicht mehr die kleine Khadra, die um seine Aufmerksamkeit rang, ich war jetzt eine junge Frau, ich überragte meinen Vater und meine Mutter schon um einen halben Kopf. Ich war selbstbewusst und hatte einen Charakter, eine Persönlichkeit, die geprägt war von dem, was ich erlebt hatte. Auch von dem, was ich mit ihm erlebt hatte. Als ich ihn sah, war es plötzlich, als laufe alles vor meinen Augen noch mal ab, all das, was ich jahrelang verdrängt hatte. Ich wusste genau, was er mir angetan hatte, und jetzt schlug mir die Wucht der Erinnerung noch einmal mitten ins Gesicht. Ich war so wütend darüber, dass er so dreist war, hier aufzutauchen, dass er so tat, als wäre nichts geschehen, dass er lachen konnte, obwohl mir sein Anblick Schmerz zufügte. Aber ich konnte diese Wut nicht rauslassen und ging einfach.

Jassar war damals kurz nach uns ebenfalls nach Ägypten geflüchtet. Mittlerweile lebte er in Belgien und war mit vier Freunden nach Bonn gekommen. Sie übernachteten bei einem anderen Bekannten in Bonn und blieben drei Tage, in denen sie jeden Nachmittag vorbeikamen. Ich versuchte ihn zu meiden und blieb in meinem Zimmer, während ich sie nebenan hörte, wie sie grölten vor Spaß und über alte Zeiten sprachen: »Wisst ihr noch, als wir das Erinnerungsfoto machen wollten? Alle warteten auf Niha, weil sie sich erst Parfüm draufmachen wollte, sie hat wohl nicht gewusst, dass man es auf dem Foto sowieso nicht riecht!« Alle lachten los, auch ich hatte diesen Tag noch vor Augen und musste grinsen, während ich nebenan auf meinem Bett lag. Als ich später auf dem Weg zur Toilette am Wohnzimmer vorbeiging, rief er mich.

»Khadra, komm, komm, wir lachen grad über alte Zeiten! Woran kannst du dich noch erinnern?« – »An alles!«, keifte ich und für einen kurzen Augenblick gefror sein Lachen, aber dann wandte er sich schnell wieder Nanna und Jamal zu und erzählte die nächste lustige Geschichte.

Raus, bloß weg hier! Ich brauchte frische Luft und Ablenkung, lieh mir die Rollerblades von unserem Nachbarn und skatete über die Rheinpromenade, rauf und runter, immer wieder. Irgendwann standen Jassars Freunde an der Straße und blickten herüber, während sie an ihren Zigaretten zogen, aber ich beachtete sie nicht weiter und sie gingen wieder ins Haus. Als ich nach Hause kam, sprach Jassar gerade mit meiner Mutter und er sah sehr ernst dabei aus. Dann verabschiedete er sich und fuhr mit seinen Freunden zurück nach Belgien.

»Worüber habt ihr geredet?«, wollte ich von ihr wissen. »Er meint, dass du zu aufreizend gekleidet bist, seine Freunde haben sich schon über dich unterhalten«, erzählte sie. Offenherzig gekleidet?! Ich trug meine Lieblingsjeans und ein weißes Neckholdertop! Und darüber hätte jeder etwas sagen dürfen, aber gerade er nicht! Ich kochte innerlich und sie hätte all meine Wut abbekommen, wenn sie jetzt mit mir geschimpft hätte, so aber schluckte ich meinen Ärger herunter und hoffte, ihn nie wieder sehen zu müssen. Aber sein Besuch sollte mich noch länger aufwühlen. In den Monaten danach träumte ich von der Schande, die er mir angetan hatte, ich wachte nachts auf, mein T-Shirt war völlig verschwitzt, und ich weinte stundenlang ins Kissen. Irgendwann begann ich, meine Wut, meinen Schmerz und meine Hilflosigkeit in ein Schulheft zu schreiben, das mein Tagebuch werden sollte, denn die Last drohte mich zu erdrücken und ich war noch lange nicht so weit, mich jemandem anzuvertrauen.

Die schwierige Balance zwischen Stärke und Hilflosigkeit

Ich merkte zwar immer wieder, dass ich nicht so wie all die anderen Mädchen in meinem Alter war, aber ich wusste nicht warum. Oft beneidete ich die anderen um ihre Unbeschwertheit und darum, dass sie immer glücklich und gut gelaunt zu sein schienen. Ich habe mir oft gewünscht, auch so frei zu sein wie sie, und wenn es nur für einen kurzen Moment gewesen wäre. Trotzdem suchten Mitschüler immer wieder meine Nähe, denn ich war eine gute Freundin. Meist waren es die, die wenig Selbstbewusstsein hatten und auf die ich wohl stark und unverletzlich gewirkt haben muss. Sie suchten meinen Rat, weil sie wussten, dass ich mich für sie einsetzen und sie stärken und unterstützen würde. Darin war ich gut und bin es noch. Vielleicht habe ich diese Eigenschaften besonders entwickelt, weil ich auf diese Art auch von meinen eigenen Problemen abgelenkt wurde. Mir selbst konnte ich damals nicht helfen und jeder andere, der es versuchte, scheiterte, weil ich es nicht zuließ.

Weil ich es in unserer kleinen Wohnung, wo alle aufeinanderklebten, kaum noch aushielt, schloss ich mich oft auf der Toilette ein, um für mich zu sein und vor mich hin zu träumen, oder ich huschte mit einem Handtuch und einem Stück Seife hinunter ins Badezimmer, wenn ich sicher war, dass keiner stören würde, um mich zu duschen. In die Badewanne legte ich mich erst gar nicht, weil sie von allen Hausbewohnern benutzt wurde und ich mich davor ekelte.

Wenn meine Schwester mal nicht in unserem Zimmer war, hörte ich Mariah Carey rauf und runter. Ich kannte jeden Songtext auf der Kassette auswendig und »Hero« war mein Lieblingslied und rührte mich zu Tränen.

Nachdem ich nicht mehr mit Stefan zusammen war, ging es mit mir irgendwie bergab, denn da ich meine Zeit ja vor allem mit ihm verbracht hatte, hatte ich den Kontakt zu Marvin und meiner Clique verloren. Und obwohl ich unsere Beziehung beendete, fehlte mir danach der einzige Halt, den ich hatte. Sogar Stefan sprach mich in der Pause mal darauf an, dass man mir ansähe, wie schlimm es mir ginge, aber ich versuchte es herunterzuspielen oder log ihm irgendeinen Grund vor. Ich musste mich zwingen, morgens aufzustehen und in die Schule zu gehen, und oft schwänzte ich auch den Unterricht und blieb im Bett liegen, weshalb mein Vater mit mir schimpfte, aber dann erzählte ich ihm von Magenschmerzen oder irgendetwas anderem.

In der Klasse fiel ich vor allem durch meine Wutanfälle auf, die ich wegen belangloser Streitigkeiten mit meinen Klassenkameraden bekam, selbst bei banalen Diskussionen ging es schnell mit mir durch und ich wurde laut und schrie herum. Irgendwann fiel das meinem Klassenlehrer, Herrn Neumann, auf und er bat mich, nach dem Unterricht auf ihn zu warten, weil er mit mir reden wollte. Herr Neumann war auch der Vertrauenslehrer an unserer Schule.

»Was ist los mit dir, Khadra?«, fragte er, nachdem alle Schüler das Klassenzimmer verlassen hatten. »In letzter Zeit bist du kaum wiederzuerkennen. Du lachst gar nicht mehr und siehst traurig aus. Gibt es Probleme zu Hause?« Herr Neumann kannte mich mittlerweile seit drei Jahren. Ich wusste, dass ich ihm nichts vormachen konnte, und ich wollte auch nicht mehr. Ich wusste gar nicht, wo ich anfangen sollte, brockenweise erzählte ich ihm von unserem Zuhause, dass ich mich dort nicht wohlfühlte, weil wir in einem Flüchtlingsheim wohnten, in dem ich kein eigenes Zimmer hatte, dass nicht mal die Tür abzuschließen war, fast alle Fensterscheiben Risse hatten, ich mich schämte, Besuch zu empfangen … Ich erzählte ihm, dass meine Mutter krank war und ich mich um alles kümmern musste, was mein Vater nicht schaffte. Ich erzählte ihm, dass wir ständig Geldprobleme hatten und es mir leidtäte, meine Eltern in Klamotten von der Altkleidersammlung zu sehen und und und … Ich redete sehr lange und spürte, wie gut mir das tat, und Herr Neumann hörte aufmerksam zu. Aber während all das aus mir heraussprudelte, konnte ich in seinen Augen sehen, dass es ihn sehr mitnahm, und ich begann zu fürchten, dass ich ihn mit meinen Problemen überforderte, denn ich wusste, dass es unmöglich war, meine Familie und mich aus dieser Situation herauszuholen. Ich wollte auch kein Mitleid und auch nicht, dass er mich mit anderen Augen als bisher sah.

Herr Neumann war der erste Mensch, dem ich einen kleinen Einblick in mein Seelenleben gab, und als ich fertig war, schwiegen wir beide einen kurzen Moment. Ich empfand es als unangenehm und begann bereits zu bereuen, so offen gewesen zu sein, aber er musste das alles wohl erst einmal verdauen und wusste nicht so recht, wie er auf meine Worte reagieren sollte. »Zum Glück hast du einen ganz lieben Freund, der dir sicher eine große Stütze ist«, sagte er schließlich. Ich sah ihn an: »Ich habe mit Stefan Schluss gemacht.«

»Warum denn? Ihr wart doch so ein tolles Paar!« Er war erstaunt. »Wir durften nicht zusammen sein, unsere Eltern waren dagegen.« Herr Neumann schwieg wieder und ich ging nach Hause. Ich hatte ihm mein Innerstes offenbart und ihn damit überfordert, und jetzt fühlte ich mich bloßgestellt und nackt. Hätte ich doch den Mund gehalten! Ich hätte ja auch einfach so weitermachen können wie bisher: Khadra, die Starke, die immer einen flotten Spruch auf den Lippen hatte, um die anderen zum Lachen zu bringen. Diese Rolle hatte ich besser im Griff. Denn wenn es mir gut ging, alberte ich herum und unterhielt mit meinen Aktionen die gesamte Klasse, wie vorm Sportunterricht in der Umkleidekabine, die ich zu meiner Showbühne machte. Ich rannte umher, sang und tanzte, zog Grimassen oder machte irgendwelche Lehrer nach, die wir nicht mochten.

»Khadra, du wirst bestimmt mal berühmt«, meinte meine Klassenkameradin Inga mit ihrer heiseren Stimme jedes Mal zu mir, nachdem sie sich über mich amüsiert hatte.

9.

DIE VERGESSENEN HELDEN

Die Aufregung im Flüchtlingsheim war riesengroß. Das Telefon klingelte ständig und mein Vater sprach mit einigen somalischen Freunden und ehemaligen Kollegen, die in Bonn lebten.

»Ja, ja, gib ihnen meine Adresse, wann wollen sie denn kommen? Jetzt gleich? Okay, kein Problem.« Er war aufgedreht und steckte voller Elan, so energiegeladen hatte ich ihn seit Ewigkeiten nicht mehr gesehen und ich war neugierig, was wohl passiert war.

»Ein Fernsehteam ist unterwegs«, erklärte er uns. »Die wollen mich filmen.« Dann rannte er ins Schlafzimmer.

»Was? Warum wollen sie dich denn filmen?«, rief ich ihm nach und setzte mich in der Küche auf einen Stuhl. Ein Fernsehteam zu meinem Vater? Wieso das denn? Dann kam er mit einer Urkunde in der Hand und einem kleinen, viereckigen Kästchen aus tiefblauem Samt in die Küche. Es war eine edle Schatulle, und so behutsam, wie Papa sie in der Hand hielt, musste darin etwas sehr Wertvolles sein. Vorsichtig streckte er mir die Schatulle entgegen und öffnete sie langsam. Auf einem blauen Samtkissen lag ein rotes Kreuz, auf dem in der Mitte ein Adler abgebildet war. Es hing an einem breiten Band mit den Farben der Bundesrepublik: Schwarz, Rot, Gold.

»Das ist mein zweites Bundesverdienstkreuz! Darum wollen sie mich filmen.« Er war so stolz, und ich nahm ihm die Urkunde aus der Hand und las sie laut vor:

»Verleihungsurkunde. In Anerkennung der um die Bundesrepublik Deutschland erworbenen besonderen Verdienste verleihe ich Herrn Basi Mohamed Sufi, Somalia, das Große Verdienstkreuz des Verdienstordens der Bundesrepublik Deutschland. Bonn, den 28. April 1969. Der Bundespräsident. Gezeichnet: Lübke.«

In der Ordensbegründung, die mir das Bundespresseamt im August 2009 dankenswerterweise zur Verfügung gestellt hat, heißt es weiter:

»Herr Basi M. Sufi war von Dezember 1962 bis Mai 1968 an der hiesigen Botschaft der Republik Somalia, zuletzt als Botschaftsrat, tätig. Er wurde aus Anlass des Staatsbesuches im Jahre 1965 mit dem Verdienstkreuz 1. Klasse ausgezeichnet. Seit seiner Rückkehr aus Bonn bekleidet Herr Sufi das Amt eines Kabinettsdirektors (stellv. Kabinettschef) im Amt des Premierministers. Er steht mit der deutschen Botschaft in Mogadischu in betont freundschaftlicher Verbindung und hat seinen in der somalischen Verwaltungshierarchie hohen und einflussreichen Posten bereits wiederholt für die Förderung deutscher Belange genutzt. Ende November 1968 nahm er im Auftrag des somalischen Premierministers als Begleiter des somalischen Finanzministers an Regierungsverhandlungen in Bonn teil. Herr Basi M. Sufi war auf somalischer Seite der Hauptinitiator für die Gründung der Deutsch-Somalischen Gesellschaft in Bonn.«

Damals, in der Küche des Flüchtlingsheims in Bad Godesberg, verstand ich noch nicht richtig, wie wichtig diese Auszeichnung war. Ich wollte mir das Kreuz mal genauer ansehen und streckte meine Hand danach aus. »Nein!«, zog Papa die Schatulle weg, »nicht anfassen.« Ich musste lachen und neckte ihn.

»Ich will doch nur gucken, ich werd's schon nicht auffressen.« Aber er ließ nicht mit sich spaßen.

»Nein, nein, es bleibt da drin, ich hab das Original schon im Krieg verloren und erst hier ein neues bekommen.« Auch als tatsächlich kurz darauf Leute vom Fernsehen kamen, ein ganzes

Team mitten in unserem winzigen Flur stand und mit ihm im Wohnzimmer drehte, ließ er keinen das Kreuz berühren.

»Die Helden aus Mogadischu leben heute von Sozialhilfe«, so oder ähnlich lautete der Titel des Beitrags. Den Reportern ging es nämlich nicht nur um die beiden Bundesverdienstkreuze, die er 1965 und 1968 bekommen hatte. Ihr Interesse galt vielmehr der Tatsache, was aus dem Mann geworden war, der nach der Entführung der Lufthansa-Maschine »Landshut« im Oktober 1977 geholfen hatte, die Geiseln zu befreien. Und während ich dem Interview und den Erzählungen meines Vaters lauschte, erfuhr ich, dass er damals als deutschsprachiger Diplomat im Auftrag des somalischen Diktators Siad Barre mit dem deutschen Unterhändler, Staatssekretär Hans-Jürgen Wischnewski, vermittelt hatte. Mein Vater hatte dabei geholfen, den Zugriff der deutschen Eliteeinheit GSG 9 zu ermöglichen. Dennoch musste er jetzt in Deutschland als Asylant leben, von Sozialhilfe, in einer Notunterkunft. Und selbst dafür hatte er kämpfen müssen.

Warum?

Ich erfuhr es auch erst im September 2009 von Manfred Obländer, der ein sehr enger Freund meines Vaters gewesen war und ohne den unser Traum von der Rückkehr nach Deutschland in der 17. Etage eines Hochhauses in Kairo geplatzt wäre. Mein Vater hatte für Mogadischu kein drittes Bundesverdienstkreuz bekommen, es erhielt der damalige Botschafter in Bonn, Yusuf Adan Bokah, stellvertretend für die somalischen Helfer. Alle Minister und Abgeordneten hatten sich ihm zu Ehren von den Sitzen des Deutschen Bundestags erhoben und applaudiert. Aber selbst Bokah wurde nach Ausbruch des Krieges in Somalia zunächst kein Asyl gewährt. Also erzählte Manfred Obländer einer Journalistin der *BILD am Sonntag* von diesem politischen Skandal, damit sie darüber berichtete und Druck auf die Behörden ausübte. Und es klappte: Am Tag nach dem Erscheinen des Artikels ordnete der damalige Bundeskanzler Helmut Kohl, der aus der Sonntags-

Zeitung davon erfahren hatte, persönlich an, dass Bokah von der Regierung unterstützt wurde.

Aber was einmal funktionierte, konnte Manfred Obländer kein zweites Mal für meinen Vater und uns tun. Doch er gab nicht auf: Wir waren zu diesem Zeitpunkt in Ägypten und er besorgte für uns Touristenvisa, für die er persönlich bürgte, und so konnten wir – einmal in Deutschland – hier Asyl beantragen.

Mein Held war Papa schon immer gewesen, aber dass er auch wirklich ein Held war, dass er geholfen hatte, 90 Geiseln und Besatzungsmitglieder der Boeing 737 zu retten, das hatte ich nicht gewusst, und auch er selbst wurde erst durch die Journalisten wieder daran erinnert, wer er wirklich war, und nicht, was das Schicksal in den letzten Jahren aus ihm gemacht hatte.

Auch Wochen später, nachdem uns unser Alltag im Flüchtlingsheim wieder eingeholt hatte, hielten wir alle an diesem tollen Erlebnis fest. Dieser Tag war für uns unvergesslich, und ich war so stolz auf Papa, dass ich die blaue Schatulle mit dem Bundesverdienstkreuz mit in die Schule nahm, weil ich sie jedem zeigen wollte. Natürlich tat ich das heimlich, denn ich durfte sie ja nicht mal anfassen, und hatte sie einige Tage in meiner Schultasche. Aber dann vermisste mein Vater sein Bundesverdienstkreuz. Ich musste gestehen, es genommen zu haben, aber als ich die Schatulle öffnete, war es weg!

»Wo ist es?«, fragte mein Vater streng.

»Ich weiß es nicht, es war die ganze Zeit da drin«, stammelte ich nur.

»Es ist mir egal wie, aber du treibst es wieder auf!«, tobte er und verließ das Zimmer. Wie hatte mir das nur passieren können? Aber dann kam mein Vater zurück, kramte in der Schatulle und siehe da, das Kreuz war nur unters Samtkissen gerutscht. Puhhh!

10.

SCHRITTE IN MEIN EIGENES LEBEN

Eines Nachmittags arbeitete ich im Jeansladen, als Michael hereinkam, ein Bekannter meines Chefs. Ich hatte mich schon ein paarmal mit ihm unterhalten, wenn er hier war, und wir verstanden uns ganz gut. Er kam aus Bad Honnef, nicht weit weg von Bad Godesberg.

»Ich hab da vielleicht was für dich«, sagte er zu mir. »Kennst du die Basketballmannschaft aus Bad Honnef?« Kannte ich nicht. »Echt nicht? Die spielen in der ersten Bundesliga und die neue Saison fängt bald an. Die suchen gerade neue Cheerleader.«

»Cheerleader? Und was muss ich da machen?« Tage später beim Probetraining sollte ich es erfahren. Als ich vor dem Fitnessstudio stand, traute ich mich zunächst nicht rein. Draußen auf dem Bürgersteig saßen zwei hübsche Mädchen, die ungefähr in meinem Alter waren. Die eine hatte eine blonde, lange Mähne und hieß Karina, die andere hatte mittellanges, rotbraunes Haar und hieß Jenny.

»Seid ihr auch zum Vorstellungstermin hier?«, fragte ich und sie nickten. Nach ein paar Minuten kam eine Frau mit durchtrainiertem Körper in schwarzer, dreiviertellanger Leggins und bauchfreiem Top auf uns zu.

»Seid ihr zum Cheerleader-Termin hier?« Wir nickten. »Na dann kommt doch hoch«, sagte Daniela, die Trainerin. Insgesamt waren wir 15 Mädels und sie zeigte uns eine Choreografie, die wir nachtanzen sollten. Wir hatten fünf Minuten Zeit, um sie zu lernen und dann vorzuführen. Eine Jury saß vor uns und machte Häkchen in ihre Listen. Die Choreografie war einfach, und es machte mir Spaß, zur peppigen Musik zu tanzen, deshalb freute ich mich wie eine Irre darüber, dass ich angenommen wurde und damit zu den »Dragon Dancers« gehörte. Jeden Donnerstag übten wir im Fitnessstudio neue Choreografien ein und bald traten wir vor ausverkaufter Halle auf. Es war ein unbeschreibliches Gefühl, vor so vielen Menschen zu stehen, die uns zujubelten. Wir hatten schwarze, hautenge Outfits von unserem Sponsor an und wedelten dazu mit goldenen Pompons. Irgendwann waren wir so gut, dass wir sogar an Meisterschaften teilnahmen, Auftritte außerhalb der Spiele hatten und in Bad Honnef total angesagt waren. Es war eine schöne Phase in meinem Leben, in der ich begann, richtig aufzublühen.

Beziehungserfahrungen mit Höhen und Tiefen

Julia war eine Freundin aus der Nachbarschaft. Einmal hatte sie sturmfreie Bude, weil ihre Eltern für eine Woche in den Urlaub gefahren waren. Das nutzten wir aus: Jeden Abend ging die Party ab, und weil meine Eltern Julia kannten und mochten, war es auch kein Problem, wenn ich erst gegen Mitternacht nach Hause kam, auch wenn ich zwischendurch immer wieder anrufen musste, um sie zu beruhigen und ihnen zu sagen, dass alles okay war. Der Feier-Marathon hatte sich schnell herumgesprochen und die Bude wurde jeden Abend voller, weil jeder, der kam, am nächsten Tag noch mal jemanden mitbrachte. Das Wohnzimmer wurde zur Tanzfläche und man brachte seine Lieblingsmusik mit, um sie irgendwann aufzulegen und dazu abzutanzen. Auch ein Junge namens Moritz kam jeden Tag mit seinem besten Kumpel Tarek bei Julia vorbei. Wir kannten uns schon flüchtig, denn wir hatten uns zuvor ein paarmal auf der Kirmes gesehen, die alle paar Monate unten am Rhein war, und dort schon ein paar Worte gewechselt. Schon damals fand ich ihn sehr süß: Er war ziemlich groß, hatte dunkelbraune, kurze Haare und grüne Augen, war immer sportlich-lässig gekleidet in Baggy-Jeans, trug dazu Turnschuhe und ein Käppi. Moritz war DJ und verdiente sich durch kleinere Gigs etwas dazu, deshalb kannte ihn in Bad Godesberg jeder, und viele Mädels fuhren auf seine coole und selbstbewusste Art ab.

Als ich ihn am ersten Abend dort bei Julia ins Wohnzimmer kommen sah, war ich gerade auf der Tanzfläche, und noch bevor ich mir überlegen konnte, wie ich mit ihm ins Gespräch komme, kam er direkt auf mich zu und grinste.

»Hallo, junge Frau!«, sagte er und berührte mich dabei ganz leicht an der Schulter. Ich freute mich, dass er sofort meine Nähe suchte und mich anlächelte, und die nächsten Male kam ich eigentlich nur in der Hoffnung hierher, ihm wiederzubegegnen. Am letzten Abend bevor Julias Eltern wiederkamen, waren wieder alle bei ihr. Jetzt musste ich den ersten Schritt machen und Moritz wenigstens sagen, dass ich ihn sehr mochte. Obwohl wir uns all die Abende gesehen hatten, waren wir nie allein und konnten uns nie ungestört unterhalten, ohne dass irgendjemand uns unterbrach oder dabeistand. Es war schon spät und ich schaute alle paar Minuten auf die Uhr, denn ich musste bald gehen, aber ich war doch gerade dabei, mich Hals über Kopf in diesen Jungen zu verlieben, von dem ich nie gedacht hatte, dass er auch auf mich stehen würde.

»Ich muss mal kurz weg«, sagte ich in die Runde

»Ach, Püppi, musst du schon wieder nach Hause?«, fragte Julia.

»Nee, ich komme gleich wieder.«

»Versprochen, Püppi?«, rief sie mir noch nach, als ich schon aus der Tür war, aber ich glaubte selbst nicht wirklich an das, was ich versuchen wollte. Zu Hause angekommen, lief ich direkt in das Zimmer meiner Eltern, die sich gerade schlafen legen wollten.

»Papaaaa«, begann ich ihn so zu bitten, wie ich es immer gemacht hatte, wenn ich irgendwas von ihm unbedingt wollte.

»Ja, mein Schatz, was ist denn?«

»Julias Eltern kommen morgen wieder nach Hause, es ist unser letzter Abend und ich habe mich gefragt, ob ich heute nicht ausnahmsweise mal bei ihr übernachten kann.« Noch bevor er antworten konnte, legte ich nach. »Es ist doch gleich um die Ecke und ich bin morgen früh wieder hier, bitte.«

Tatsächlich nickte er etwas widerwillig, und ich konnte es kaum glauben.

»Ich übernachte heute bei dir!«, platzte ich durch Julias Tür.

»Mensch, Püppi, das ist ja supi!«, freute sie sich, schon leicht beschwipst. Ich konnte nun die ganze Nacht bei meinem Traumtypen sein und wir tanzten dann auch miteinander zu »Set it off«, das später »unser Lied« werden sollte. Er versuchte mir dabei immer wieder tief in die Augen zu sehen, aber ich wich seinen Blicken aus, weil ich mich sonst verraten hätte. Für mich ist es die größte Offenbarung, sich ganz tief in die Augen zu sehen, denn dadurch kann man in die Seele des anderen blicken und den Menschen wahrhaft erkennen, der einem gegenübersteht. Später zogen wir uns zu zweit in ein Zimmer zurück und unterhielten uns über alles Mögliche, dabei lachten wir viel und ich gestand ihm, dass ich ihn schon damals toll gefunden hatte, und er erzählte mir, dass er schon viel früher im Haus der Jugend ein Auge auf mich geworfen hatte. Das war zwar schon Ewigkeiten her, aber ich erinnerte mich dennoch, ihn an diesem Tag auch gesehen zu haben.

»Als ich dich da stehen sah, dachte ich: ›Wow, ist das 'ne tolle Frau‹.« Als er das sagte, wurde ich ganz verlegen und hielt ihm schnell eine Packung Kaubonbons hin, die ich in der Hand hatte.

»Willst du eins?«

»Nein. Ich will dich.« Moritz zog mich an meiner ausgestreckten Hand zu sich hin und gab mir einen Kuss und umarmte mich.

Draußen wurde es langsam hell und die ersten Vögel zwitscherten schon. Wir hatten die ganze Nacht damit verbracht, zu reden und uns ineinander zu verlieben und dabei alles um uns herum vergessen. Wir waren so vertraut miteinander und es fühlte sich an, als ob wir uns schon seit Ewigkeiten kennen würden. Irgendwann fielen uns vor Müdigkeit die Augen zu und ich schmiegte mich in seine Arme und wir schliefen ein. Ich war noch nie zuvor so glücklich gewesen wie in diesen Stunden mit ihm.

Moritz hatte seit Kurzem eine Wohnung in Bonn und ich war glücklich darüber, dass er allein wohnte, denn zu mir konnten wir nicht, und so hatten wir wenigstens einen Platz, an dem wir uns treffen und ungestört zusammen sein konnten – dachte ich zumindest. Denn in den ersten Wochen saßen jedes Mal seine Freunde bei ihm und rauchten Joints. Auch Moritz kiffte, aber meiner Ansicht nach nicht so exzessiv wie seine Freunde, die schon rote Augen bekamen und nicht mehr geradeaus schauen konnten. Wenn es nach ihnen gegangen wäre, hätten sie 24 Stunden am Tag bei uns herumsitzen können. All das störte mich sehr, ich traute mich aber nicht, es ihm zu sagen, und irgendwann merkte Moritz es selbst und seine Freunde kamen nur noch gelegentlich vorbei.

Rund um Liebe und Freundschaft

Es war eine schöne Phase in meinem Leben, zumal ich Tina kennenlernte. Sie war eines Nachmittags beim Cheerleadertraining erschienen und sollte mein Leben völlig verändern. Tina war groß und hatte dieselbe helle Hautfarbe wie ich, die die meisten Menschen darauf schließen lässt, dass ein Elternteil afrikanisch und eins europäisch sein musste, bei Tina war es die deutsche Mutter. Aber meine helle Haut habe ich durch meine Vorfahren, die arabischer und osmanischer Abstammung waren, typische Somali sind normalerweise viel dunkler. Aus diesem Grund bekomme ich noch heute alle möglichen Nationalitäten zugesprochen, und ich staune immer wieder, wie einfallsreich die Leute sind: Woher kommst du? Aus Jamaika? Amerika? Spanien? Tunesien? Italien? Indien? Ich musste mir schon alles Mögliche anhören und wenn es mir zu bunt wird, antworte ich einfach: »Finnland!«

Tina war mir sofort aufgefallen, weil sie ihre Haare genauso trug wie ich damals: in viele Rastazöpfe geflochten, die ihr bis zur Hüfte reichten. Sie saß beim Training in der Ecke und schaute uns beim Tanzen zu.

»Wer ist das?«, fragte ich meine Freundin Sabina.

»Das ist Tina. Ich habe sie auf einem Konzert der Backstreet Boys kennengelernt. Wir waren diejenigen, die am lautesten gekreischt haben.« Ich musste lachen, denn sie hatte mir schon öfter davon erzählt, wie sie mit ihrer Clique Boybands ausfindig machte, wenn die in der Stadt waren, und ihnen einen Schnappschuss und Autogramme abjagte. Ich selbst konnte mir nicht vorstellen auszuflippen, nur weil Nick, Trick oder Track 300 Meter weiter standen und winkten, aber trotzdem fand ich das lustig.

Auf dem Heimweg fuhren wir alle gemeinsam mit dem Bus, und Tina bezog mich immer wieder ins Gespräch mit ein. Sie lachte viel und war sehr offen, das gefiel mir an ihr, und von da an sahen wir uns immer donnerstags beim Training und danach im Bus, in dem wir wie die Hühner kreischten und gackerten, alle durcheinanderredeten, Witze machten und lachten. Bald stellte sich heraus, dass Tina und ich uns ziemlich ähnlich waren. Ich hörte ihr gern zu und konnte sehr viel von ihr lernen. Am meisten gefiel mir, dass ich mit ihr über wirklich alles reden konnte, auch wenn ich ihr nicht alles erzählte, vor allem nichts über meine Vergangenheit, denn ich lebte nur noch im Jetzt und träumte von morgen. Mit diesem Mädel wurde es nie langweilig, denn Tina war ein Energiebündel, das keinen Moment still halten konnte. Sie inspirierte mich und ich hörte auf sie, mehr als auf jeden anderen. Wenn Tina herzhaft lachte, konnte ich nicht anders, als auch loszuprusten oder albern zu werden. Nie wieder habe ich so viel Spaß gehabt wie in den Jahren mit ihr. So saßen wir manchmal stundenlang an der Bushaltestellte, nachdem wir schon den ganzen Nachmittag zusammen unterwegs gewesen waren, und ließen einen Bus nach dem anderen vorbeisausen, weil wir gerade Tränen lachten und uns die Bäuche hielten. Wir wurden unzertrennlich, und für mich war sie wie eine Zwillingsschwester.

Eine wichtige Entscheidung

Eines Tages teilte uns mein Vater etwas mit, was mich sehr beunruhigte.

»Wir werden von hier weggehen und nach England ziehen.« Er klang ziemlich entschlossen. Meine komplette Verwandtschaft, die sich vor dem Krieg hatte retten können, lebte in England und mein Vater hatte immer wieder erzählt, dass die meisten von ihnen schon längst die britische Staatsbürgerschaft bekommen hatten. Wir aber hatten immer noch nur die befristete Aufenthaltsgenehmigung und nach all den Jahren wollte mein Vater Sicherheit für sich und seine Familie, und die Verwandten hatten ihn immer wieder darin bestärkt, nach England zu kommen und dort sein Glück zu versuchen.

Ich machte mir große Sorgen, denn ich wollte Deutschland auf keinen Fall ein weiteres Mal verlassen. Es war meine Heimat, und ich konnte mir nicht vorstellen, schon wieder in einem fremden Land neu anzufangen. Außerdem ahnte ich, was mir bei meinen Landsleuten blühen würde. In letzter Zeit hatte meine Tante Halali oft mit meinem Vater telefoniert und ihn zu überreden versucht, mich endlich zu verheiraten. Sie hatte sogar schon einen Kerl für mich ausgesucht. Zum Glück hörte sich Papa das nur an und amüsierte sich mit mir darüber, aber ich wusste, dass die Familie in England Druck machen würde und es mit dem bisschen Freiheit vorbei sein würde, die ich gerade gewonnen hatte.

Keiner wusste, wie lange es dauern würde, bis mein Vater seine Pläne umsetzen konnte, also zogen wir endlich erst einmal hier um, als sich die Gelegenheit ergab. Für eine sechsköpfige Familie, die von Sozialhilfe lebte, war es schwierig, eine Wohnung zu finden. Obwohl wir monatelang alles abgeklappert hatten, gab es nur Absagen. Aber irgendwann fanden wir über eine Zeitungsannonce eine Dreizimmerwohnung. Der einzige Haken daran war, dass sie Kilometer entfernt von meinem Job im Jeansladen in Bad Godesberg, Moritz' Wohnung in Bonn sowie dem Cheerleadertraining in Bad Honnef lag. Ich musste im rheinischen Viereck Bus und Bahn fahren.

Diese Wohnung, unsere erste richtige Wohnung hier nach langer Zeit in Behelfsunterkünften, lag im 6. Stock eines Hochhaus-Ghettos und schon bald stellte sich heraus, dass die Fahrerei zu viel war und ich meinen Job im Jeansladen gegen einen Kellnerjob in einem Bistro im nahen Einkaufscenter tauschen musste. Ich arbeitete etwa dreimal pro Woche nach der Schule von 15 bis 21 Uhr dort und verdiente 5 Mark in der Stunde. Papa war stolz zu sehen, dass ich unabhängig war und mein Ding durchzog: Zumindest um mich brauchte er sich also keine Sorgen mehr zu machen. Meine Geschwister litten sehr unter der Situation daheim und gerieten außer Kontrolle. Jamal war kaum zu Hause und keiner wusste, wo er sich herumtrieb. Zur Schule ging er schon lange nicht mehr, und er stritt sich deshalb dauernd heftig mit meinem Vater. Manchmal tauchte er tagelang nicht auf, ohne sich nur ein einziges Mal zu Hause zu melden. Es war ziemlich schwierig, an ihn heranzukommen. Und wenn man ihn falsch ansprach, wurde er aggressiv und fing an zu schreien. Nanna flüchtete sich in ihren Freundeskreis und rebellierte, wenn jemand versuchte, mit ihr zu reden. Obwohl sie erst 13 Jahre alt war, machte sie, was sie wollte, vernachlässigte die Schule und trieb sich bis Mitternacht rum, ohne dass jemand wusste, wo sie steckte. Das beunruhigte meine Eltern sehr und sie machten sich große Sorgen, aber Nanna hörte auf niemanden und wenn ich versuchte, mit ihr zu reden, dann artete es in Streit aus, manchmal fochten wir es sogar mit Fäusten aus.

Durch den Umzug in unsere neue Wohnung wurden die Geldsorgen meines Vaters auch nicht weniger, und er war ständig verzweifelt, weil er irgendwelche Rechnungen nicht bezahlen konnte. Das Geld, das wir vom Sozialamt bekamen, ließ er sich bei der Bank in Zehnmarkscheinen ausbezahlen, damit er einen besseren Überblick darüber behielt. Wie schon damals in Ägypten passten wir bei jedem Einkauf auf, dass wir pro Tag nicht mehr als 10 Mark ausgaben. So reichte das Geld sicher bis zum Ende des Monats.

Aber oft sah ich ihn ganz allein auf der alten Couchgarnitur sitzen, vor sich die Plastikblumen auf dem Tisch und über sich Fotos an der Wand, die ihn als Diplomaten im edlen Anzug auf Empfängen zeigten, wie er allen möglichen Staatsoberhäuptern die Hand gab. In unserer Situation empfand ich die Fotos als wertlos, weshalb ich sie mir nie angeschaut hatte. Erst als Tina einmal bei uns zu Besuch war, fielen sie mir richtig auf.

»Krass, da ist ja dein Vater mit der Queen drauf!«, rief sie, während ich meinen zweiten Schuh suchte, weil wir gleich aufbrechen wollten.

»Wo?«, fragte ich ungläubig und kam ins Wohnzimmer, wo sie die Fotos anstarrte.

»Na, da gibt er doch der Queen die Hand.« In solchen Situationen wurde mir besonders deutlich, warum mein Vater oft so traurig war. Ein war ein intelligenter, reicher und sehr angesehener Mann gewesen, der sieben Sprachen sprach und schon in der ganzen Welt gelebt und gearbeitet hatte, der große Häuser für seine Kinder gebaut hatte, damit sie später darin leben konnten und abgesichert waren. Noch heute erzählen seine Freunde, die Obländers, gern, wie mein Vater einst in einem giftgrünen Cadillac Cabrio vorgefahren war, um sie auszuführen. Aber jetzt lebte er in einem Ghetto und all das, was er mal gewesen war, existierte nur noch in der Erinnerung. Das Elend führte sogar dazu, dass er sich von seinen Freunden abschottete. Es brach mir das Herz, dass ich ihm überhaupt nicht helfen konnte, außer mit ein bisschen von dem Geld, das ich verdiente. Um der Trauer zu entkommen, flüchtete auch ich sooft wie möglich in meine neue Welt mit Moritz und Tina.

Ab und zu ging ich mit meinem Vater noch zum Sozialamt, wenn wir einen Krankenschein brauchten oder sonst irgendetwas beantragen mussten. Wir hatten schon genug Erfahrungen mit den Sachbearbeitern gemacht, aber unser neuer Betreuer war ein so schlechter und herzloser Mensch, dass ich ihn nie vergessen werde. Es fing schon mit der Art an, wie er uns und die anderen Hilfeempfänger in sein Zimmer rief. Weil er seine Tür immer offen stehen ließ, konnte jeder in der langen Schlange davor mitbekommen, worum es drinnen ging. So etwas wie Diskretion gab es hier nicht, im Gegenteil, manchmal schrie der Sachbearbeiter die Leute so laut an, dass auch die Wartenden draußen zusammenzuckten.

»Na, Frau Sufi, wovon leben Sie denn ohne Geld, von Luft und Liebe?«, blaffte er mich mal an. Und dann grinste er. Ich bin sicher, dass nicht nur ich ihn gehasst habe, so sehr, dass ich lieber nicht zum Arzt ging, als mir bei ihm einen Sozialamts-Krankenschein zu holen. Mein Vater aber war immer ganz kleinlaut, wenn er seine Papiere bei ihm einreichte oder unsere Aufenthaltserlaubnis verlängert werden musste. »Staatenlos« stand in unseren hellgrauen Reisedokumenten als Staatsangehörigkeit, und diesen Status ließ uns der Sozialamtsbeamte auch fühlen.

Ich war mittlerweile in eine Realschule versetzt worden, weil ich auf dem Gymnasium zu viele Fehlstunden hatte, was sich auf meinen Notendurchschnitt auswirkte. Nach der 10. Klasse konnte ich also abgehen, und kurz bevor ich damit fertig war, geriet ich in Panik. Ich wusste nicht, wie es weitergehen sollte, falls ich tatsächlich allein in Deutschland zurückbleiben wollte, denn das hatte ich damals schon vor. Dann bekam ich einen Brief, in dem ich zum Sozialamt zitiert wurde. Der Sachbearbeiter blickte mich nicht mal an, während er mit mir sprach: »Frau Sufi, Sie sind mit der Schule fertig und haben genug Sozialhilfe kassiert. Gehen Sie mal ins Zimmer gegenüber, der Kollege kann Ihnen helfen, eine Arbeitsstelle zu finden!« Ich bekam einen Zettel mit einer Adresse, zu der ich am nächsten Tag hingehen sollte. Es war eine Fleischfabrik, aber mir war zu diesem Zeitpunkt alles egal. Hauptsache, ich musste nie wieder von irgendwelchen Mitarbeitern des Sozialamts abhängig sein. Eine mollige Frau bat mich in der Fabrik in ihr Büro. »Sie sind Frau Quadar?«

»Nein. Sufi. Frau Khadra Sufi«, korrigierte ich vorsichtig.

»Und Sie wurden vom Sozialamt hierher geschickt, ja?«

»Ja. Ich soll mich hier um eine Arbeitsstelle bewerben.«

»Haben Sie einen Schulabschluss?« Ich reichte ihr mein Abschlusszeugnis, das sie sich aufmerksam ansah. »Dann gehen Sie doch bitte wieder zurück zum Sozialamt und sagen Sie demjenigen, der Sie hierhergeschickt hat, dass ich Sie nicht einstellen werde!« Ich blickte sie erschrocken an. »Die sollen Ihnen lieber einen Ausbildungsplatz vermitteln! Sie haben einen vernünftigen Schulabschluss, und den haben Sie bestimmt nicht gemacht, um in einer Fleischfabrik zu enden. Wenn die Probleme machen, können die mich ruhig anrufen, dann sage ich es denen noch mal persönlich!« Innerlich grinste ich und bedankte mich. Dann nahm ich mir vor, mir selbst eine Lehrstelle zu suchen, aber die Zeit drängte langsam, denn mein Vater hatte bereits Visa für England beantragt.

Der Umzug von Deutschland nach London war ein schleichender Prozess, aber irgendwann im Jahr 1996 reisten zunächst meine Mutter und Chuchu zu Verwandten nach London ab, danach Nanna und Jamal.

»Nein! Ich gehe nicht nach England!«, erwiderte ich jedes Mal, wenn mein Vater davon anfing. »Aber du kannst doch nicht allein hier zurückbleiben«, hielt er dagegen. »Doch, kann ich! Ich suche mir eine Arbeit, du wirst sehen, ich finde schon was!« Ich war kaum 16 Jahre alt und wusste tatsächlich überhaupt nicht, wie ich das alles hier allein bewältigen wollte, aber Papa merkte zumindest, dass es mir ernst war und dass er keine Chance hatte, mich umzustimmen. Wir hatten so viel gemeinsam erlebt und durchgestanden, dass er wusste, dass ich damit klarkommen würde.

»Okay, wenn du eine Arbeit findest, darfst du bleiben.« Jeden Tag drängte er mich, Bewerbungen zu schreiben. Aber es sollte noch eine Zeit lang dauern, bis auch er als Letzter auswandern würde. In den darauffolgenden Monaten suchte er in London eine Wohnung und ich genoss meine neue Freiheit und die Zeit allein in unserer Wohnung in Deutschland. Da ich mit der Schule fertig war, sahen meine Tage so aus: Ich schlief lange, ab Mittag kellnerte ich, danach traf ich Tina und schließlich fuhr ich zu Moritz. Das Bistro, in dem ich bediente, war der Treffpunkt des Ortes und so lernte ich nach und nach alle möglichen Leute kennen. Irgendwann bot mir ein Typ einen Wochenendjob in einer Disco in Bonn an, in der er als DJ auflegte. Es war ganz in der Nähe von Moritz' Wohnung, und so stellte ich mich dem Chef vor. Er war Araber und ging mir etwa bis zur Brust, auf die er auch die ganze Zeit starrte, während er mit mir sprach. Er machte keine Anstalten, seinen gierigen Blick zu zügeln, und grinste dabei auch noch genüsslich. Er widerte mich an, aber der Job reizte mich.

»Du bist freitags ab 21 Uhr hinter der Theke, um 22 Uhr ist Einlass der Gäste. Wir schließen um 5 Uhr, dann machst du die Theke sauber und hast Feierabend.«

»Wie ist der Stundenlohn?«, fragte ich mutig. Wieder glitt sein Blick von unten an mir hoch. »Ich zahle normalerweise 10 Mark die Stunde, du kriegst 15!« Ich wäre vor Freude fast in die Luft gesprungen, aber ich blieb cool: »Alles klar.« Während ich zu Moritz lief, begann ich zu rechnen und sprach dabei laut vor mich hin: »21 bis 5 Uhr, das sind acht Stunden, das sind 120 Mark an nur einem Abend, plus das Geld, das ich im Café verdiene. Ich werde Millionärin!«

Beziehung leben lernen

Moritz machte mich sehr glücklich. Er wusste wenig von mir und meinem Leben, weil ich kaum etwas erzählte, aber ich klammerte mich an unsere Liebe, weil er mir die Geborgenheit gab, die ich jetzt sehr brauchte. Eines Nachmittags saß ich auf dem Sessel und er lag auf der Couch, als sie in den Nachrichten über einen Sexualstraftäter berichteten, der kleine Mädchen missbraucht hatte. Moritz regte sich über diesen Verbrecher auf.

»Ich verstehe nicht, wie ein Mensch zu so etwas fähig sein kann.« Als er sich zu mir umdrehte, liefen mir die Tränen nur so. »Hey, Schatz, was ist mit dir los?« Er kam zu mir und nahm mich in den Arm, aber ich hörte gar nicht mehr auf zu weinen. »Was ist los mit dir?«, fragte er sanft. Erst jetzt begann ich ihm davon zu erzählen, was ich seit Jahren mit mir herumgeschleppt und noch niemandem gesagt hatte, aber ich war noch nicht so weit, detaillierter mit ihm darüber zu sprechen. Moritz erfuhr nur, dass Jassar mir etwas Schreckliches angetan hatte. Und nachdem ich mich das erste Mal etwas geöffnet hatte, vertraute ich ihm von nun an mehr denn je und war so froh, dass er in meinem Leben war. Ich war mir sicher, dass er mich niemals verletzen würde. Es war schön, einfach nur in seinen Armen zu liegen, dass mir manchmal vor Glück die Tränen kamen. Das hatte ich noch nie erlebt.

Weil ich jetzt noch öfter mit ihm zusammen war und bei ihm übernachtete, lernte ich ihn mit der Zeit auch besser kennen, aber leider wurden mir dabei auch einige Dinge klar, mit denen ich nur schwer zurechtkam: Ich stellte fest, dass Moritz viel mehr kiffte, als ich vermutet hatte. Am Anfang unserer Beziehung hatte ich geglaubt, er hätte dieses Thema unter Kontrolle, aber er hatte das Haschisch einfach geraucht, nachdem ich abends nach Hause gefahren war. Jetzt hatte ich den Schlüssel zu seiner Wohnung und oft, wenn ich nach dem Tanztraining zu ihm kam, knallte mir eine Rauchwolke ins Gesicht. Seine Freunde waren auch wieder da und es standen mehrere Wasserpfeifen auf dem Tisch. Einmal nahm Moritz gerade sein Gesicht aus einem blauen Eimer und lehnte sich total fertig auf der Couch zurück. Seine Augen waren ganz rot, so zugedröhnt hatte ich ihn noch nie gesehen. Wir begannen uns immer öfter wegen der Drogen zu streiten. In meiner Naivität dachte ich, dass ich ihn mit meiner Liebe und ganz viel Geduld davon abbringen könnte, und er versprach mir auch fest, damit aufzuhören.

Während ich mit Moritz zusammen war, hatte er hier und da mal kleine Jobs, die er aber immer schon nach kurzer Zeit aus irgendwelchen Gründen wieder verlor, deshalb war er oft pleite. Aber wir unternahmen ohnehin selten etwas und waren die meiste Zeit bei ihm. Oft ging ich für ihn einkaufen, weil er nichts im Kühlschrank hatte, oder ich gab ihm Geld, damit er sich etwas kaufen konnte. Auch seine Mutter unterstützte ihn finanziell und bezahlte ihm seine Wohnung. An seinem Geburtstag wollte ich Moritz eine große Freude machen, denn er wünschte sich schon lange eine Jeans, für die ihm aber die 150 Mark fehlten. Sobald ich das Geld zusammenhatte, gab ich es ihm, damit er sich die Hose kaufen konnte, und zu seinem Geburtstag zog er sie an, und sie stand ihm wirklich gut. Ich wollte ihm einen Kuss geben, legte ihm meine Arme um den Hals und streckte mich zu ihm hoch, als ich plötzlich einen beißenden Geruch wahrnahm. Moritz blickte mich erschrocken an und sagte nichts. Ich umarmte ihn immer noch, da hörte ich etwas in seiner Hosentasche knistern.

»Was ist das?«, fragte ich ihn. »Was ist was?« Er stellte sich dumm. »Was ist in deiner Hosentasche?«, bohrte ich weiter. »Nichts! Was soll denn da sein?« Ich griff in seine Tasche und hielt ein Plastiktütchen voll Marihuana in der Hand. Ich konnte es nicht fassen! Er hatte mich die ganze Zeit über angelogen und ich war tief verletzt. Wie sich herausstellte, hatte seine neue Jeans, mein Geschenk, nur 90 Mark gekostet, vom Rest hatte er die Drogen gekauft. Von da an ertappte ich ihn immer öfter dabei, wie er mich anlog, aber ich liebte ihn und sah einfach darüber hinweg.

Der Job in der Disco, bei dem ich freitags das meiste Geld verdiente, schlauchte mich. An meiner Theke waren links und rechts zwei Meter hohe Boxen angebracht, die so laut waren, dass die Gäste mir ins Ohr brüllen mussten, um Getränke zu bestellen. Anfangs wurde in der Disco noch Soul und R&B-Musik aufgelegt, die ich selbst gern mochte, und so verging die Zeit wie im Flug. Aber mit dieser Musik lockte man kaum Gäste an, sodass mein Chef kurz darauf einen Techno-Schuppen aus dem Club machte. Und siehe da – plötzlich lief der Laden, die Gäste kamen auf einmal von überall her, bei meinem Chef klingelte die Kasse, und in meinen Ohren der Tinnitus von der »Bum-Bum-Bum«-Mucke. Ich kam aus dem Laden erst raus, wenn es draußen schon hell war, und legte mich völlig fertig zu Moritz ins Bett.

Eines Morgens, ein paar Stunden nachdem ich von der Disco-Schicht gekommen war, sprang er plötzlich aus dem Bett. Ich wurde wach und sah, wie er sich seine Klamotten anzog.

»Schatz, ich brauch Geld«, sagte er. Schlaftrunken zeigte ich auf meine Handtasche: »Da, nimm dir was raus.« Ich hatte in der letzten Nacht nur 90 Mark verdient, weil ich später als sonst mit meiner Schicht angefangen hatte. Als ich ein paar Stunden danach erneut aufwachte, war Moritz noch nicht wieder da und ich hatte keine Ahnung, wo er war. Ich machte mich fertig, um zu mir nach Hause zu fahren, und checkte, wie viel Geld er mir gelassen hatte, weil ich einige Lebensmittel einkaufen wollte. Aber er hatte sich alles genommen, kein Pfennig war mehr in meinem Portemonnaie, ich hatte die ganze Nacht völlig umsonst gearbeitet! Ich war total enttäuscht, aber sprach ihn nicht mal mehr darauf an.

Tina mochte Moritz nicht, schon vom ersten Augenblick an nicht. »Wie kann so ein hübsches Mädchen mit so einem hässlichen Kerl zusammen sein?«, fragte sie, sobald er weg war. So war Tina, sie trug das Herz auf der Zunge und sagte genau das, was ihr gerade durch den Kopf ging. Mich störte es zwar schon ein bisschen, dass meine beste Freundin meinen Freund nicht mochte, aber schließlich musste sie ja nicht mit ihm zusammen sein. Einige Male versuchte ich noch, die beiden miteinander warm werden zu lassen, aber da war nichts zu machen, zumal auch Tina seine Kifferei auf die Nerven ging, die erst mit einem Joint vorm Schlafengehen endete. Und ihn nervte, dass sie mich bei ihm anrief: »Hallo! Ist die Khadra bei dir?« Schon zog er eine Flappe und reichte den Hörer weiter, sodass ich meine Freude unterdrücken musste.

»Hi, wann treffen wir uns heute?« – »Tina, ich bin doch bei Moritz.« – »Mann, da bist du doch schon die ganze Zeit! Jetzt komm mal raus aus der Bude. Lass uns tanzen gehen! Ich nehme jetzt den Bus und bin in einer halben Stunde da.« Und schon hatte sie aufgelegt. Obwohl Moritz jedes Mal eingeschnappt war, wenn ich mich mit Tina traf, ließ ich es mir nicht nehmen, und ich habe es nie bereut. Im Gegenteil! Wir hatten so einen unglaublichen Spaß miteinander, erlebten jedes Mal etwas Neues und lernten alle möglichen Leute kennen. Mich störte es nicht, dass Moritz nie etwas mit mir unternehmen wollte, aber je mehr ich mit Tina unterwegs war, desto mehr merkte ich, dass ich das Leben draußen verpasste, während ich mit Moritz in der Wohnung saß.

Natürlich bekam Tina auch meine Unzufriedenheit mit und die Streitigkeiten mit Moritz, die sich häuften. Nach meiner Kellnerschicht holte sie mich von der Arbeit ab und wir fuhren in die Stadt oder ins Kino und gaben das ganze Geld wieder aus, das ich verdient hatte. Wir teilten uns immer alles, was wir besaßen; Geld, Klamotten, Schminkutensilien, Leid, Freude, Glück. Sie bestärkte mich immer mehr darin, die Beziehung zu Moritz zu beenden.

Als wir einmal mit Tina und ein paar anderen Freunden beim Mexikaner saßen, der direkt in dem Haus war, in dem Moritz wohnte, kam der Kellner an den Tisch, als wir zahlen wollten. Beiläufig sprach er Moritz an.

»Hi, du bist doch auch öfter mit der Daniela hier, oder?« Alle blickten Moritz an.

»Welche Daniela?«, antwortete er und tat betont verwundert. »Na, die Daniela! Auch 'ne Schwarze, groß, hübsch, dunkle lange Haare, mit der warst du doch gestern noch hier.« Keiner am Tisch sagte etwas, und ich verzog mich auf die Toilette, aber er kam hinterher.

»Tu mir bitte einen großen Gefallen und VERSCHWINDE!« »Schatz, bitte! Es ist eine Arbeitskollegin, wir waren hier in der Mittagspause etwas essen.« Ich kochte vor Wut, denn ich wusste, dass dieses Lokal erst ab 18 Uhr geöffnet hatte. Er log mich schon wieder an! Als ich wieder an den Tisch kam, schauten Tina und die anderen mich nur peinlich berührt an. Jeder vermutete, dass er mich betrogen hatte, nur ich wollte es immer noch nicht wahrhaben.

In der Beziehung mit Moritz war der Wurm drin, aber sie lief irgendwie weiter, obwohl ich immer mehr Zeit mit Tina verbrachte. Am Ende lief das Ganze so, dass ich tagelang nichts von ihm hörte, und zu Hause war er auch nicht aufzufinden. Plötzlich stand er dann vor mir, bestens gelaunt und von oben bis unten neu eingekleidet in den teuersten Klamotten. Ich fragte mich, woher er das Geld dafür hatte, denn auch aus seinem letzten Job hatten sie ihn nach nur einem Monat wieder rausgeschmissen.

»Tarek und ich waren in Holland!«, erzählte er mir.

»Und was habt ihr dort gemacht?«

»Ein bisschen Urlaub.« In den folgenden Tagen fuhr er überall mit dem Taxi hin und drückte Tarek regelmäßig große Geldscheine in die Hand, wenn der ihn danach fragte. All das kam mir sehr merkwürdig vor, aber er wollte mir nichts erklären, sondern wand sich immer mit irgendwelchen Ausreden heraus. Irgendwann klingelte mitten in der Nacht das Telefon, es war Tarek.

»Ist Moritz bei dir?«

»Nein, wieso?«

»Dieses Arschloch hat mich reingelegt! Ich sage dir, Khadra, dein Freund ist so ein verdammter Lügner! Glaub ihm kein Wort!« Dann klärte er mich auf. In Holland hatten sie ein Kilo Hasch gekauft und für zigtausend Mark vertickert, aber Moritz hatte ihm nicht den vollen Anteil gegeben. »Khadra, der war im Puff und hat auf dicke Hose gemacht, 1400 Mark hat der da gelassen, das volle Programm mit Schampus, Whirlpool, Nutten und so.« Es war, als würde das Bild, das ich immer noch von uns hatte, langsam vor meinen Augen zerbröseln. »Khadra, es tut mir leid.« Dann legte ich auf.

Ich wollte Moritz' Stimme hören, die mir sagte, dass es nicht wahr war, aber er war nicht zu erreichen und ich weinte die ganze Nacht. Am nächsten Morgen wollte ich ihn nur noch zur Rede stellen und er sollte mir dabei in die Augen sehen, also fuhr ich zu seiner Wohnung und traf ihn auf der Straße an der Bushaltestelle. Er wusste schon, dass ich etwas erfahren hatte, das sah ich ihm an.

»Tarek erzählt nur Bullshit!«, wehrte er ab.

»Du verdammtes Arschloch!«, schrie ich und hämmerte mit meinen Händen auf ihn ein. »Du bist so ekelhaft! Kaum hast du ein bisschen Geld in der Tasche, machst du den Macker im Puff!« Er drehte sich um und ging weg, aber ich lief ihm nach und hörte nicht auf, ihn wüst zu beschimpfen. Plötzlich drehte er sich um, zeigte mit dem Finger ganz nah auf mich und ruhig, aber mit der vollen Härte seiner tiefen Stimme reagierte er. »Was dieser Typ damals mit dir gemacht hat, geschieht dir recht.«

Diese Worte trafen mich zutiefst. Ich war wehrlos, fühlte mich gedemütigt und bloßgestellt, mir blieb die Luft weg. Das konnte, das durfte er nicht gesagt haben.

»Sag, dass das nicht wahr ist«, stammelte ich. »Bitte, sag, dass du das nicht so gemeint hast, bitte sag es mir.« Ich hatte mich noch nie so wertlos gefühlt, aber er ging nur, und ich sollte ihn nie wiedersehen.

Hallo Amerika!

Einige Wochen später musste die Disco schließen, aber ich war nicht traurig darüber und fand schnell einen neuen Job, bei dem ich zwar nicht mehr so viel verdiente, aber dafür machte es mir sehr viel Spaß. Es war eine kleine Bar in Bonn, das Café Duck. Hier legten sie Musik aus verschiedenen afrikanischen Ländern auf, und obwohl ich die Texte nicht verstand, machte sie mir einfach gute Laune. Ich lernte, die besten Caipirinhas zu machen, und es war ein Erlebnis zu beobachten, was sich vor der Theke alles abspielte. Natürlich kamen viele Afrikaner hierher, aber auch deutsche Frauen. Sie waren scharf auf schwarze Männer, während diese meist mehr an einem deutschen Pass interessiert waren, den so eine Beziehung mit sich bringen konnte. Dieses Spielchen war eigentlich offensichtlich und leicht zu durchschauen, nur die Frauen schienen es nie zu merken.

Aber im Café Duck waren ohnehin die verrücktesten Leute, Leute wie Bob. Er war etwa 50, kam jeden Freitag, war Diplomat in der Botschaft eines afrikanischen Landes, sprach aber gar kein Deutsch, nur Englisch.

»Let's have another drink!«, war sein Lieblingssatz und Bob war nicht nur deshalb ein gern gesehener Gast. Er rauchte dicke

Zigarren, spendierte den Frauen einen Cocktail nach dem anderen, und sie versammelten sich nach und nach an seinem Tisch. Bob genoss es, rechts und links eine Frau im Arm zu halten und seinen goldenen Stiftzahn blitzen zu lassen, während er die anderen anlachte, und Bob lachte immer. Sobald ein Glas leer wurde, winkte er mich mit Nachschub zu sich. Anfangs mochte ich ihn überhaupt nicht, weil er auf mich überheblich und selbstgefällig wirkte und beim Bezahlen seiner hohen Rechnungen nie einen Pfennig Trinkgeld gab. Deshalb wechselten wir nie viele Worte, ich wusste, was er trank, und servierte es ihm, sobald er kam, das war's.

Irgendwann bat er mich aber um einen Gefallen. Ich sollte einer Dame eine Nachricht von ihm hinterlassen und er versuchte mir in sehr schlechtem Deutsch zu erklären, was er von mir wollte.

»Reden Sie doch Englisch«, forderte ich ihn auf, genervt von seinem Gestammel.

»Ach, Sie sprechen auch Englisch, das wusste ich nicht«, war er plötzlich ganz kleinlaut.

»Das kommt davon, wenn man nie ein Wort mit der Kellnerin wechselt!«, antwortete ich ihm frech in perfektem Englisch. Bob war über meine Antwort so überrascht, dass er für einen Augenblick gar nicht wusste, was er sagen sollte. Dann aber lachte er laut auf und hörte gar nicht mehr auf.

»Oh, my dear, I'm so sorry!«, brachte er gerade noch raus. »You are very funny.« Ich amüsierte ihn also, na, dann konnte er ja noch eine Wahrheit vertragen.

»Ach, und noch was, wie kommt es eigentlich, dass Sie immer so spendabel sind, aber nie Trinkgeld geben?!« Ich zog meine Augenbrauen hoch und verschränkte die Arme.

»Oh, dear!« Er fasste sich an den Mund, als ob ihm etwas Wichtiges eingefallen wäre. »I'm so sorry! I never thought about that!« Wie bitte? Aber an seinem Gesichtsausdruck merkte ich, dass es doch keine Ausrede war, er hatte tatsächlich nie zuvor daran gedacht, ein bisschen Trinkgeld dazulassen. Das sollte sich ab jetzt ändern. Am nächsten Freitag wurde ich zunächst mit einem lauten »Hello, my dear!« begrüßt, als Bob reinkam, und bei jedem Spruch, den ich ihm charmant verpasste, verfiel er in lautes Gelächter.

»Du immer mit deinen Frauen, dein Harem hält mich mehr auf als der ganze übrige Laden«, flachste ich, als ich seine gackernden Hühner bedient hatte. »Let's have a drink!«, schrie er nur und lachte. Und tatsächlich drückte er mir an diesem Abend auch ein Trinkgeld in die Hand: »This is for you.« Es war ein zusammengeknüllter Schein und als er durch die Tür war, sah ich, dass es 50 Mark waren! Und seitdem bekam ich von ihm jedes Mal einen Fuffi als Trinkgeld!

Bob schmiss aber auch selbst Partys in der Botschaft und lud viele Gäste aus dem Café Duck ein, auch Tina und mich. Mein Chef hatte mir schon erzählt, dass seine Feste legendär und in der ganzen Stadt bekannt waren und ich sie auf keinen Fall verpassen durfte. Und so war es auch, es gab einfach alles und die halbe Stadt war da. Fortan brachten Tina und ich auch einige Freundinnen mit, und Bob freute sich, wenn wir unsere Späße machten oder auf der Tanzfläche abrockten. Einmal setzte ich mich zu ihm und wir quatschten ein bisschen. Bob fragte mich, woher ich eigentlich so gut Englisch könnte, und meinte, dass ich einen amerikanischen Akzent hätte. Ich erzählte ihm, dass ich die Sprache von klein auf gelernt hätte und dass meine Familie sich auch schon darüber lustig machen würde, denn seit sie in England lebten, sprachen meine Geschwister Oxford-Englisch. »Have you ever been to America?«, fragte mich Bob. »No.« Ich war noch nie da gewesen. »Du musst da hin, du wirst es lieben! Wann ist dein Geburtstag?«

»Am 24. November«, gab ich Auskunft. »Dann schenk ich dir einen Trip nach Amerika!« Er legte den Kopf in den Nacken und lachte, sodass sein Goldzahn wieder hervorblinkte.

Ich sagte ihm, dass ich gar nicht in die USA einreisen dürfte, weil ich mit meinem Aufenthaltsstatus niemals ein Visum bekommen würde, aber Bob wollte sich darum kümmern. »Ja, ja, red du nur!«, dachte ich. Zwei Tage später rief mich sein Sekretär aus der Botschaft an, ich sollte ihm meinen Pass für den Visumsantrag schicken und Tina auch. Wir beide in den USA! Allein die Vorstellung davon brachte uns zum Kreischen, und vier Wochen später standen wir in Frankfurt am Flughafen, unsere Tickets in der Hand, die uns nach New York bringen sollten. Unser Traum sollte wahr werden.

Am Check-in wurde ich noch einmal daran erinnert, warum ich bis jetzt nicht daran geglaubt hatte. Eine ältere Stewardess der American Airlines begutachtete mein graues Reisedokument, in dem bei Herkunftsland *staatenlos* eingetragen war. Sie blätterte darin herum und sah das Einreisevisum, das ich für Amerika bekommen hatte, aber trotzdem tat sie sich sehr schwer damit, mir meinen Pass zurückzugeben und mich einfach durchzulassen. Ich musste mich an die Seite stellen, während Tina, die einen deutschen Pass besaß, und alle anderen Passagiere problemlos einchecken konnten. Dann ging die Stewardess mit meinem Pass ein paar Schalter weiter und griff zum Telefonhörer. Ich konnte nicht hören, was sie sagte, aber sie wählte mehrmals und sprach wohl mit verschiedenen Leuten. Nach einer Weile kam sie endlich wieder.

»Wie lange haben Sie vor, in den USA zu bleiben? Was haben Sie in den USA zu tun? Wer hat Ihnen das Ticket bezahlt?« Jetzt stieg Wut in mir auf, aber ich versuchte, mir nichts anmerken zu lassen, und beantwortete ihr alle Fragen, bis ihr offenbar keine mehr einfielen, und sie mir zögerlich mein Reisedokument zurückgab. Ich konnte einchecken!

Eine Woche lang eroberten Tina und ich New York, mit großen Augen liefen wir durch die Straßen und wussten gar nicht, wo wir zuerst hingucken sollten. Der Madison Square Garden überwältigte uns. Die Geschäfte waren rund um die Uhr geöffnet, draußen auf den Bürgersteigen waren alle möglichen Artisten, die sich mit Schlangenakrobatik oder Breakdance ein paar Dollar verdienen wollten. Plötzlich kam ein Typ auf uns zu, der seinen Mantel aufknöpfte, unter dem links und rechts funkelnde Uhren hingen, die er zum Verkauf anbot. Die Hamburger, die wir im Restaurant bestellten, waren so groß, dass zwei Personen davon satt geworden wären, und jeder Amerikaner begrüßte uns mit: »Hi, how you're doing?« Und wenn ich gerade ausholen wollte, um zu erzählen, wie es mir ging, liefen sie auch schon weiter. Ich brauchte ein paar Tage, um zu begreifen, dass es nur eine normale Begrüßungsfloskel war und sie nicht wirklich wissen wollten, ob es mir gut ging.

In Deutschland hatten wir uns Ausweise gebastelt und unser Alter nach oben frisiert, dadurch kamen wir in einige Discotheken rein, in denen man normalerweise erst mit 21 Jahren Zutritt hatte. Unsere gefälschten Pässe sahen aus, als ob sie in der Kindergartenbastelgruppe entstanden waren, und wenn uns ein Türsteher ungläubig ansah, behaupteten wir einfach, dass die Ausweise in Deutschland alle so aussehen würden, und manche Türsteher glaubten uns. Vor einer Discothek stand ein weißer Cadillac mit geöffneten Fenstern, und als wir daran vorbeiliefen, kam uns so eine große Haschischwolke entgegen, dass man beim Einatmen schon breit wurde. Diese Leute waren echt crazy.

Solange ich diesen grauen Pass besaß, blieben mir solche Situationen wie am Flughafen in Richtung USA nicht erspart. Jedes Mal, wenn ich meine Familie in England besuchen wollte, wurde ich wieder aufs Neue gesondert behandelt, obwohl ich ein gültiges Visum besaß, das ich zuvor beantragt hatte. Es war ein komisches Gefühl zu sehen, wie man auf einmal an einer Grenzkontrolle nur auf ein graues Reisedokument reduziert wurde. Der Mensch, der sich hinter den Papieren verbirgt, wird in solchen Situationen auf einmal völlig wertlos.

Eine eigenartige Begegnung

Eines Tages lief mir Susi über den Weg, das Mädchen, das im Flüchtlingsheim in Bad Godesberg mit Fasim zusammen gewesen war, der im Stockwerk unter uns gewohnt hatte. Susi war damals wirklich ein heißer Feger gewesen, obwohl sie auch gerülpst und auf den Boden gespuckt hatte. Seit Fasim mit ihr Schluss gemacht hatte, weil er erfahren hatte, dass sie ihn mit dem Ticketverkäufer einer Rheinfähre betrog, hatte ich sie nicht mehr gesehen und nun hätte ich sie fast nicht wiedererkannt. An diesem Abend war ich mit Tina unterwegs und ich musste genau hinsehen, wer da in schwarzen, ultrahohen Plateaustiefeletten vor mir her stöckelte. Dazu trug sie Leggins im Tigerlook und ein tief ausgeschnittenes Oberteil mit Leopardenmuster. Sie war behangen mit Goldketten und zwischen ihren Fingern glühte eine extralange Zigarette.

»Susi?!«, fragte ich. »Heeeeey, Süße!« Sie streckte die Hand mit der Zigarette hoch und hauchte links und rechts von mir ein Küsschen in die Luft. »Das ist meine Kollegin Natascha!« Ihre Begleitung sah nicht weniger auffällig aus, denn sie trug einen pinkfarbenen Minirock, der gerade so ihren Po bedeckte, und weiße Stiefel mit Pfennigabsätzen, die ihr bis über die Knie reichten. Tina und ich tauschten kurz Blicke aus und wussten, was die andere gerade dachte. Wir waren beide gespannt, was diese beiden Tussis, die von Männern wie Frauen um uns herum angestarrt wurden, zu erzählen hatten, und setzten uns mit ihnen an einen Tisch.

»Und? Was machst du so?«, fragte ich vorsichtig. »Ich bin jetzt selbstständig!«

»Aha, als was denn?«, fragte ich. »Ich arbeite als Hure!« Tina und ich hatten es uns schon gedacht, aber so viel Offenheit musste ich erst einmal verdauen, und mir fiel spontan keine bessere Frage ein als: »Und? Wie ist das so?«

»Anfangs hab ich gedacht, das ist voll ekelhaft, für die alten Knacker die Beine breit zu machen, aber so schlimm ist das gar nicht, manche Typen sehen sogar richtig geil aus! Und die Kohle erst!«

Während Susi so erzählte, beobachtete ich sie und fragte mich, was bei ihr wohl passiert sein musste, dass sie sich so verändert hatte. Vor mir stand ein völlig fremder Mensch und es war erschreckend, dass das innerhalb nur weniger Jahre so gekommen war. Wir glaubten ihr kein Wort und später erfuhr ich, dass sie einen Zuhälter hatte, bei dem sie das ganze Geld abliefern musste.

Alles bereit für einen neuen Start

Papa kam ein letztes Mal aus England zurück, wo er alles geregelt hatte, sodass er jetzt in Deutschland endgültig die Zelte abbrechen konnte. Die Wohnung hatte er ja schon vor einigen Monaten gekündigt, und er wollte nun noch mal nach mir sehen, bevor ich schließlich völlig auf mich allein gestellt war. Nach wie vor hielt ich mich mit meinen Jobs über Wasser, bei denen ich gerade so viel verdiente, wie ich brauchte, hing jeden Tag mit Tina ab und war eigentlich zufrieden mit meinem Leben. Mein Vater hatte sich schon damit abgefunden, dass ich in Deutschland bleiben würde, aber so ganz überzeugt war er natürlich immer noch nicht. Ich weiß bis heute nicht, woher ich damals diese Zuversicht nahm, dass alles schon irgendwie gut ausgehen würde, denn ich hatte noch nicht mal ein festes Gehalt und auch keine Wohnung, aber ich muss überzeugend gewesen sein, denn Papa akzeptierte meine Entscheidung.

Es ging ihm zu der Zeit nicht gut und er ließ sich hier im Krankenhaus untersuchen, aber es konnte nichts festgestellt werden. Am Abend nach seinem Gesundheitscheck kam ich früher nach Hause als sonst, weil ich ihn nicht allein lassen wollte. Ich schlief in meinem Zimmer und wachte auf, weil er plötzlich die Tür aufriss und vor mir zusammenbrach. Ich sprang auf und rannte zu ihm, er lag auf dem Rücken auf dem Boden und japste nach Luft. Ich geriet in Panik, rief einen Rettungswagen und als der Notarzt seinen Blutdruck gemessen hatte, war der besorgniserregend hoch. Erst als wir im Krankenhaus ankamen und im Zimmer auf einen Arzt warteten, war Papa wieder ansprechbar. Nach einiger Zeit kam eine Ärztin verschlafen herein. »Beim nächsten Mal nehmen Sie sich bitte ein Taxi, denn so ein Krankenwageneinsatz ist sehr teuer und wirklich nur in Notfällen zu rufen«, sagte sie muffig zu uns.

Ein paar Tage später wurde er entlassen und erst einige Monate danach in England, nachdem er erneut einen Zusammenbruch erlitt, stellte man fest, dass seine Nieren völlig funktionslos waren und sein Blut nicht mehr reinigen konnten.

Während seines Aufenthalts in der Klinik in Bonn hatte mein Vater einen Bettnachbarn gehabt, dem er sein Herz ausschüttete. Er erzählte ihm, dass er besorgt um mich sei, weil ich noch keinen festen Job hatte, aber darauf bestehen würde, in Deutschland zurückzubleiben. Der Mann hatte eine Tochter, die in einer Arztpraxis arbeitete, und er schlug vor, dass ich mich auch dort bewerben sollte, was ich tat. Tatsächlich wurde ich zum Vorstellungsgespräch eingeladen und bekam die Zusage zur Ausbildung als Arzthelferin. Die Lehre sollte in ein paar Monaten beginnen und jetzt konnte wohl wirklich nichts mehr schiefgehen, denn die letzten Zweifel meines Vaters waren ausgeräumt.

11.

ALLEIN IN DEUTSCHLAND

Papa reiste wieder ab und damit war es endgültig: Meine Familie war weg. Und von diesem Tag an war ich ganz auf mich allein gestellt, im Alter von nicht einmal 17 Jahren. Das Kuriose an der ganzen Sache war, dass ich überhaupt keine Angst davor hatte, weil ich spürte, dass ich schon irgendwie klarkommen würde.

Mein aktuell größtes Problem war, dass ich innerhalb der nächsten Tage aus der Wohnung meiner Eltern ausziehen musste und ich mich bis dahin überhaupt noch nicht um eine neue bemüht hatte. Ich fuhr mit der Bahn nach Bad Godesberg zu Herrn Reimann, dem Vermieter vom Flüchtlingsheim, in dem wir vor unserem Umzug gewohnt hatten. Ich hoffte, dass er mich irgendwie wieder bei sich aufnehmen konnte, und wusste, dass er nachmittags immer dort zu finden war, weil er in seiner Garage arbeitete. Ich traf ihn auch an und erzählte ihm, dass ich ein Zimmer bräuchte, egal welches, und dass ich für die Miete selbst aufkommen könnte, weil ich Nebenjobs hatte und eine Ausbildung anfangen würde. Während er mir zuhörte, lief er in der Garage hin und her und arbeitete weiter. Seine Stirn war in Falten gelegt, so sah er immer aus, wenn ihm irgendetwas nicht so richtig in den Kram passte. Als ich fertig war, überlegte er noch kurz, dann sagte er, dass im Haus kein Zimmer frei sei.

»Herr Reimann, ich geh auch in die kleine Garage«, antwortete ich ihm verzweifelt. Ich hatte keine andere Wahl, wenn ich hier nicht irgendwo unterkommen konnte, würde ich binnen Kurzem kein Dach mehr über dem Kopf haben.

»In der Garage kann man so nicht wohnen, da steht noch alles Mögliche an Zeug drin und die müsste erst einmal umgebaut werden, das geht nicht von heute auf morgen«, wehrte er ab. »Und was ist mit dem Abstellraum da hinten?« Er hatte noch eine kleine Kammer, in der er Farbtöpfe, Werkzeug und andere Utensilien aufbewahrte. Er überlegte kurz, und ich war froh, dass mir der Raum eingefallen war. »Den könnten wir schneller ausräumen, aber ob man da wohnen kann?«

»Kein Problem! Ich zieh in den Raum, bis die Garage fertig ist! Wie viel würde das denn kosten?«

»Das kann ich dir jetzt noch nicht sagen. Zieh erst mal ein.« Es machte mich zwar ein wenig unruhig, dass ich noch nicht genau wusste, mit wie viel Miete ich zu rechnen hatte, aber ich musste mich jetzt erst einmal um andere Sachen kümmern. Die Wohnungsübergabe stand vor der Tür und ich musste dafür sorgen, dass der ganze Kram, der noch von meinen Eltern darin stand, ausgeräumt wurde. Von einer Telefonzelle aus rief ich einen Freund meines Vater an, der mir mit seinem Auto half, den Krempel zu beseitigen. Das war mir weniger unangenehm als einen meiner eigenen Freunde zu fragen. Ich warf einfach alles in Bettlaken, die Möbel schleppte ich mit dem Freund meines Vaters nach unten, dann fuhren wir auf den Sperrmüll, bloß weg damit, es war ein Gefühl, als ob ich diesen Abschnitt meines Lebens entsorgen würde.

Ich nahm nur meine paar Klamotten und die wenigen Habseligkeiten mit, die mir wichtig waren, das passte alles in einen Umzugskarton. Das Einzige, was ich ansonsten mitnahm, waren die zwei Matratzen, auf denen meine Eltern geschlafen hatten, eine Decke und ein Kissen. Als ich den kleinen Abstellraum im Erdgeschoss des Flüchtlingsheims betrat, stand darin nur noch ein brauner Holztisch mit Schubladen in der Ecke, und der modrige

Geruch von feuchten Wänden mit Tapetenresten begrüßte mich. Es gab kein Fenster zum Lüften, nur wenn die Tür offen stand, kam etwas frische Luft vom Flur herein. Ich legte beide Matratzen aufeinander und schob sie in die Ecke des Zimmers. Erst jetzt fiel mir auf, dass ich gar keine Bettwäsche besaß, weil ich sie mit entsorgt hatte, aber es ging auch ohne. Es war schon spät am Abend und ich war erschöpft vom Ausmisten und Umziehen, ich wollte einfach nur schlafen. Als ich die Glühbirne ausknipste, die von der Decke hing, war es stockdunkel, sodass ich mich bis zu meiner Matratze tasten musste. In dieser Nacht habe ich mich wie der einsamste Mensch auf der ganzen Welt gefühlt.

Am nächsten Morgen wachte ich auf, kramte meine Zahnbürste und Zahnpasta aus der Tasche und lief in den ersten Stock, wo das Badezimmer war, das ich genauso mit allen Bewohnern teilen musste wie die Küche. Es hatte sich nichts verändert. Ich bekam ein Kühlschrankfach, in dem ich eine Flasche Cola und eine angefangene Packung Toast tat. Mehr hatte ich nicht.

Zwei Wochen später stand ich eines Morgens im Flur und wartete darauf, dass ich unter die Dusche konnte, als Herr Reimann kam. Ich musste dringend mit ihm reden, denn wir hatten seit meinem Einzug nicht mehr darüber gesprochen, wie hoch die Miete für mein Zimmer sein würde. Obwohl er gereizt war, weil wieder jemand den Müll nicht getrennt hatte, sprach ich ihn darauf an.

»Ich hab so viel in das Haus investieren müssen, 300 Mark muss ich dir schon abnehmen«, meinte er. Ich musste schlucken, mit so viel Geld hatte ich für dieses Kabuff wirklich nicht gerechnet, aber ich ließ mir nichts anmerken. »Und für den abgelaufenen Monat kannst du mir auch gleich was geben.« Ich gab ihm alles, was ich hatte, ohne mit der Wimper zu zucken. Das Letzte, was ich jetzt wollte, war, von irgendwem abhängig zu sein und aus meiner Not heraus um Hilfe zu fragen; das wollte ich nie wieder tun müssen!

Ich verdiente mein Geld weiter damit, kellnern zu gehen, aber ich merkte schnell, dass mir nicht viel zum Leben übrig blieb, jetzt, da ich noch mein Zimmer bezahlen musste. Deshalb beschränkte ich alles auf das absolut Nötigste und ernährte mich überwiegend von Cola und Toast.

Schöne Momente trotz aller Probleme

An den Freitag- und Samstagabenden traf ich mich immer zuerst mit Tina, bevor ich ins Café Duck ging. Als sie mich eines Abends gerade zur Arbeit brachte, drückte uns ein junger Türke einen kleinen Flyer in die Hand, der ungefähr die Größe einer Visitenkarte hatte: »Discotheque Passion! Neue Öffnung! Viele besser als Alte Passion! Für Frau alles Eintritt frei!«

Wir konnten uns vor Lachen kaum aufrecht halten und lasen es uns gegenseitig mehrmals laut vor. Tina hat den Flyer heute noch und immer, wenn wir über alte Zeiten reden, holt sie ihn aus dem Portemonnaie. Wir beschlossen, dass sie mich nach der Arbeit abholen würde, damit wir uns diesen Laden mal ansehen konnten, der nur eine Straße entfernt lag, zumal ja »für Frau alles Eintritt frei« war. Als wir ankamen, war dort absolut tote Hose: Niemand war da, außer einem indischen DJ und ein paar Angestellten, die herumhüpften. Wir wollten eigentlich sofort wieder gehen, beschlossen aber, zumindest auf einen Drink zu bleiben. Wir bestellten uns einen Sekt und setzten uns auf eine Ledergarnitur in der Ecke. Als der DJ merkte, dass wir am Tisch zur Musik wippten, gab er noch mal richtig Gas und legte seine besten R&B-Stücke auf. Nach ein paar Minuten gingen wir auf die Tanzfläche und fingen an, uns köstlich zu amüsieren, obwohl wir die einzigen Gäste in dieser Disco waren. Unsere gute Laune schien den Chef des Ladens aufzuheitern, denn er grinste zu uns rüber. Murat war Türke und als wir uns wieder setzten, spendierte er eine Flasche eisgekühlten Champagner. »Geht aufs Haus!«, prostete er uns zu. Murat betrieb das Passion mit seinen zwei Brüdern und besaß noch ein Lokal direkt über der Disco. Er sagte uns, dass jedes Wochenende und dienstags geöffnet wäre und wir auf jeden Fall wiederkommen sollten, wir bräuchten auch nichts zu bezahlen. Von diesem Tag an wurde das Passion unser zweites Wohnzimmer. Wir brachten Freunde und unsere Lieblingsmusik mit, die der DJ für uns auflegte, und Murat war froh, dass in den Laden überhaupt jemand kam. Irgendwann bot er mir einen Job an und ich nahm dankend an, denn ich konnte jeden Cent gebrauchen, auch wenn das bedeutete, dass ich an den Wochenenden erst im Café Duck und danach an der Kasse im Passion arbeiten musste, während Tina auf der Tanzfläche rockte.

Mit der Zeit wurde es immer voller im Passion, aber die Gäste waren von der ganz schlimmen Sorte, was man ihnen nicht sofort ansah. Tina und ich hatten keinen blassen Schimmer, in welcher Gesellschaft wir uns befanden. Erst nach und nach bekam ich mit, dass sich hier Drogendealer, Zuhälter, Waffenhändler und andere Kriminelle vergnügten. Einmal kam eine Horde ausländischer Männer mit breiten Schultern und düsteren Gesichtern herein. Murat führte sie durch eine versteckte Tür hinter der Garderobenwand, die ich zuvor noch nie bemerkt hatte. Nach einer halben Stunde kamen sie alle wieder heraus und fuhren in ihren protzigen Autos davon. Ich stellte keine Fragen, weil ich lieber gar nicht wissen wollte, was hier vor sich ging.

Schwärmerei für den falschen Prinzen

Im Passion gab es einen Typen, der mir schon eine Zeit lang aufgefallen und mit Murat und seinen Brüdern befreundet war. Es dauerte eine Weile, bis Erkan sich mir irgendwann vorstellte und wir ins Gespräch kamen. Er hatte auf mich immer einen ziemlich unnahbaren Eindruck gemacht, deshalb fühlte ich mich besonders geschmeichelt, als er sich plötzlich doch für mich zu interessieren schien. Erst viel später verstand ich, dass das seine Masche war und er so Frauenherzen eroberte, auch das der coolen Khadra, die um keinen flotten Spruch verlegen war. Ich verliebte mich in ihn, weil er Stärke ausstrahlte und eine beschützende Art hatte, nach der ich mich sehnte. Ich suchte einen Halt, eine Zuflucht. Obwohl ich es mir nicht eingestand, fühlte ich mich einsam und verloren, denn die Einzige, die ich hier hatte, war Tina, sie war meine Familie. Ihretwegen hatte ich sogar bei den Cheerleadern aufgehört, nachdem Tina sich mit der Trainerin gestritten hatte und dort rausgeflogen war.

Erkans Anwesenheit war ein weiterer Grund, auch dann im Passion abzuhängen, wenn ich nicht dort arbeiten musste, denn dies war der einzige Ort, an dem ich ihn treffen konnte, weil er während der Woche nie Zeit hatte und auch telefonisch nicht zu erreichen war.

Ich wusste nichts über Erkan, und er war schwer zu durchschauen. Aber auch ich war eher kühl und hatte Schwierigkeiten, Gefühle offen zu zeigen. Ich tastete mich langsam vorwärts, näher an ihn heran. Manchmal schmeichelte es ihm, aber sobald es ihm zu viel wurde, blockte er wieder ab, sodass ich nie wirklich an ihn herankam. Ich spürte, dass irgendetwas nicht in Ordnung war, dass es Dinge gab, die er vor mir verheimlichte. Selbst in meiner Gegenwart im Passion schweifte sein Blick ständig umher, und wenn Frauen reinkamen, verrieten mir ihre Blicke, dass sie ihn kannten, aber er versuchte, sie zu ignorieren. Dann stand er plötzlich auf und verschwand eine Zeit lang in die Richtung, in die die Frauen gegangen waren. Ich wollte nicht, dass er sah, wie mich die Eifersucht irre machte, denn Erkan brach Beziehungen sofort ab, wenn ihm irgendetwas nicht passte. Entweder man spielte nach seinen Regeln mit oder gar nicht mehr. Aber ich tat so, als würde es mir nichts ausmachen, denn Liebe und Schmerz gab es nur im Doppelpack, so hatte ich es erfahren und ich war inzwischen davon überzeugt, dass es für mich eben nur genau so laufen könnte. Ich weiß bis heute nicht, was ich für ihn war und ob er jemals überhaupt etwas für mich empfunden hat.

Auf jeden Fall war jemand wie Erkan das Schlimmste, was mir in dieser Lebensphase passieren konnte. Der Stress mit ihm zog mich so runter, dass ich kaum an etwas anderes denken konnte. Ständig erzählte mir Tina, mit welchem Mädel sie ihn gesehen hatte, während sein Telefon ausgeschaltet war, wenn ich ihn anrief. Jedes Mal, wenn ich so was hörte, warf es mich völlig aus der Bahn.

Einmal kam ich in die Disco und sah, wie er sich gerade mit einem Mädchen unterhielt. Sie verschwand sofort, als sie mich bemerkte. Er sagte, dass er noch dringend wegmüsste. Ich lief schon mal nach draußen, um mich von ihm zu verabschieden, und sah, wie die Kleine sich hinter seinem Wagen versteckte, der etwas entfernt geparkt war. Als ich ihn zur Rede stellte, reagierte er genervt und ging einfach. Ich verstand seine Zurückweisung nicht und fing an, die Schuld bei mir zu suchen, weil ich ihn nicht verlieren wollte. Ich redete mir ein, wenn ich nur geduldig genug wäre und zurücksteckte, ihm zeigte, wie ernst ich es meinte, würde er mir irgendwann die Gefühle entgegenbringen, nach denen ich mich sehnte.

An einem Wochenende wartete ich mit Tina auf ihn. Wir waren gerade auf der Tanzfläche, wo neben uns noch zwei Mädchen tanzten, eine von ihnen war die Blonde, die einige Tage vorher mit Erkan im Auto verschwunden war.

»Christina, da ist er!«, rief ihre Freundin. Die tat unaufgeregt, zog aber umso heftiger an ihrer Zigarette. Erkan kam herein, behandelte mich aber, als sei ich Luft.

»Jetzt lehnt er neben der Toilettentür an der Wand und die Blonde geht zu ihm«, flüsterte mir Tina zu. Dann verschwanden sie hinter den Toilettentüren. Das war zu viel, ich lief den beiden hinterher. Neben den Waschbecken waren vier Türen zu den Klos und als ich reinkam, drehte sich gerade der erste Türgriff von Grün auf Rot. Ich schlich wie benommen zum Waschbecken. Während ich in den Spiegel schaute, hörte ich, wie neben mir ein Gürtel geöffnet wurde, eine Hose fiel, ein unterdrücktes Männerstöhnen immer heftiger wurde. Lustvoll fielen sie übereinander her, nur eine dünne Holztür trennte mich von diesem Anblick.

Während sie nebenan zugange waren, schaute ich in den Spiegel und sah ein Mädchen, das sich heute besonders hübsch gemacht hatte, die Haare waren hochgesteckt, die Augen mit einem Kajalstrich und Lidschatten ausdrucksvoll betont, die vollen Lippen dunkelrot nachgezogen. Ich sah gut aus, verdammt gut sogar! Und ich brauchte diesen Scheißkerl nicht!

»Christina?«, hallte es plötzlich in den Raum. Ihre Freundin streckte den Kopf durch die Eingangstür, und die beiden in der Toilette verstummten, nur der Gürtel klimperte kurz auf den Fliesen.

»Christina fickt gerade mit meinem Freund«, teilte ich dem Mädel nüchtern mit, dann ging ich. Als ich später im Bett lag, machte ich kein Auge zu. Ich wollte mein letztes bisschen Stolz spüren, aber ich war gebrochen.

Arbeit und Sehnsucht

Zum Glück begann jetzt meine Ausbildung und von nun an bekamen meine Tag Struktur. Montags bis freitags arbeitete ich von 8 bis 17 Uhr in der Praxis. Im ersten Jahr sollte ich 721 Mark netto im Monat verdienen und musste mir erst einmal ein Konto einrichten, denn bisher war ich immer in bar bezahlt worden. Außerdem war ich erstmals pflichtversichert und so konnte ich endlich mal wieder zum Arzt gehen, was ich mir bis dahin bei Erkältungen oder Zahnschmerzen verkniffen hatte, denn beim

Sozialamt wollte ich nie wieder um einen Sozialamts-Krankenschein oder um Unterstützung betteln müssen.

Nachdem ich die Miete und meine Monatskarte für Bus und Bahn von meinem Gehalt bezahlt hatte, blieben mir noch ungefähr 300 Mark, was mir gereicht hätte, aber ich kellnerte weiter und schaffte es sogar, meiner Familie noch regelmäßig etwas Geld zu schicken. Sie hatten sich im teuren England nicht so gut eingelebt und ständig fehlte es an etwas, außerdem brauchte ich das Gefühl, dass ich noch für sie da war. Freitag- und Samstagabend arbeitete ich im Café Duck und dienstags im Passion, wo Erkan seit jener Nacht nicht mehr auftauchte, weil er sich mit Murat zerstritten hatte.

Seitdem ich in der Praxis arbeitete, war es gar nicht mehr so einfach, alle Jobs unter einen Hut zu kriegen. Dienstags um 17 Uhr, nachdem ich Feierabend hatte, fuhr ich mit der Bahn schnell nach Hause, zog mich um und stand ab 21 Uhr bis morgens um 5 Uhr an der Kasse in der Disco, um dann um 8 Uhr wieder im weißen Kittel in der Praxis zu sein. Die Augenringe schminkte ich mir vorher weg, denn keiner durfte merken, dass ich nicht geschlafen hatte. Wenn mir vor Müdigkeit die Augen zufielen, schloss ich mich in der Toilette ein, um ein paar Minuten einzunicken. Ich zählte oft die Stunden, bis ich mich endlich wieder auf meine Matratze legen konnte.

Da ich so eingespannt war, sah ich Tina nur noch am Wochenende, ansonsten ließ ich niemanden an meinem Leben teilhaben und gab nichts preis, wenn es um mich ging. Für meine Kolleginnen hatte ich aber immer ein offenes Ohr oder einen aufmunternden Spruch parat, der sie zum Lachen brachte. Ich nahm mich selbst nicht so ernst, machte mich über meine Missgeschicke lustig und alberte herum. Ich erzählte mit solcher Energie und Körpereinsatz, dass alle in der Praxis zuhörten und kopfschüttelnd in Gelächter ausbrachen. Für meine Umgebung war ich immer die gut gelaunte, lustige und verrückte Khadra, aber nach der Arbeit fuhr ich zurück in mein schimmeliges Zimmer, das mich immer mehr deprimierte, zumal ich von der schlechten Luft und dem feuchten Klima am ganzen Körper Ausschlag bekam.

Aber wenn ich mit meinen Eltern und Geschwistern in England telefonierte, schwärmte ich ihnen vor, wie gut es mir hier ging. Ich erzählte, dass ich wieder in das Haus eingezogen war, wo wir früher gewohnt hatten, und dass Herr Reimann mir einen schicken Raum zur Verfügung gestellt habe und dass ich finanziell ganz wunderbar zurechtkäme. Anfangs klang mein Vater immer sehr besorgt, aber ich redete so lange auf ihn ein, dass er am Ende beruhigt war.

Chuchu fehlte mir ganz besonders. Sie schickte mir Briefe, in denen sie mir schrieb, wie sehr auch ich ihr fehlte und dass sie sich so einsam fühlte ohne mich. Das waren die wenigen Augenblicke, in denen ich zu zweifeln begann, ob es richtig war, meine Familie im Stich gelassen zu haben. Sie lebte auch in London von Sozialhilfe und dem, was ich ihnen schickte, neben Geld waren das auch Pakete mit Leckereien. Meine Mutter zum Beispiel vermisste das Schwarzbrot und Chuchu Kinderschokolade und Überraschungseier. So kaufte ich ihnen die Sachen, die sie an Deutschland erinnern sollten, packte sie sorgfältig in einen großen Karton und schickte sie mit der Post, was allein 30 Mark Versandkosten verschlang. Aber das Wichtigste für mich war, dass es meinen Eltern und Geschwistern gut ging, und dafür tat ich alles. Ich konnte einiges wegstecken, aber es tat mir in der Seele weh, wenn es ihnen an irgendetwas fehlte. Und ich hätte ihnen niemals sagen können, wie mies ich mich fühlte, zumal es meinem Vater trotz Dialyse wirklich gesundheitlich immer schlechter ging. Wie schlimm es tatsächlich schon um ihn stand, sollte ich bald mit eigenen Augen sehen.

Über die Weihnachtstage hatte die Praxis geschlossen und ich besuchte meine Familie erstmals in England. Ich hatte Geld gespart und kaufte massenhaft Geschenke für sie ein, die schön, aber auch praktisch sein sollten. Ich holte für jeden warme Kleidung und Schuhe, vom Restgeld kaufte ich mir ein Busticket, denn ein Flug war zu teuer, und so hatte ich wenigstens noch 50 Mark übrig. Nach 15 Stunden Fahrt kam ich endlich an der Victoria Station an. Mein Bruder Jamal holte mich dort ab. Auf dem Weg zu ihrer Wohnung wollte ich alles wissen, was in den letzten Monaten passiert war. Sie waren in einer kleinen Zweizimmerwohnung untergekommen, und mein Vater lag gerade im Krankenhaus, wohin er seit einiger Zeit drei- bis viermal pro Woche musste, um sein Blut reinigen zu lassen. Jamal erzählte, dass es auch Mutter nicht gut ginge, weil sie sich hier nicht wohlfühlte. Sie war depressiv und ihr Zustand hatte sich seit Deutschland weiter verschlimmert, deshalb würde sie mit Spritzen behandelt, die sie ruhigstellten. Nachdem ich mir das alles angehört hatte, atmete ich tief durch und war vorbereitet auf das, was mich gleich erwartete. Nachdem wir meine Sachen abgelegt hatten, fuhren wir in die Klinik.

»Khadraaaa!«, stürzte meine Prinzessin Chuchu schon im Flur auf mich zu und für einen Moment vergaß ich alles um uns herum. Dann nahm sie meine Hand und führte mich in Papas Zimmer. Meine Mutter und Nanna standen am Bett und strahlten mich an, aber das Bett schien leer.

»Wo ist Papa?«, fragte ich und vermutete, dass er im Bad oder zur Behandlung war. »Da liegt er doch«, zeigte meine Mutter aufs Bett. Ich schaute noch mal genau hin und erschrak bei seinem Anblick. Die dicke, braune Wolldecke, unter der mein Vater lag, schien ihn praktisch zu verschlingen, weil er so dünn geworden war. Seine Augen waren geschlossen, und als ich um sein Bett herumging, sah ich die beiden Schläuche, durch die sein Blut heraus- und auf der anderen Seite wieder hereinlief, nachdem es in einem Gerät gereinigt worden war. Ich wusste, dass es ihm nicht gut ging, aber dass er so elend aussehen würde, hatte ich nicht erwartet, und ich lief aus dem Zimmer. Ich konnte im Leben alles ertragen, jeden Schmerz, Angst, Einsamkeit und Hunger, aber das nicht. Ich hockte mich an die Wand und die Tränen schossen mir in die Augen.

»Er sieht immer so aus, wenn er an dem Gerät hängt.« Chuchu war mir gefolgt und versuchte mich zu trösten. »Wenn die Dialyse vorbei ist, geht es ihm wieder besser.« Obwohl sie schon elf Jahre alt war, hatte sie immer noch diese süße, kindliche Stimme, aber nur sie verstand sofort, was in mir vorging und wie es in mir aussah. Früher war ich es, die sie getröstet hatte. In diesem Moment wurde mir bewusst, wie erwachsen sie schon geworden war.

»Vielleicht hast du dich nur so erschrocken, weil du ihn so lange nicht mehr gesehen hast.« Ja, sie hatte recht, ich schnäuzte in ein Tempo und wir gingen zurück. Mein Vater hatte immer noch die Augen geschlossen und ich ging langsam zu ihm ans Bett. Noch nicht mal ein Jahr war vergangen, seit ich ihn das letzte Mal gesehen hatte, aber mir kam es so vor, als ob mehrere Jahre dazwischengelegen hätten, denn er war so verdammt alt geworden, ich konnte es nicht fassen. Vorsichtig berührte ich ihn am Arm und lächelte ihn an. Als er seine Augen leicht öffnete, lächelte er gequält zurück und drückte meine Hand. Mehr brauchte er nicht zu machen, ich verstand, was in ihm vorging.

Tatsächlich kamen alle um mich herum viel besser klar mit dieser Situation als ich, es musste wohl daran gelegen haben, dass ich die vergangenen Monate in seinem Leben verpasst hatte. Am nächsten Tag, als wir alle gemeinsam im kleinen Wohnzimmer saßen, ging es meinem Vater auch um einiges besser. Er saß auf einer Schlafcouch und hatte den neuen, marineblauen Seidenpyjama an, den ich ihm mitgebracht hatte und der ihn fast majestätisch wirken ließ. Er schaute mich neugierig an, während ich über alles Mögliche berichtete, was ich in Deutschland so erlebt hatte. Ich erzählte von meiner Ausbildungsstelle und was ich dort alles lernte. Ich berichtete, welche eigenartige Patienten mir manchmal über den Weg liefen, erzählte auch von Tina und von Herrn Reimann, der sich immer noch aufregte, dass die Ausländer in seinem Haus den Müll nicht richtig trennten. Dabei brachte ich ihn zum Lachen, denn auch er mochte es, wenn ich so lebhaft redete und gestikulierte. Ich genoss jede Sekunde hier. Während ich in der kleinen Wohnung auf dem Boden saß, um mich herum meine Geschwister und meine Eltern, fiel mir erst auf, was mir die ganze Zeit gefehlt hatte: meine Familie. Die Menschen, mit denen ich gelacht und gelitten hatte, die mir ähnlicher waren als jeder andere auf dieser Welt. Es waren die Menschen, zu denen ich wirklich gehörte, auch wenn all die Schicksalsschläge der letzten Jahre uns immer mehr voneinander weggeführt hatten.

»England ist anders, die Behörden gehen viel freundlicher mit dir um, es gibt niemanden, der unverschämt zu dir ist. Jeder wird mit Respekt behandelt«, erzählte mein Vater. Allein aus diesem Grund hat er seine Entscheidung für den Umzug nie bereut, was ich dennoch nicht nachvollziehen kann. Ihre Wohnung bestand nur aus zwei winzigen Zimmern, sie hatten genau wie in Deutschland auch hier kaum Geld, die Gegend, in der sie lebten, war unsicher und schmutzig, und generell war hier in London alles viel zu teuer. Auch Nanna hatte sich noch nicht mit dem neuen Land anfreunden können und war wütend auf mich, weil ich mir ihrer Meinung nach in Deutschland ein schönes Leben machte, während sie sich durchschlagen mussten. Sie wusste ja nicht, wie es mir tatsächlich ging, und dennoch war ich mir spätestens nach meinem Besuch sicher, dass es richtig gewesen war, allein in Deutschland zurückzubleiben: Ich wollte etwas erreichen, um genau so nicht mehr leben zu müssen, und dann würde ich sie alle da raus- und zurückholen. Sooft ich konnte, besuchte ich sie von da an, aber ich erschrak jedes Mal aufs Neue, wenn ich meinen Vater sah. Ich konnte mich einfach nicht an seinen geschwächten Anblick gewöhnen und ich wachte nachts weinend auf, weil ich mir solche Sorgen um ihn machte. So hart ich zu mir selbst sein konnte, so verletzlich war ich, wenn es um meine Familie ging. Schon der Gedanke, dass mein Vater so schwer krank war, trieb mir die Tränen in die Augen. Ich hatte solch eine Angst, ihn zu verlieren, bevor ich ihm die letzten Jahre seines Lebens würdig gestalten konnte.

Träume und Wünsche

Im Café Duck arbeitete ich, wenn viel los war, meist bis 2 oder 3 Uhr in der Nacht, und manchmal, nachdem wir den Laden dichtgemacht hatten, lud mein Chef uns und die restlichen Stammgäste, die noch nicht nach Hause gehen wollten, zu einem Drink ein. Der einzige Laden, der um diese Zeit noch offen hatte, war die Russische Bar, dort gingen wir hin. Meist war auch Gerald dabei, ein Typ von Ende 30, mit zotteligem, braunem Haar, der immer noch studierte. Er war ein richtig lieber Kerl, aber er wurde von allen ein wenig belächelt, weil er immer pleite war und sich mit Gelegenheitsjobs als Beleuchter über Wasser hielt. Oft kam er nach den Konzerten ganz stolz mit seinem VIP-Bändchen um den Hals ins Café und trug es noch wochenlang mit sich herum. In dieser Nacht saßen mein Chef, Tina, Gerald und ich in der Russischen Bar und unterhielten uns. Es war schon sehr spät, so gegen 4 Uhr früh, und wir sprachen davon, welche Träume und Ziele jeder Einzelne von uns hatte. Als ich an der Reihe war, seufzte ich laut und sprach das aus, was mir in diesem Augenblick auf der Seele lag: »Ich möchte eines Tages oben auf einem hohen Berg stehen, die Luft ganz tief einatmen und ein Gefühl der Befreiung empfinden.«

Da wir alle sehr müde waren, bot Gerald an, Tina und mich gegen ein bisschen Spritgeld nach Hause zu fahren. Er fuhr irgendeinen Uralt-Kombi, der fürchten ließ, dass er jeden Augenblick auseinanderfallen würde. Ich war so müde, dass ich auf der Rückbank einschlief. Im Halbschlaf bekam ich mit, wie Tina sich verabschiedete und die Autotür zuknallte, dann drückte Gerald wieder aufs Gas und ich konnte es kaum erwarten, endlich auf meiner Matratze zu liegen und zu schlafen, aber der Weg kam mir unendlich lang vor. Plötzlich fuhren wir einen steilen Hügel hoch und ich blinzelte aus dem Fenster. Das war ja gar nicht der Weg zu mir nach Hause! Gerald fuhr immer weiter aufwärts die Straße entlang, mir wurde es langsam mulmig und ich setzte mich auf. Links und rechts von der Straße war nichts als Wald.

»Gerald, wo fährst du hin?«, fragte ich vorsichtig. »Wirst du gleich sehen«, antwortete er nur. »Wohin fährst du?«, hakte ich nervös nach, denn mir war nicht nach geheimnisvollem Getue. Aber ich sah nur sein Grinsen im Rückspiegel, während mein Herz raste und mir schlimme Gedanken durch den Kopf schossen: »Es ist frühmorgens und dämmert! Ich kenn den Typ kaum! Hier hört mich keiner!« Plötzlich blieb der Wagen stehen, Gerald stieg aus und sah mich erwartungsvoll an: »Kommst du mit raus?«

»Nein!«, sagte ich hart. Er knallte die Tür zu, zündete sich draußen eine Zigarette an und ging am Aussichtspunkt des Petersberges bis an den Rand der Klippe. Erst jetzt begriff ich, warum er mich hier hoch gebracht hatte. Ich sollte »tief einatmen und mich befreit fühlen«, Gerald wollte mich glücklich machen, und ich hatte es falsch verstanden und Angst bekommen. Es tat mir so leid, aber ich war noch viel zu aufgewühlt, um mich zu entschuldigen, und war froh, als er wieder ins Auto stieg. »Ich bring dich jetzt nach Hause«, meinte er nur. Dann fuhr er mich heim und wir sprachen nie wieder darüber.

Und noch ein anderer Traum tauchte in mir auf: Ein Bekannter arbeitete als Redakteur bei einer großen TV-Firma, die Talkshows produzierte. Jeder kannte ihn irgendwie, denn ständig war er auf der Suche nach Gästen für verschiedene Themen. Damals waren diese Mittagsshows gerade ziemlich angesagt, und irgendwann lud er mich ein, bei einer Produktion im Kölner Studio im Publikum zu sitzen und sie hautnah mitzuerleben. Der Blick hinter die Kulissen war gigantisch! Es gab hell erleuchtete Räume mit großen Spiegeln und Maskenbildnerinnen, die die Talkgäste schminkten. Auf ihren Tischen lagen Lockenwickler, Make-up-Döschen, Rouge und Lidschatten in allen erdenklichen Farben. Ich lief durch das Studio und kam mir vor wie Alice im Wunderland. Überall liefen Redakteure rum, die Listen in der Hand hielten, per Funk miteinander sprachen, eine angenehme Hektik verbreiteten und dennoch Zeit fanden, mir all meine Fragen zu beantworten. Sie erklärten mir, dass sie täglich zwei Shows produzierten, wie die redaktionelle Vorbereitung aussah, wie sie auf ihre Themen kamen und ihre Gäste suchten …

Kurz bevor die Show losging, setzte ich mich ins Publikum und schaute amüsiert zu, wie der Stimmungsmacher das Publikum anheizte. Als die Moderatorin reinkam, hielt sie große Karten in der Hand, die auf der Rückseite mit ihrem Namen beschriftet waren, und mit tosendem Applaus wurde sie empfangen.

»Herzlich willkommen bei Bärbel Schäfer, liebes Publikum und liebe Zuschauer zu Hause. Unser heutiges Thema …« Während ich ihr zuschaute, war ich wie hypnotisiert. Ich interessierte mich weder für das Thema der Sendung noch für die Gäste, sondern wartete nur gespannt auf ihre nächsten Moderationen. Es faszinierte mich, wie sie durch die Show führte, ihre Fragen zur richtigen Zeit stellte, ihre eigene Meinung vertrat und wie sie es schaffte, geschickte Überleitungen zum nächsten Gast zu finden. »Wow!«, dachte ich immer wieder, »das hat die aber jetzt toll formuliert!« Ich war einfach hin und weg, und es war nicht nur eine oberflächliche Begeisterung: Von diesem Tag an wusste ich, dass es für mich etwas anderes gab als Blut abzunehmen, Urinproben zu checken und Termine zu vereinbaren. Ich hatte ein Ziel: Ich wollte Moderatorin werden, auch wenn ich nicht den blassesten Schimmer hatte, wie ich das anstellen sollte. Aber die Idee blieb, sie hatte sich in mir festgesetzt, und ich würde daran arbeiten, sobald ich meine Ausbildung in der Tasche hatte.

12.

AUS DER ABSTELLKAMMER VOR DIE KAMERA

Kurze Zeit später war ich wieder in Köln unterwegs. Ich war lange nicht mehr ausgegangen und so gab ich nach, als meine Arbeitskollegin Zora mit mir in Köln in die Disco wollte.

»Die Discotheken sind viel cooler und die Leute auch!«, hatte sie mich gelockt. Vorher gingen wir essen und ich war danach ziemlich müde, ich wollte eigentlich viel lieber schlafen gehen, aber Zora war hartnäckig geblieben: »Du hast es mir versprochen, Khadra, du kommst mit!« Entsprechend lustlos setzte ich mich im Excalibur an die Theke und hoffte, dass sich Zora hier nicht zu wohl fühlte, denn ich wollte möglichst bald nach Hause. Als ich von der Toilette kam, wollte ich mich gerade wieder auf meinen Platz setzen, da sah ich ihn: Ganz hinten, an der Ecke der Theke stand er mit seinen Freunden und trank gerade einen Schluck. Es ist mir bisher nur einmal in meinem Leben passiert, dass ich mich auf den ersten Blick verliebte, und das geschah in diesem Moment. Ich setzte mich auf meinen Hocker und beugte mich zu meiner Kollegin vor.

»Zora, dreh dich jetzt bitte nicht sofort um, aber guck dir gleich mal den Typen hinter dir an der Theke an.« Nach ein paar Sekunden drehte sie sich unauffällig um und griff nach ihrem Glas.

»Mein Gott, sieht der gut aus!«, entfuhr es mir und sie nickte. »Zora, was soll ich machen?!«

»Geh doch einfach zu ihm hin.«

»Spinnst du?! So was würd ich mich niemals trauen.«

»Soll ich zu ihm hingehen?«

»Zoraaaaa! Neiiiiin! Vielleicht ist er mit seiner Freundin da.« Wir brauchten einen Plan.

»Schreib ihm deine Telefonnummer auf!«, rief Zora voll Freude über ihre Idee. »Dann gehst du raus und ich geb sie ihm.« Perfekt! Ich schrieb ihr meine Nummer auf einen Zettel. »Aber du gibst sie ihm erst, wenn ich hier verschwunden bin.« Zora lachte über meine panische Angst. Dann rannte ich raus und wartete auf sie, während mir die Gedanken durch den Kopf schossen. »Oh nein! Was tat ich da nur? Wie peinlich! Ich würde 'ne Abfuhr bekommen! Und der lachte mich wahrscheinlich gerade mit seinen Freunden aus!« Doch dann kam Zora endlich und grinste mich an.

»Zora, ich schäm mich so! Und? Und? Nein, ich will's gar nicht wissen! Doch, jetzt sag schon! Was hat er denn gesaaagt??!« Zora brach in schallendes Gelächter aus und schüttelte den Kopf,

»Ich hab ihm die Nummer gegeben«, sagte sie nur. »Ja, wie? Und weiter? Was hast du denn gesagt?«

»›Hier, das ist die Nummer meiner Freundin, die da drüben gerade saß‹, hab ich gesagt. Und er hat gefragt: ›Welche, die Große mit den dunklen Haaren und dem weißen Oberteil?‹« Er hatte mich also beobachtet! »Er wusste also, wer ich bin?«, fragte ich überflüssigerweise. »Jep!«

Ich hatte noch nie zuvor einen fremden Mann angesprochen oder eine Freundin geschickt, damit sie das für mich erledigte. Aber diesmal wusste ich, dass ich diesen Menschen sonst nie wiedersehen würde. Erst nach einer halben Stunde, als wir gerade im McDonald's saßen und ich in meinen Big Mac biss, hatte ich mich von meinem Gefühlschaos erholt. Zuvor hatte ich Zora noch x-mal nach dem genauen Verlauf des Gesprächs mit ihm gefragt und war dabei zunehmend weniger hysterisch geworden. Aber jetzt bimmelte mein Handy. Eine SMS!

»Oh nein, das ist er bestimmt.« Ich sah auf mein Handy und kannte die Nummer nicht.: »Na, Süße? Wie heißt du denn? LG Sascha«, stand da. Er hieß also Sascha.

»Shit, ich kann nicht zurückschreiben, meine Karte ist leer! Gibst du mir dein Handy?« Zora drückte es mir in die Hand und schien froh zu sein, endlich Ruhe zu haben. Während der ganzen Rückfahrt simsten wir hin und her und erst, als ich vor meiner Tür war und das Handy abgeben musste, schickte ich ihm eine letzte SMS. Ich schlug ihm vor, mich am nächsten Abend im Café zu besuchen, in dem ich arbeitete, aber er war sich nicht sicher, ob er es schaffen würde. Kurz bevor ich den Laden am Samstagabend dichtmachen wollte, kam er dann mit seinem Freund, den ich auch in der Discothek gesehen hatte. Ich stand gerade hinter der Theke, warf ihnen ein »Hallo« zu und verschwand in der Küche.

»Oh mein Gott, er ist hier!«, rief ich Anna zu, die mit mir kellnerte. »Der Typ, von dem ich dir vorhin erzählt habe, er ist hier! Was soll ich machen?«

»Bleib ganz cool, unterhalte dich einfach mit ihm.«

Ich holte tief Luft, setzte ein Lächeln auf und ging raus. Ich war Mrs. Ice Cool höchstpersönlich! Ich gab ihnen etwas zu trinken und machte den Laden schnell zu, dann gingen wir in eine Bar um die Ecke. Wir unterhielten uns ein bisschen, aber am meisten redete sein Freund.

Nach unserem ersten Date ein paar Tage später lernte ich Sascha endlich besser kennen. Wir unterhielten uns über gescheiterte Beziehungen und Erfahrungen, aus denen man gelernt hatte. Mich beeindruckte, wie er über Liebe sprach, das war ein Wort, mit dem ich immer sehr behutsam umgegangen war, nachdem ich meine Enttäuschungen erlebt hatte. Liebe hatte für mich auch immer viel mit Schmerz zu tun gehabt, zu viel, wie ich fand. Aber Sascha nahm das Wort öfter in den Mund, als ich es in den gesamten letzten Jahren ausgesprochen hatte, und das faszinierte mich. »Wenn ich eine Frau liebe, dann gebe ich ihr alles, und wenn ich nichts von ihr zurückbekomme, dann war es halt die Falsche, aber deshalb ändere ich meine Art nicht.« So saß er vor mir, nicht wissend, was für eine wundervolle Ausstrahlung er hatte, und ich wusste in diesem Augenblick, dass ich diesem Mann alles von mir geben wollte.

Willkommen in der Familie, mein Sohn

Als Sascha in mein Leben trat, befand ich mich seelisch gerade am Tiefpunkt. Heute weiß ich, dass diese Begegnung das größte Glück war, das mir damals passieren konnte. Er brachte so viel Freude in mein Leben, dass ich mich erstmals wirklich glücklich fühlte, keine Sekunde wollte ich ohne ihn sein und er auch nicht ohne mich. Anfangs war es mir vor ihm peinlich, wo ich wohnte, deshalb trafen wir uns nur bei ihm. Aber dann machte ich Herrn Reimann Druck, die Garage endlich auszubauen, und kurz darauf war meine Mini-Wohnung fertig. 500 Mark Miete musste ich von nun an bezahlen, und mein Umzug dauerte nicht einmal zwanzig Minuten. Ich trug meine paar Klamotten, Decke, Kissen und die zwei Matratzen aus der Abstellkammer in den neuen Raum, das war's. Es war zwar etwas leer in den 18 Quadratmetern, aber meine neue Wohnung war sauber, frisch gestrichen, hatte ein eigenes, kleines WC mit Dusche und ein Fenster zum Hof. Zur Einweihung empfing ich Sascha mit ein paar Teelichtern, die ich im Zimmer verteilte. Hier hatten wir nur uns und ich brauchte nichts anderes. Ich gab ihm sofort einen Zweitschlüssel und er war stolz, dass ich ihm so vertraute.

Sogar meine Familie sollte ihn kennenlernen, das erste Mal in meinem Leben wollte ich meinem Vater sagen, dass ich einen Mann liebte, obwohl es ein großer Schritt war, für ihn wie für mich, denn dieses Thema war all die Jahre tabu gewesen. Es hat mich große Überwindung gekostet, denn ich hatte alle möglichen

Befürchtungen und malte mir die schrecklichsten Szenen aus, vor allem: Was, wenn Papa dagegen war? Was sollte ich dann tun?! Nach ein paar Tagen nahm ich all meinen Mut zusammen und rief meinen Vater an.

»Papa, da ist ein Mensch, der macht mich sehr glücklich«, platzte es aus mir heraus.

»Wer ist das denn?« Und dann erzählte ich ihm, wie lieb Sascha war, dass er Betriebsleiter in einem Restaurant war, welch gute Umgangsformen er hatte und dass er mir morgens sogar Frühstück zubereitete, damit ich nicht mit leerem Magen zur Arbeit ging. Mein Vater muss gespürt haben, wie glücklich ich war.

»Dann stell mir deinen Sascha mal vor«, freute er sich mit mir. Mein Glück war perfekt und einige Zeit später telefonierten sie erstmals miteinander. Ich sah Sascha die Aufregung an, als ich ihm den Hörer übergab. »Willkommen in der Familie, mein Sohn«, war das Erste, was mein Vater zu ihm sagte.

Eines Tages kam ich von der Praxis nach Hause und schloss die Wohnung auf. Als ich den Lichtschalter am Eingang anknipste, dachte ich für einen kurzen Moment, ich hätte mich verlaufen. In meinem Zimmer standen ein Doppelbett, ein Regal und ein Nachttisch, auf dem sogar ein Fernseher war, auf dem Boden lag ein Teppich … Hinter mir ging Herr Reimann gerade vorbei und ich fragte ihn, ob er gesehen hätte, wer mein kleines Reich so verändert hatte. »Heute Vormittag war ein junger Mann da, der die Sachen reingetragen hat.« Sascha! Ich war überwältigt, noch nie hatte sich jemand so viel Mühe für mich gemacht.

Neue Ziele

Um meine gestiegene Miete bezahlen zu können, musste ich wieder regelmäßig kellnern gehen. Das hatte ich, seitdem Sascha und ich zusammen waren, ein bisschen schleifen lassen, weil ich die Wochenenden lieber mit ihm verbrachte. Ich begann also während der Woche nach meiner Arbeit in der Praxis wieder im Passion an der Kasse zu jobben, weshalb ich morgens öfter verschlief und zu spät in die Praxis kam. Irgendwann rief mich mein Chef in sein Büro. Wir hatten bisher ein gutes Verhältnis gehabt und ich erzählte ihm, dass ich auf meine Nebenjobs nicht verzichten könnte, ich würde mir aber alle Mühe geben, nicht mehr zu spät zu kommen. Er wollte wissen, warum ich überhaupt nebenbei noch arbeiten musste und ob ich denn nicht mehr bei meinen Eltern wohnen würde. Dann wollte er wissen, wo ich noch überall arbeiten würde und von wann bis wann und wie viel Geld ich monatlich zur Verfügung hätte. Als ich ihm all seine Fragen beantwortet hatte, fragte er mich noch, wie ich das alles hinbekommen hätte.

»Ich find's toll, dass Sie Ihre Ausbildung trotz aller Umstände durchziehen, und ich werde mir etwas einfallen lassen, damit Sie die Nebenjobs nicht mehr brauchen«, beendete er das Gespräch. Zwei Tage später erhöhte er mein Gehalt von 721 auf 1400 Mark im Monat. Irre! Endlich fing mein Leben an, sich positiver zu entwickeln. Ich musste nicht mehr so viel arbeiten, ich war bis über beide Ohren verliebt in jemanden, der mich auch über alles liebte, bei dem ich lernte zu vertrauen und mich geborgen fühlte, ich hatte eine kleine Wohnung mit neuen Möbeln, ich war motiviert, hatte Perspektiven, Träume, Ziele, die zwar noch undefiniert waren, aber tief in mir schlummerten.

Das Einzige, was mich nach wie vor betrübte, war das schlechte Gewissen bei dem Gedanken, dass es mir besser ging als meiner Familie. Das brachte mich dazu, dass ich auch in dieser eigentlich schönen Phase Momente erlebte, in denen ich mein Glück und mein Leben gar nicht genießen konnte. Manchmal wachte ich nachts weinend auf, und Sascha musste mich trösten, weil mich das Gefühl nicht losließ, dass es mir nicht gut gehen durfte, wenn es meinen Lieben schlecht ging. Manchmal plagten mich die

Sorgen so sehr, dass Sascha mir sein Handy gab, damit ich sie anrufen konnte, um mich zu vergewissern, dass bei ihnen alles in Ordnung war.

»Was ist denn los, Njunja? Du hörst dich so eigenartig an?«, fragte mich Papa einmal.

»Nein, alles in Ordnung, meine Nase ist nur ein bisschen verstopft, ich habe Schnupfen«, log ich ihn an, denn ich konnte ihm die wahren Gründe meines Anrufs einfach nicht sagen. Dass ich litt, weil ich sie so vermisste, und mir große Sorgen machte, weil er wegen der Dialyse immer schwächer wurde. Ich wollte ihm nicht sagen, dass ich gerade einen sehr schwachen Moment hatte, dass ich diese Momente so oft hatte, dass ich es nicht mehr ausgehalten hatte, bis ich ihre Stimmen hörte. Ich konnte einfach nicht schwach sein und damit aus der Rolle schlüpfen, die ich mir über all die Jahre angeeignet hatte.

Obwohl mir in der Praxis als Arzthelferin alle Möglichkeiten offenstanden, erfüllte mich der Job nicht wirklich, und ich konnte mir nicht vorstellen, dass das alles gewesen sein sollte. Als meine Ausbildung beendet war, arbeitete ich zwar weiterhin als Arzthelferin, aber ich wollte mich entwickeln und über mich hinauswachsen. Das Gefühl, etwas scheinbar Unmögliches erreichen zu können, hatte ich in meinem Leben oft erfahren – erfahren müssen, und es hatte mich geprägt. Aber diesmal wurde ich nicht durch mein Schicksal dazu gezwungen. Diesmal wollte ich mich aus eigenem Antrieb verändern und etwas bewältigen, was unmöglich schien. Eine innere Unruhe machte mich immer ungeduldiger, ich brauchte dringend eine Abwechslung und musste hier raus, raus aus der Praxis, raus aus der Wohnung, raus aus der Stadt. Irgendwie musste sich mein Leben ändern, aber wie?

Eines Abends, als ich von der Arbeit nach Hause kam, hatte ich Post von einer Medienagentur im Briefkasten, bei der ich mich mal vorgestellt und die mich in ihre Kartei aufgenommen hatte. Es war eine Einladung zu einem Casting für eine Realityshow: *Big*

Brother. Es waren schon drei Staffeln gelaufen, aber ich kannte die Show erst seit Kurzem, weil ich zuvor ja keinen Fernseher gehabt hatte. Ich wusste also, dass es in dieser Show darum ging, dass wildfremde Menschen in einem Haus zusammenleben mussten und dabei rund um die Uhr gefilmt wurden. Die Vorstellung, zu einem Casting zu gehen und viele neue Leute kennenzulernen, war eine willkommene Abwechslung, und ohne recht zu wissen, auf was ich mich einließ, ging ich dorthin.

Es war wie erwartet sehr aufregend und der Ansturm auf das Hotel, in dem das Casting stattfand, war gigantisch. Ich traf alle möglichen Leute: Künstler, Freaks, Bodybuilder, Models, Arbeitslose, Selbstständige … Wir bekamen kleine Zettel mit Nummern und wurden dann nacheinander aufgerufen. Als ich dran war, kam ich gespannt in den Raum. »Warum wollen Sie ins Big-Brother-Haus?«, fragte mich der Mann, der mich gecastet hatte. »Ich brauch einfach mal Urlaub!« Die Antwort schien der Jury zu gefallen und kurz darauf war ich fertig. Ein paar Wochen später teilte man mir mit, dass ich eine der Kandidatinnen sei, und ich begann plötzlich zu realisieren, dass aus meinem netten Casting-Ausflug langsam Ernst wurde, aber ich hatte noch gar nicht mit meinen Eltern und mit meinem Freund ausführlich darüber gesprochen. Ich sagte ihnen, dass ich ziemlich neugierig sei und das Ganze weiterverfolgen wolle, und sie hatten vollstes Verständnis und gönnten mir den Spaß. Ohne es auszuprobieren konnte ich ja nicht wissen, wie es tatsächlich werden würde, also stürzte ich mich ins Abenteuer.

Es dauerte genau sechs Wochen, die sich so anfühlten, als ob ich in einem Ferienlager für junge Erwachsene wäre, in dem jeden Tag was Neues los war, man zusammen Spaß hatte und in einer Clique mit acht Freunden zusammenwohnte. Da man die Kameras kaum sah, störten sie einen nicht weiter und ich vergaß sie ziemlich schnell, bis ich nach sechs Wochen das Haus wieder verließ.

Damals hatte ich es als eine Möglichkeit gesehen, in eine andere Welt einzutauchen. Obwohl *Big Brother* im Nachhinein nicht zu den schlauesten Entscheidungen gehörte, die ich in meinem Leben getroffen habe, hatte auch diese Erfahrung ihre guten Seiten. Zum Beispiel habe ich dabei zwei sehr gute und wertvolle Freunde gefunden, die mich hoffentlich noch für den Rest meines Lebens begleiten werden. Außerdem durfte ich erstmals moderieren: Vor 16 000 kreischenden Teenies war ich Gastmoderatorin beim Musikevent *The Dome*: Gemeinsam mit Yvonne Catterfield und Oli P. führte ich durch die Show. Wow! Diese Erfahrung fesselte mich und bestärkte mich darin, dass genau das meine Berufung war: die Moderation. Es folgten Promotion-Auftritte bei Viva, MTV und *Top of the Pops* und weitere Engagements, in denen ich Erfahrungen sammeln konnte, und mein Gefühl hatte mich nicht getäuscht: Ich hatte das Talent dazu, aber ich merkte auch schnell, dass ich noch sehr viel lernen musste. Und ich war froh, als der Hype um meine Teilnahme bei *Big Brother* abgeklungen war, denn ich wollte nicht darauf reduziert werden, dass ich irgendwann mal Kandidatin einer Realityshow gewesen war. Irgendwann war ich mir sicher, dass ich mich ganz auf meinen Traum konzentrieren wollte, Moderatorin zu werden. Sascha war Gastwirt in Köln: Ich kündigte meinen Job als Arzthelferin in der Praxis, zog zu Sascha und half ihm im Restaurant. Eines Tages flatterte mir wieder eine Casting-Einladung ins Haus. Und tatsächlich: Es ging um eine Stelle als Moderatorin! Das war die Chance, auf die ich so lange gewartet hatte. Als ich meinen Eltern und Geschwistern am Telefon davon erzählte, jubelten sie schon, bevor ich überhaupt beim Casting gewesen war. Mein Vater war furchtbar stolz und drückte mir fest beide Daumen, dass ich den Job bekomme.

Ich fuhr zum Sender, und dort wurde uns Bewerbern erklärt, was wir zu tun hatten. Es war ein Reisesender, der sein Programm live ausstrahlte. Wir wurden geschminkt, verkabelt und mussten dann eine Reise spontan vorstellen, auf die wir uns zuvor nicht vorbereiten durften. Es sollte um Ägypten gehen – ausgerechnet Ägypten: Dazu hätte ich jede Menge erzählen können … Aber von meinen persönlichen Erlebnissen in Kairo wollte hier sicher keiner hören. Ich war überhaupt nicht nervös, nicht mal das Infoblatt las ich durch, weil ich keinen Druck verspürte. Es sollte mir nur Spaß machen. Als ich an der Reihe war und die Kamera anging, redete ich drauflos. Ich erzählte, dass man im Land der Pharaonen die Pyramiden besichtigen sollte, dass man dort auch lernen kann, wie man selbst Papyrus herstellt, dass man sich vor Ort zur Besichtigung Pferdekutschen oder Kamele ausleihen kann, aber besser auf einem Kamel reitet, weil die Kutsche im Wüstensand kaum vorankommt und so weiter und so fort. Am Schluss schnappte ich mir den Regenschirm, eines der Utensilien im Studio, und meinte nur: »… und den hier, den brauchen Sie gar nicht erst einzupacken!«

Das war mein Schlusswort, Kamera aus. Jetzt musste ich nur noch auf die Entscheidung des Senders warten.

13.

DER GRAUSAME ABSCHIED

Mein Handy klingelte am 5. August 2005 um kurz nach 11 Uhr. Ich sah eine englische Telefonnummer auf dem Display. Es war also jemand aus meiner Familie. Irgendetwas muss passiert sein! Aber das dachte ich immer, wenn sie anriefen, seitdem ich sie allein nach England hatte gehen lassen. Sie lachten jedes Mal, wenn ich mich wieder besorgt am Hörer meldete: »Hallo, alles in Ordnung?« – »Alles gut, Khadra, nichts passiert!«

Doch diesmal war es so weit, es war der Anruf, vor dem ich mich seit Jahren so fürchtete. Chuchu kreischte nur in den Hörer, ich verstand kein Wort. Dann brach die Verbindung ab. Sie hatte kaum Geld und offenbar nur 20 Penny in den Münzautomaten geworfen. Zuerst dachte ich, sie hätte wieder Mist gebaut und sich mit Papa gestritten. Das war schon öfter passiert, und ich musste das dann immer für sie wieder geradebiegen. Dann klingelte es erneut. Es war die gleiche Telefonnummer.

»He's not breathing anymore! He's gone!« Die Verbindung brach ab. Ich wusste, was sie gesagt hatte: *»Papa ist tot.«* Ich hätte ein Messer nehmen und in mein Herz rammen können, so, wie ich es so oft geträumt hatte. Aber mit ihm war schon ein Teil von mir gestorben und ich wollte nur noch zu ihm, ein letztes Mal.

Schluchzend griff ich zum Hörer und rief in der Britischen Botschaft an. Die Tränen schossen mir in die Augen und tropften die ganze Zeit in die Sprechmuschel, während ich die Nummer wählte, die in meinem Telefonbuch stand. Ich wusste, dass sie freitags eher schlossen, und das machte mich nervös. Ich schnappte die ganze Zeit nach Luft, während es am anderen Ende der Leitung klingelte.

»Zentrale der Britischen Botschaft in Düsseldorf, was kann ich für Sie tun?«, meldete sich eine sanfte Frauenstimme. Ich war völlig aufgelöst und redete drauflos.

»Meine Familie lebt in London, meine kleine Schwester hat mich gerade aus dem Krankenhaus angerufen, mein Vater ist tot. Ich muss jetzt sofort dorthin und brauche ein Visum. Meine kleine Schwester ist noch immer im Krankenhaus und völlig auf sich allein gestellt. Ich muss sofort dorthin!« Während es so aus mit herausbrach, wurde meine Stimme immer lauter und schriller, und ich schluchzte dabei. »Jetzt beruhigen Sie sich erst einmal. Wo genau sind Sie jetzt?« – »In Köln.«

»Und Sie brauchen ein Visum nach England, richtig? Welche Nationalität haben Sie?«

»Somalisch. Ich habe eine Aufenthaltserlaubnis für Deutschland«, brachte ich hervor. »Okay. Bitte machen Sie sich sofort auf den Weg in die Botschaft, denn die schließt gleich. Ich werde den Kollegen schon mal eine E-Mail schreiben, dass Sie sofort ein Visum brauchen.« Ich war viel zu überdreht und verwirrt, um mich über die unbürokratische Hilfe zu freuen. Ich wollte nur nach London. Ich wollte zu meinem Vater.

Sascha war nicht zu Hause, aber Rita, eine Freundin, die in der Nachbarschaft wohnte, stand schon mit dem Wagen bereit und raste mit mir zur Botschaft, wo man das Visum tatsächlich bereits ausgestellt hatte. Dann fuhr ich mit ihr wieder nach Hause, um ein paar Sachen zu packen. Ich lief im Zimmer umher, suchte Socken und Unterwäsche zusammen und stand völlig neben mir. Meine Schwester Nanna, die mit ihrem Mann mittlerweile in den USA lebte, musste ich auch noch anrufen – sie wusste noch gar nicht, dass unser Vater tot war. Da Nanna im achten Monat schwanger war, machte ich mir Sorgen um sie.

»Papa …«, fing ich an, und sie hörte schon an meiner Stimme, dass etwas nicht stimmte. »Papa was? Was ist los?!«, brüllte sie ins Telefon und begann bereits zu weinen. »Papa atmet nicht mehr«, sagte ich nur. Auch ich konnte nicht aussprechen, dass er tot war. Dann brach Nanna zusammen, und ihr Mann meinte, dass er sich um sie kümmern würde.

Am Flughafen drückte mir Rita zum Abschied eine kleine Tüte in die Hand, in der Beruhigungstabletten waren: »Bleib stark.«

»Ja, das werde ich.« Ich konnte nicht viel sagen und als ich mit meinem kleinen Rollkoffer über das Flughafengelände rannte, spürte ich, wie die Menschen mich anstarrten, weil mein Gesicht vom Heulen verquollen und die Schminke völlig verschmiert war.

Trauer und Schmerz

Im Flieger versuchte ich mich darauf vorzubereiten, was mir bevorstand, ohne wirklich zu wissen, was mich erwarten würde. Ich wusste nur eins: Ich brauche jetzt meine ganze Kraft, um für meine Mutter und meine Geschwister da zu sein. Vor allem Chuchu würde mich jetzt mehr brauchen denn je. Sie war es auch, die mich zusammen mit Zuri, einer Bekannten der Familie, am Flughafen empfing. Ich nahm sie in den Arm und wiegte sie hin und her. Chuchu drückte ihr Gesicht in meinen Pullover und weinte in die Wolle.

»Lass es raus, lass es ruhig raus«, flüsterte ich ihr ins Ohr, während ich sie schützend umarmte. Von diesem Moment an vergoss ich keine Träne mehr, ich fing wieder an zu funktionieren, und das konnte ich nur, wenn ich selbst emotionslos war, meine eigenen Gefühle einfach abschaltete. Chuchu hatte in den letzten Stunden das Schrecklichste erlebt, das ich mir vorstellen konnte. Papa war zu Hause zusammengebrochen und hatte auf dem Boden liegend nach Luft geschnappt. Sie hatte ihm ein Kissen unter den Kopf gelegt und den Notarzt gerufen. Dann hatte er aufgehört zu atmen. Alle Wiederbelebungsversuche des Arztes waren erfolglos geblieben. Jetzt stand sie immer noch unter Schock, und ich wollte ihr alles so einfach wie möglich machen. Sie brauchte Schutz, etwas, was ihr ein Gefühl der Sicherheit gab, ich musste also Ruhe bewahren, wenn sie mich hilfesuchend ansah, ich musste so tun, als ob ich alles unter Kontrolle hätte.

Nach einer Weile gingen wir zum Auto, ich wollte Chuchu nicht ausfragen und noch mehr aufwühlen, deshalb sprach ich mit Zuri: »Wo liegt er?«

»In einem Leichensaal im Krankenhaus.« – »Ich möchte dorthin fahren.«

»Khadra, lass uns erst mal zu mir nach Hause fahren. Dort gebe ich dir etwas zum Anziehen und dann fahren wir zu deiner Mutter.«

»Was zum Anziehen?!« Ich sah sie entgeistert an. »Ja. Euer Haus ist voll mit Menschen, die dort beten, du musst dich verschleiern, ich gebe dir etwas von mir.« Als ich das hörte, wurde ich aggressiv. Fiel ihr in solch einem Moment nichts Wichtigeres ein, als dass ich mich zu verschleiern hatte?! Aber natürlich hatte Zuri sich nichts Böses dabei gedacht, sie wollte nur auf unsere Sitten und Bräuche Rücksicht nehmen, doch das verstand ich erst später.

»Ich brauche nichts zum Anziehen von dir! Ich will jetzt meinen Vater sehen!«, giftete ich sie an, und wir fuhren ins Krankenhaus, aber sie ließen mich nicht zu ihm. Es war schon nach 21 Uhr und nur noch das Personal der Spätschicht war da. »Wir müssen Ihren Vater erst auf einer Liege in Laken betten, damit Sie sich würdig verabschieden können, und das geht erst morgen früh«, erklärte uns der Pfleger sehr einfühlsam, sonst hätte er mich nicht davon abhalten können, meinen Vater zu sehen. Als ich mit Chuchu und Zuri zum Haus meiner Eltern fuhr, konnte ich es einfach nicht glauben, dass er hier nicht gleich in die Hände klatschen würde, um mich zu empfangen, wie er es immer getan hatte. »Njuuuunjaaaa!« Er war immer so glücklich, wenn ich zu Besuch kam, und wir hatten jede Sekunde miteinander genossen. Und jetzt sollte er einfach nicht mehr da sein.

Schon draußen vorm Haus hörte ich laute Stimmen und als ich hineinkam, sah ich im Flur vor der Treppe Dutzende paar Schuhe, die, wie bei Somalis üblich, vorm Eintreten ausgezogen worden waren. Ich blickte ins Wohnzimmer, das direkt links neben dem Eingang war. Hier hatten sich die Männer versammelt. In dem Getümmel erkannte ich nur wenige Gesichter: Emrah, ein sehr enger Freund meines Vaters, Onkel Asrah, ein Bruder meiner Mutter, der schon seit 20 Jahren in London lebte, und Kuat, der einzige Bruder meines Vaters, den ich das letzte Mal in Ostberlin gesehen hatte, als er noch mit seiner deutschen Frau verheiratet war. Die beiden lebten mittlerweile getrennt.

Ich ging nicht hinein, denn eine Frau war in einem Raum mit Männern nicht erwünscht, erst recht nicht, wenn sie nicht gemäß den Sitten bedeckt war, weshalb ich auch begann, mich unwohl zu fühlen. Mir fielen die Worte von Zuri wieder ein, deren Rat ich besser befolgt hätte, denn in der engen Jeans und dem fliederfarbenen, gestreiften Strickpulli mit V-Ausschnitt, den ich heute morgen fürs Kellnern im Restaurant angezogen hatte, kam ich mir unpassend gekleidet vor. Es war mir auch bewusst, was sich hinter den Blicken der anderen verbarg. Für sie war ich die Sittenlose, die in einem fremden Land unverheiratet mit einem Ausländer zusammenlebte, weit weg von ihrer Familie, und ab und zu einmal zu Besuch kam. Sie hatten schon früher nicht mit ihrer Meinung hinterm Berg gehalten, sie betont beiläufig, aber bei jeder Gelegenheit geäußert. Doch ich hatte immer unter dem Schutz meines Vaters gestanden und ihm gegenüber hätten sie es nie gewagt zu widersprechen.

Ich stieg die Treppe hoch und die vielen Stimmen wurden zu Lauten, Schluchzen, Kreischen, Jammern. Verteilt im Flur und in zwei kleinen Zimmern waren hier oben ausschließlich Frauen, die überall auf dem Boden saßen, denn damit alle Trauergäste Platz fanden, war das kleine Haus leer geräumt und alle Möbel in Chuchus Zimmer gezwängt worden. Aus dem Schlafzimmer meiner Eltern drang ein ohrenbetäubender Lärm und zwischen den ganzen knienden Frauen erkannte ich meine Cousine Seta, die in der Mitte des Zimmers stand. Dann begann sie zu zucken und mit den Armen wild in die Luft zu schlagen, ihr ganzer Körper vibrierte, sie verdrehte die Augen und stieß plötzlich Furcht einflößende Schreie aus. Sie beugte ihren Oberkörper vor und würgte, als ob sie sich übergeben müsste. Schließlich ließ sie sich auf den dunkelgrauen Teppich fallen und schrie nur noch wie besessen. Die Klageweiber um sie herum reckten währenddessen die Hände zur Decke, schluchzten, weinten und beteten. Ich hatte noch nie Menschen so exzessiv trauern sehen, mein Herz pochte vor Aufregung, und es dauerte einen Augenblick, bevor ich in der Ecke des Zimmers meine Mutter auf einer Matratze unter einer weißen Bettdecke versteckt liegen sah. Sie hatte den hilflosesten, ängstlichsten Blick, den ich mir vorstellen konnte, und erst als ich mich neben sie kniete, entspannte sie sich etwas. Ich legte mich zu ihr, und als ich sie umarmte, klammerte sie sich fest an mich. Zum ersten Mal spürte ich die körperliche Nähe der Frau, die mich zur Welt gebracht hatte, die Frau, die mir all die Jahre so fremd gewesen war, war mir in diesem Moment plötzlich so nah. Wir hatten beide den Menschen verloren, der uns am meisten bedeutet hatte. »Er ist von mir gegangen, er ist von mir gegangen …«, schluchzte sie mir immer wieder leise ins Ohr, als ich ihren Kopf auf meine Schulter gelegt hatte und ihr über die Stirn streichelte. Dann hatte sich auch Chuchu den Weg durch die Menge gebahnt und quetschte sich noch mit zu uns auf die Matratze. Ich spürte, dass sie und Mama auch nicht begreifen konnten, was gerade um uns herum geschah, dass sie auch Angst hatten, dass sie Ruhe brauchten, um zu trauern, aber die Situation war außer Kontrolle geraten und es gab keine Rückzugsmöglichkeit, nur diese kleine Flucht in die Nähe zueinander, zu dritt auf dieser Matratze.

Mein Puls schlug bis zum Anschlag, der Schmerz hämmerte in meinem Kopf und als es mir zu viel wurde, schloss ich mich im kleinen Toilettenraum ein, setzte mich auf das WC und starrte einfach auf den Boden. Innerlich brodelte ich, irgendetwas in mir drohte auszubrechen, etwas so Wuchtiges, dass ich es niemals hätte unter Kontrolle halten können, wenn es herausgekommen wäre, also holte ich tief Luft, ganz tief, immer wieder. Ich wollte weinen, ich spürte, dass ich weinen musste, aber ich schaffte es nicht, denn ich durfte jetzt nicht zusammenbrechen, es war nicht der richtige Moment dafür. Einige Stunden später legten wir uns erschöpft auf die Matten, die auf dem Boden ausgebreitet waren, um zu schlafen. Einige der Frauen schliefen schon, aber Mama konnte nicht einschlafen. Ich gab ihr eine der Tabletten, die Rita mir mitgegeben hatte, und nach ein paar Minuten schlief auch sie ein. Was um uns herum geschah, war mir fremd. So fremd wie diese Menschen, die ich nicht kannte, weil sie mich zuletzt als Baby gesehen hatten. Aber sie alle sollten sich in den nächsten Tagen in diesem kleinen Haus aufhalten und mir sollte keine Gelegenheit bleiben, in mich gekehrt einfach nur zu trauern.

Als ich am nächsten Morgen aufwachte, wusste ich, dass mir das Schlimmste noch bevorstand. Zuri holte mich ab. Als ich meinen Bruder Jamal im Wohnzimmer sitzen sah, bat ich ihn, mich zum Leichensaal zu begleiten. Als wir im Krankenhaus ankamen, führte uns eine Schwester in den Hinterhof und blieb vor einem Häuschen stehen, zu dessen Eingang eine kleine Treppe hinaufführte. Ich bat Jamal und Zuri erst einmal nicht mit hinein zu kommen, weil ich ein paar Minuten allein sein wollte, allein mit ihm. Ich ging die Stufen hoch und blickte durch die Tür in den Raum. Ich konnte seine Füße sehen, die von einem weißen Laken bedeckt waren, und traute mich nicht hinein, es war, als ob mich etwas zurückhielt. Es war die Macht der Wahrheit, die ich in diesem Augenblick so fürchtete, ich konnte mir nicht ausmalen, was mich da drin erwarten würde, wie dieser Anblick für mich sein würde, aber ich wusste, dass es das letzte Bild sein würde, das ich von ihm behalten würde. Ich kämpfte mit mir, versuchte stark zu sein, mir Mut zuzusprechen, um durch diese Tür zu gehen, aber dann bewegte ich mich keinen Millimeter. Es waren qualvolle Minuten voller Angst, Verzweiflung und Schmerz, es waren die schlimmsten Minuten meines Lebens.

»Khadra, du musst da rein! Du musst dich von ihm verabschieden! Hab keine Angst, es ist doch dein Vater«, flüsterte Zuri mir zu. Ich wischte mir die Tränen von den Wangen, atmete tief ein, dann war ich bereit und schlich zu ihm. Er lag da, bis zum Hals zugedeckt, nur sein Gesicht war zu sehen, er sah aus, als würde er tief und fest schlafen, so friedlich, dass ich meine Furcht verlor. Ich legte vorsichtig meine Hand auf seine Stirn und spürte, wie kalt sie war. »Papa«, hauchte ich und weinte in mich hinein. Wie konnte ein so kostbarer Mensch nur von uns gehen? Es gab doch noch so viel, was ich ihm hätte sagen wollen, aber nicht mal hier sollte ein bisschen Zeit dafür sein. Tante Suna, Papas einzige Schwester, und ihre Töchter und Söhne betraten den Raum, weinten und kreischten, sodass ich es bald nicht mehr ertragen konnte und ging.

Schöne Erinnerungen geben uns Halt

Zu Hause schloss ich mich wieder auf der Toilette ein. Ich wollte in mich hineinhören, aber ich spürte nichts, da war nur Leere und eine so überwältigende Gefühlsstarre, wie ich sie bisher noch nicht gekannt hatte. Nach einer Weile kam ich wieder heraus und suchte Chuchu, um mit ihr in das Zimmer zu flüchten, in das man alle Möbel gestellt hatte. Alles, was man tragen konnte, war hier drin, Matratzen waren an die Wand gelehnt, Tische, Stühle, Fernseher, Teppiche, einfach alles. Es war so voll, dass wir die Tür kaum aufbekamen und uns mit aller Kraft hindurchzwängen mussten. Wir hockten uns auf den Boden, an eine Matratze gelehnt, ich nahm Chuchus Hand, wir starrten beide an die Decke. Sie war so tapfer gewesen, obwohl sie ihn um sein Leben kämpfen gesehen hatte, seine letzten Atemzüge miterleben musste.

»Er ist hier und lächelt uns an, Chuchu«, sagte ich ihr und ich war sicher, dass auch sie ihn gerade spüren konnte, dass sie das gleiche Lächeln vor Augen hatte.

»Ja, ich kann seine Stimme hören, wie er mich ruft: ›Chuchu, Chuchu‹«, machte sie ihn nach. »Ich weiß, die Bilder, die du gestern gesehen hast, waren schrecklich. Aber bitte lass sie nicht zu den einzigen Erinnerungen werden, die du an Papa hast. Denk an die schönen Momente mit ihm, davon gibt es so viele. Und wenn du mit ihm sprechen möchtest, dann horche tief in dich hinein, hör auf dein Herz, und dann wirst du ihn spüren. So wie jetzt. Er ist immer da.« Wir zogen uns in den folgenden Tagen immer wieder hierher zurück, wenn uns alles zu viel wurde.

Im Haus lief ich mittlerweile wie alle Frauen mit einem schwarzen Schleier umher, den ich bei meiner Mutter im Schrank gefunden hatte und mit dem ich mich wohler fühlte, weil ich nicht mehr so auffiel. Vielleicht lag es aber auch daran, dass am zweiten Tag immer mehr Menschen aus allen Ecken des Landes nach London kamen, sogar mein Kindheitsfreund Abu reiste aus Manchester an, aber die meisten kannte ich nicht. Es gab viel zu tun, und alle Frauen halfen mit. Noch mehr Matten mussten her, die auf dem Boden ausgebreitet wurden, damit es genug Sitzgelegenheiten gab. Draußen wurde ein Zelt aufgebaut, das ein Verwandter mitgebracht hatte. Essen wurde gekocht, Tee und Kaffee gebrüht, Getränke wurden serviert, und wir kamen mit der Arbeit gar nicht mehr hinterher.

Am Nachmittag wollte ich gerade rausgehen, um irgendetwas einzukaufen, da fiel mir auf der Straße ein weißes Auto auf, in dem vorn zwei Männer saßen, die zu mir herübersahen. Und als ich genauer hinsah, erkannte ich den einen von ihnen: Jassar. Ich war so wütend, dass er sich zur Beerdigung meines Vaters traute, dass ich zunächst gar nicht bemerkte, wer da direkt vor mir die kleine Treppe heraufkam: mein Bruder Farid! 18 Jahre lang hatten wir uns nicht mehr gesehen, und ich fiel ihm in die Arme. Er hatte uns ja schon damals, lange vor dem Krieg, in Somalia verlassen, um nach Kanada zu gehen, und von all den Grausamkeiten, die wir in den Jahren danach durchmachten, hatte er nichts mitbekommen. Vielleicht war Farid deshalb in der Trauer so positiv gestimmt, dass er uns allen in diesen Tagen die Kraft geben sollte, die wir zu verlieren drohten.

Sie alle waren zum Begräbnis meines Vaters gekommen, an dem nur Männer teilnehmen durften. Während ich mit meiner Mutter, Chuchu und den anderen Frauen zu Hause bleiben musste, waren die Männer auf dem Friedhof, und meine Brüder Jamal, Farid und Karim trugen den Sarg zu Grabe. Erst am Nachmittag, als alles vorbei war, durften auch wir zum Friedhof. Karim fuhr uns hin. Das Einzige, was ich sah, war die aufgeschüttete Erde, unter der mein Vater liegen sollte, und sein Grabstein.

Distanz zu denen, die nicht sehen können, wer ich wirklich bin

Am nächsten Tag leerte sich das Haus langsam, mittlerweile waren nur noch ein paar Verwandte da – und Jassar. Ich war ihm bisher aus dem Weg gegangen, was nicht schwierig war, da sich die Männer nur unten und die Frauen nur oben aufhielten. Jetzt stand ich oben im kleinen Flur und sah, wie er die Stufen heraufkam. Als er mich erblickte, blieb er mitten auf der Treppe stehen.

Ich sah zu ihm herunter, er sah zu mir hoch, wir sagten beide nichts, ein paar Sekunden lang.

»Khadra, wie geht's dir?«

»Gut«, antwortete ich und sah ihm direkt in die Augen. Er wirkte verunsichert, so, als würde er am liebsten kehrtmachen und wieder nach unten gehen, aber er wich meinem Blick nur aus und blieb. Und meine Gedanken kreisten nur um ihn, während ich ihn ansah. Was hoffte er? Dass ich ihm vergeben würde? Dass ich ihn nicht drauf ansprechen würde? Dass ich so täte, als wäre nichts geschehen?

»Was ist los?«, fragte er irgendwann, ohne mich anzusehen. Ich antwortete ihm nicht direkt, ich hatte gar kein Verlangen, ihm Antworten zu geben, ihm die Situation leichter zu machen. Was hätte ich ihm auch sagen sollen? »Vor dir steht die Frau, die all die Jahre damit fertig werden musste, um nicht daran zu zerbrechen … die nie verstanden hat, warum du das getan hast, und erst mal lernen musste, sich selbst zu lieben. Die mit ihren Liebsten nicht darüber sprechen konnte, weil sie ihnen die Last nicht aufbürden wollte. Und die deinen Anblick nun auch noch in der Trauer ertragen muss.« Sollte ich ihm das sagen? Vielleicht schon. Aber ich tat es nicht.

»Nichts ist los. Gar nichts.« Ich drehte mich um und ging. Jassar verschwand kurze Zeit später und ich habe ihn nie wieder gesehen.

Am Abend ging ich vor die Tür, um ein wenig frische Luft zu schnappen. Auf der Straße unterhielten sich meine Onkel Asrah und Kuat und ich gesellte mich zu ihnen, denn wir hatten noch keine Gelegenheit gehabt, uns zu unterhalten. Kuat begann mir Fragen zu stellen und am liebsten wäre ich wieder gegangen. »Was treibst du in Deutschland? Du solltest deine Affäre mit diesem Mann beenden und heiraten!« So ging es immer weiter. Für ihn war meine Beziehung mit Sascha nur eine Affäre, weil ich nicht mit ihm verheiratet war. Ich fragte mich auch, wie ein

Mann, den ich in meinem Leben nur wenige Male gesehen hatte, dazu kam, mir mit seinen Fragen versteckt Ratschläge zu erteilen und meine Art zu leben zu verurteilen! Ihn ging das alles überhaupt nichts an, aber ich hätte es geschluckt und wäre gegangen, wenn er nicht noch nachgelegt hätte.

»Ich hab mich bisher wegen deines Vaters zurückgehalten, aber jetzt muss ich dir mal meine Meinung sagen«, fuhr er mich an. Das war zu viel.

»Du hast mir gar nichts zu sagen! Meine ›Affäre‹ ist der einzige Mensch, der mich aus der Scheiße geholt hat und immer für mich da war, im Gegensatz zu irgendwelchen Onkeln, die sich jetzt hier aufspielen!«, brüllte ich ihn an. Dann rannte ich fort.

In den folgenden Tagen waren wir nur noch unter uns, Mama, Chuchu, Jamal, Karim und ich, und all der bürokratische Kram, der erledigt werden musste, lenkte uns ab: Wir mussten das Haus aufräumen, Rechnungen bezahlen, Konten auflösen und anderen Papierkram erledigen. Wir versprachen uns, mehr füreinander da zu sein. Aber schon als ich abreiste, wusste ich bereits, dass vieles von dem, was mein Vater bisher getan hatte, an mir hängen bleiben würde. Zu Hause angekommen, merkte ich, wie müde ich von den letzten Tagen war, und nahm eine der Schlaftabletten, die mir Rita vorm Abflug gegeben hatte. Ich schlief von mittags bis zum nächsten Morgen.

Sascha versuchte in den folgenden Tagen und Wochen mir über meine Trauer hinwegzuhelfen, aber ich zog mich in mich selbst zurück, weil ich mir über vieles klar werden wollte. Ein neuer Lebensabschnitt würde beginnen, und für mich würde nichts mehr so sein, wie es einmal war. Ich erinnerte mich daran, wie meine Familie vor acht Jahren nach England gegangen war und ich lernen musste, allein zurechtzukommen. Ich hatte es damals geschafft – und ich würde es wieder schaffen, dass spürte ich. Ich durfte nur nicht den ganzen Schmerz die Oberhand gewinnen lassen und zusammenbrechen. Denn dann wären die letzten Jahre, in denen ich mir ein normales Leben aufgebaut hatte, völlig vergeblich gewesen. Nein, ich musste stark sein und nach vorn blicken, auch für meine Mutter und meine Geschwister.

14.

AUS DEM SCHATTEN ENTSPRINGT EIN LICHT

Es gab eine Sache, die mir in all den Jahren sehr wichtig gewesen war: Ich wollte wieder eine Identität haben, eine Staatsangehörigkeit, die in meinem Pass anstelle von *staatenlos* stehen sollte. Es ging mir nicht darum, kein Visum mehr beantragen zu müssen oder bei der Grenzkontrolle schneller durchgewinkt zu werden. Ich wollte mich zugehörig fühlen. Ich wusste zwar, woher ich kam, ich kannte meine Wurzeln und wollte sie auch nicht leugnen, aber von meinem Land war seit dem Bürgerkrieg außer Trümmern, Leid und Hoffnungslosigkeit für mich nichts Schönes geblieben, worauf ich hätte stolz sein können. Ich fand es traurig, denn ich spürte, wie wichtig eine enge Bindung zu meiner Heimat für mich hätte sein können. Ich hatte die meisten Jahre meines Lebens in Deutschland verbracht, erst im Osten, dann im vereinigten Deutschland, ich erlebte hier gute und auch schlechte Zeiten. Deutschland war mein Zuhause geworden. Hier wollte ich bleiben. Und ich wollte einen Nachweis, dass ich hierher gehörte, etwas, das ich vorzeigen konnte, einen deutschen Pass. Ich reichte meinen Antrag, meine Einkommensnachweise und ein schönes Foto von mir ein und beantragte ein Stück Deutschland auf Papier. Kurz darauf durfte ich mein Geschenk abholen – eine neue Identität.

Es dauerte eine Zeit lang, bis ich wieder in Saschas Restaurant aushalf und unter Menschen ging, aber irgendwann merkte ich, dass ich wieder unter die Leute musste, und es tat mir gut. Kurz darauf bekam ich den Anruf von dem Reisesender, bei dem ich zum Casting gewesen war. Sie wollten mich als Moderatorin! Am Tag meiner ersten Live-Sendung nahm ich mir noch einige Minuten Zeit nur für mich, bevor es losging. Gedanklich wollte ich den Ablauf der Sendung durchgehen und versuchte, meine Nervosität unter Kontrolle zu bringen. Wenn Papa mich jetzt nur hätte sehen können!

Aber auf dem Weg ins Studio bekam ich plötzlich einen Heulkrampf, es war in den letzten Monaten alles zu viel für mich gewesen. Ich rannte zur Toilette und hoffte, dass es bald wieder vorbeigehen würde, und zum Glück beruhigte ich mich noch rechtzeitig. In den ersten Sekunden, nachdem mich mein Kollege anmoderiert hatte, zappelte ich noch ein wenig herum, trat von einem Bein auf das andere, aber das legte sich bald, und bevor ich mich versah, moderierte ich durch die ganze Sendung und merkte gar nicht, wie schnell die Zeit verflog.

Ich erntete einen Riesenapplaus aus der Regie und von den Kollegen für meine Premiere und war stolz wie Oskar. Es sollte der erste Schritt in meinen neuen Beruf sein, denn von diesem Tag an konnte ich mir nicht mehr vorstellen, jemals etwas anderes zu tun, und das tat ich auch nicht.

Seitdem moderiere ich für viele internationale Firmen Galas und Events, interviewe als Journalistin Stars aus Hollywood und aus der Musikbranche und bin in verschiedenen Formaten als Moderatorin tätig.

Ich habe gesehen, was ich alles schaffen kann, und ich habe mir noch viel vorgenommen, was ich schaffen will. Wenn ich heute daran denke, wie hoffnungslos mein Leben noch vor wenigen Jahren schien, denke ich daran, wie mir Glaube und Hoffnung geholfen haben, nicht an schwierigen Situationen zu zerbrechen. Ich habe mich in meinen einsamsten und dunkelsten Stunden in meine Träume gerettet und mir darin alles ausgemalt, so genau, dass ich gespürt habe, wie Glück sich anfühlt. Ich habe gelernt, dass ich glücklich sein darf, und das Schicksal mit seinen Sorgen und Nöten wird mich nicht mehr daran hindern, es zu sein. Das jeden Tag aufs Neue zu schaffen ist mein größter Erfolg.

EK gelesen
2025